Susanne Froehlich
Reisen im Römischen Reich

Seminar Geschichte

Wissenschaftlicher Beirat: Christoph Cornelißen, Marko Demantowsky, Birgit Emich, Harald Müller, Michael Sauer, Uwe Walter

Susanne Froehlich

Reisen im Römischen Reich

DE GRUYTER
OLDENBOURG

ISBN 978-3-11-076323-2
ISBN PDF 978-3-11-076358-4
ISBN EPUB 978-3-11-076365-2

Library of Congress Control Number: 2023931377

Bibliografische Information der Deutschen Nationalbibliothek
Die Deutsche Nationalbibliothek verzeichnet diese Publikation in der Deutschen Nationalbibliografie; detaillierte bibliografische Daten sind im Internet über http://dnb.dnb.de abrufbar.

© 2023 Walter de Gruyter GmbH, Berlin/Boston
Einbandabbildung: Kampanische Hafenansicht, Wandmalerei des 1. Jhs. n. Chr. aus Pompeji, Casa VIII 2,28 (Mondaroni Portfolio/Hulton Fine Art Collection via Getty Images)
Satz: Susanne Froehlich & Philipp Pilhofer mit LaTeX
Druck und Bindung: CPI books GmbH, Leck

www.degruyter.com

Gewidmet meiner Mutter,
in Erinnerung an meine Großeltern

Vorwort

Der vorliegende Band ist für die universitäre Lehre gedacht und geht zugleich aus der Lehre hervor. Die Verfasserin hat sich dem Reisen im Römischen Reich in mittlerweile vier Seminaren gemeinsam mit Studierenden der Universitäten Gießen, Greifswald und Tübingen gewidmet, zuletzt im Sommersemester 2022. Nun will die Buchform Leserinnen und Leser zu einer intellektuellen Reise in die römische Antike einladen.

Ich danke Uwe Walter, der den Band betreut hat, für die Bereitschaft, sich auf das Thema „Reisen im Römischen Reich" einzulassen, und für zahlreiche hilfreiche Hinweise zu konzeptionellen und inhaltlichen Fragen, die in den Text eingeflossen sind.

Die Publikation entstand während einer Professurvertretung in Tübingen. Die großartigen Arbeitsbedingungen vor Ort habe ich freudig in Anspruch genommen und möchte Mischa Meier und Sebastian Schmidt-Hofner ganz herzlich dafür danken. Den Tübinger Hilfskräften Katharina Blaas, Simon Elsäßer, Janik Lauterjung, Katrin Maichel und Dominik Schäffer gilt mein Dank für die unermüdliche Quellen- und Literaturbeschaffung.

Für eine sorgfältige Lektüre des Manuskripts oder einzelner Kapitel und für die daraus resultierenden Hinweise habe ich Bernard van Wickevoort Crommelin, Frank Möller, Philipp Pilhofer, Sibylle und Peter Pilhofer, Frieda Zörner sowie Nicola Zwingmann zu danken. Gonzalo Landau Brenes hat für mich auf der Suche nach Ludwig Friedländer die Königsberger Kirchenbücher durchforstet, und Jonas Langer recherchierte als Spezialbeauftragter in Bologna zur dortigen Statuette der Artemis Ephesia. Mein ganz besonderer Dank gebührt wie immer Philipp Pilhofer für die Umsetzung der Satzvorlage und die Einrichtung aller Details in LaTeX.

Ich danke außerdem den Mitarbeiterinnen im Verlag De Gruyter, die dieses Projekt so sachkundig wie geduldig begleitet haben, insbesondere Claudia Heyer, Sonja Behrens und Bettina Neuhoff.

***

Als ich mich bei den Vorarbeiten für dieses Buch mit der Geschichte des Reisens in den 1960er und 70er Jahren befasste, stand mir lebhaft das Bild meiner Großeltern vor Augen, die seinerzeit jeden Sommer im blauen VW Käfer die Alpen überquert haben, um in Italien, Jugoslawien oder Griechenland die Clausilienpopulation zu studieren, antike Ausgrabungen zu besuchen sowie Land und Leute kennenzulernen. In Erinnerung an Erna und Wolfgang Fauer ist dieses Buch meiner Mutter Sibylle Pilhofer gewidmet, die als Kind diese Ferienreisen miterlebt hat.

Susanne Froehlich
Tübingen, September 2022

Vorwort von Verlag und Beirat

Die Studienbuchreihe „Seminar Geschichte" soll den Benutzern – StudentInnen und DozentInnen der Geschichtswissenschaft, aber auch VertreterInnen benachbarter Disziplinen – ein Instrument bieten, mit dem sie sich den Gegenstand des jeweiligen Bandes schnell und selbstständig erschließen können. Die Themen reichen von der Antike bis in die Gegenwart; unter Einbeziehung historischer Debatten sowie wichtiger Forschungskontroversen vermitteln die Bände konzise das relevante Basiswissen zum jeweiligen Thema.

„Seminar Geschichte" wurde von De Gruyter Oldenbourg gemeinsam mit FachhistorikerInnen und Geschichtsdidaktikern entwickelt. Die Reihe trägt den Bedürfnissen von StudentInnen in den neuen, modularisierten und kompetenzorientierten Studiengängen Rechnung. Dabei liegt der Akzent auf der Vermittlung von aktuellen Methoden und Ansätzen. Im Sinne einer möglichst effizienten akademischen Lehre sind die Bände stark quellenbasiert und nach fachdidaktischen Gesichtspunkten strukturiert. Sie stellen nicht nur den gegenwärtigen Kenntnisstand zu ihrem Thema dar, sondern führen über die intensive Auseinandersetzung mit maßgeblichen Quellen zudem fundiert in geschichtswissenschaftliche Fragestellungen und Methoden ein. Dabei steht die Problemorientierung im Vordergrund. Unabdingbar ist dafür, dass die Quellen nicht abschließend ausgedeutet werden, sondern eine Grundlage für die eigene Erschließung und Bearbeitung bilden. Hierzu enthält jeder Band kommentierte Lektüreempfehlungen, Fragen zum Textverständnis und zur Vertiefung sowie Anregungen zur Weiterarbeit.

Jeder Band stellt eine autonome Einheit dar. Wichtige Quellen sind im Band enthalten, damit sie nicht mitgeführt oder online aufgerufen werden müssen; zentrale Fachbegriffe werden im Glossar im Anhang erklärt.

Durch seinen modularen Aufbau macht jeder Band auch ein Angebot für ein Veranstaltungsmodell bzw. eröffnet die Möglichkeit, einzelne Kapitel als Grundlage für Lehreinheiten zu nehmen. Der Aufbau in 14 Kapiteln spiegelt die (in der Regel) 14 Lehreinheiten eines Semesters und unterstreicht den Anspruch, das zu vermitteln, was innerhalb eines Semesters gut gelehrt und gelernt werden kann. Der einheitliche Aufbau aller Bände der Reihe sorgt für konzeptionelle Übersichtlichkeit und Verlässlichkeit in der Benutzung: Er bietet

StudentInnen und DozentInnen eine gemeinsame Grundlage, um sich neue Themenfelder zu erschießen.

Inhalt

Vorwort —— VII

Vorwort von Verlag und Beirat —— IX

1 Reisen in der Antike —— 1

2 Perspektiven der Forschung —— 17

3 Akteure, Anlässe und Motive —— 33

4 Reisesicherheit und Infrastruktur —— 51

5 Planung und Vorbereitung einer Reise —— 65

6 Reisewege zu Land —— 81

7 Reisen zu Schiff —— 97

8 Erholungreisen —— 111

9 Bildungs- und Kulturreisen —— 129

10 Touristisches Reisen —— 141

11 Missionsreisen —— 159

12 Pilgerreisen —— 175

13 Das Reisen in Ludwig Friedländers „Sittengeschichte Roms" —— 191

14 Mit Asterix durchs Römische Reich —— 207

Bibliographie —— 223

Abbildungsverzeichnis —— 229

Glossar —— 233

Register —— 239

1 Reisen in der Antike

1.1 Historischer Überblick

Bereits die ältesten antiken Schriften erzählen vom Reisen. So ist Homers Odyssee die Geschichte einer langen Irrfahrt über die Meere, die Periegesis* des Hekataios eine Beschreibung der bekannten Welt, und Herodots Historien berichten von fremden und exotischen Ländern und Völkern. In der frühen griechischen Geschichte spielte vor allem die Schifffahrt eine herausgehobene Rolle für Verkehr und Transport, sei es im Fernhandel über das Mittelmeer oder bei der Gründung der ersten Kolonien seit dem achten Jahrhundert v. Chr. Auch die Phöniker, die ursprünglich entlang der Levanteküste siedelten und dann im ganzen Mittelmeerraum Kolonien gründeten, waren hervorragende Seefahrer. Sie sollen von Karthago aus schon im fünften Jahrhundert v. Chr. Afrika umsegelt haben.[1] Fast alle wichtigen griechischen Poleis – etwa Athen, Aigina, Korinth, Syrakus, Milet oder Ephesos – waren Hafenstädte und damit am einfachsten auf dem Seeweg zu erreichen. Aufgrund ihrer Größe war die Stadt Athen bereits in klassischer Zeit von Getreideimporten aus dem Schwarzmeergebiet abhängig und investierte deshalb massiv in die Sicherung der Schiffsrouten.

Archaische und klassische Zeit

Von der Mobilität im Zusammenhang mit militärischen Truppenbewegungen einmal abgesehen, reisten Griechen in archaischer und klassischer Zeit ganz überwiegend deshalb, um die großen panhellenischen Festspiele in Olympia, Delphi, Korinth oder Nemeia zu besuchen; sie nahmen dafür weite Anreisen in Kauf. Auch Gesandtschaften zu Orakelstätten, Kontakte zwischen Poleis und Reisen von Händlern, Handwerkern, Söldnern oder Pilgern trugen zum Reiseaufkommen bei.

Im Gefolge der großen Eroberungszüge Alexanders bis ins nordwestliche Indien wurden in hellenistischer Zeit zunehmend Fernfahrten unternommen, die eine große Vielfalt an Reiseliteratur hervorbrachten. Seefahrts- und Küstenbeschreibungen, sogenannte Peri-

Hellenistische Zeit

---

* Mit einem Sternchen gekennzeichnete Begriffe werden im Glossar am Ende dieses Bandes erklärt.
1 Davon berichtet ein nur dreiseitiger griechischer Text unter dem Titel „Periplous* des Karthagerkönigs Hanno", die Übersetzung eines punischen Originals.

ploi*, berichteten detailliert von Entdeckungsreisen per Schiff: Alexander hatte den Persischen Golf erforschen lassen, seine Nachfolger unter anderem das Kaspische Meer und Südarabien. Der Fernhandel der hellenistischen Reiche erstreckte sich seit dem dritten Jahrhundert v. Chr. entlang der Seidenstraße bis nach China.[2]

Zugleich nahm dank der zentralen Verwaltungsstrukturen der hellenistischen Reiche und mit zunehmender Anzahl und Popularität von lokalen Festspielen das individuelle und touristische Reisen zu. Erleichtert wurde es auch dadurch, dass sich aus der Vielzahl der griechischen Dialekte die vereinfachte Sprachform der Koiné entwickelte, die in den Poleis hellenischer Prägung von Libyen im Westen bis Alexandria am Indus im Osten gesprochen wurde. Das ägyptische Alexandria entwickelte sich zu einem Kultur- und Bildungszentrum, das Forscher und Studenten aus aller Welt anlockte.

Späte Republik und römische Kaiserzeit

Durch die Unterwerfung aller ans Mittelmeer grenzenden Länder schufen die Römer einen politisch und kulturell zusammengehörigen Raum, der den antiken Zeitgenossen geradezu grenzenlos erschien und seit der ausgehenden Republik intensiv bereist wurde. Diese Hochphase der antiken Reisetätigkeit fällt mit dem Zeitrahmen des vorliegenden Bandes zusammen: Seit dem ersten Jahrhundert v. Chr. und in der römischen Kaiserzeit erleichterten die Zurückdrängung der Piraterie, der Ausbau eines reichsweiten Netzes öffentlicher Straßen *(viae publicae*)* und die Etablierung von Sicherheitsposten an Überlandwegen den Reiseverkehr durch die Provinzen des Reichs (einen Überblick bietet die Karte in Abb. 1.1 und 1.2). Die Kaiser bauten mit den Hafenanlagen von Puteoli, Ostia/Portus, Ancona und Centumcellae auch die maritime Infrastruktur in Italien bedeutend aus.

Zur Zeit der größten Ausdehnung des Imperium Romanum unter Kaiser Trajan (98–117 n. Chr.) hatten die Römer etwa 80 000 bis 100 000 Kilometer Straßennetz ausgebaut. Unterwegs auf einer *via publica* kam man in regelmäßigem Abstand an *stationes** (Sicherheitsposten), *mutationes** (Wechselstationen) und *mansiones** (Raststätten) vorbei. Dass man sich reichsweit auf die gleichen rechtlichen Rahmenbedingungen verlassen konnte, mit den zwei Sprachen

---

2 Ein direkter Kontakt zwischen Angehörigen der griechischen und der chinesischen Kultur kam in der gesamten Antike jedoch nur wenige Male zustande, siehe dazu Casson 1978, S. 145–148.

Latein und Griechisch zurechtkam und in einer einzigen Währung zahlte, machte das Reisen vergleichsweise attraktiv. Staatlich beauftragte Reisende wie Beamte konnten kostenlos den *cursus publicus** nutzen, das öffentliche Transportwesen mit Wechselstationen für Reit- und Zugtiere. Dienstliche Reisen und selbst militärische Einsätze wurden gern mit touristischen Abstechern zu bedeutenden Erinnerungsorten oder Sehenswürdigkeiten verbunden.[3] Wie in Kapitel 3 zu sehen sein wird, waren Neugier und Vergnügen jedoch in der Regel nicht das primäre Motiv dafür, auf Reisen zu gehen.[4] Die Menschen verreisten aus beruflichen oder geschäftlichen Gründen, aber auch um Heilstätten oder Orakel aufzusuchen, um ihre Güter zu inspizieren und sich auf dem Land vom Geschäftsalltag in der Großstadt zu erholen, ferner um Studien zu betreiben, um an Festivals teilzunehmen oder um ihre Verwandten zu besuchen.

Die Quellen zum Reisen in der späten Republik und der Kaiserzeit sind vergleichsweise vielfältig, differenziert und detailreich. Besonders gut dokumentiert sind in dieser Zeit die Reisen senatorischer Amtsträger und die der Kaiser.

Ab dem dritten Jahrhundert ging das Reiseaufkommen deutlich zurück, da zum einen geänderte Verwaltungsstrukturen die Zahl und Reichweite notwendiger Dienstreisen signifikant verringerten und zum anderen die sicherheitspolitischen und infrastrukturellen Rahmenbedingungen schlechter wurden.[5] Dennoch gab es bestimmte Bevölkerungsgruppen, die sich nach wie vor durch eine sehr hohe Mobilität auszeichneten, insbesondere Studenten und Gelehrte[6] sowie in christlicher Zeit die Bischöfe und die Pilgerinnen und Pilger. Erstmals werden auch Frauen als reisende Individuen in größerer Zahl für uns quellenmäßig fassbar.

3.–5. Jh. n. Chr.

---

3 Dazu ausführlicher Zwingmann 2017, Sp. 928.
4 Vgl. auch Geus 2013, S. 149; gegen Kieburg 2013, S. 35.
5 So wagte sich selbst Symmachus als Präfekt von Rom im Jahr 383 nicht vor die Mauern der Stadt, da die Vororte durch Räuberbanden unsicher gemacht wurden (Symm. epist. II 22,1). Zum kriegsbedingt desolaten Zustand der Infrastruktur, den die Quellen im vierten und fünften Jahrhundert vielfach beklagen, siehe Froehlich 2022, S. 121f.
6 Siehe dazu Pretzler 2007 und Fron 2021.

Abb. 1.1: Die Provinzen des Imperium Romanum von Augustus bis Septimius Severus (27 v. Chr. bis 211 n. Chr.), westlicher Teil

Abb. 1.2: Die Provinzen des Imperium Romanum von Augustus bis Septimius Severus (27 v. Chr. bis 211 n. Chr.), östlicher Teil

1.2 Rahmenbedingungen

Die Mobilität der Gesamtbevölkerung

Angesichts einer aus moderner Sicht erstaunlich hohen Mobilität in der Antike ist zu betonen, dass es aufgrund der vorwiegend agrarischen Prägung der Gesellschaft insgesamt nur ein kleiner Teil der Bevölkerung war, der überhaupt reiste. Bei allem, was im vorliegenden Band an Quellen zum Reisen präsentiert wird, ist also immer die Gruppe derjenigen mitzudenken, die nur im nächsten Umfeld mobil waren: Haussklaven beispielsweise, die kaum einmal das Anwesen verließen, auf dem sie arbeiteten, Landarbeiter und Bauern, die sich im engen Radius ihrer dörflichen Umgebung bewegten, arme Stadtbewohner, denen die materiellen Ressourcen selbst für kleinere Ausflüge fehlten. Mit Greg Woolf lässt sich daher in der römischen Bevölkerung zwischen *movers* und *stayers* unterscheiden – den wenigen, die sich aus verschiedensten Motiven auf den Weg machten, um das Imperium Romanum zu bereisen, und den vielen, die in einem eng abgesteckten Umfeld blieben und die große weite Welt nur vom Hörensagen kannten. Nach Woolfs Berechnungen war es im Laufe eines Kalenderjahres vielleicht ein Promille der Gesamtbevölkerung, das Fernreisen unternahm.[7]

Reisegebiete

Das Hauptreisegebiet in der griechisch-römischen Antike war der Mittelmeerraum, wobei einzelne Reisen weit darüber hinaus bis nach Mesopotamien, ans Rote Meer, ans Schwarze Meer und nach Nordeuropa führen konnten. Das touristische Interesse antiker Reisender galt neben Rom selbst, Süditalien und Sizilien vor allem Zielen im östlichen Mittelmeerraum: Griechenland, Kleinasien und ganz besonders Ägypten, das mit seiner uralten Kultur, seinen Weltwundern und einer exotischen Flora und Fauna bereits seit Herodot das Reiseziel par excellence war.

Ein Großteil der Reisen spielte sich freilich in mittleren Distanzen von ein bis drei Tagesreisen Entfernung zur jeweiligen Heimatstadt ab. Cicero etwa war vom 21. April bis zum 1. Juni 59 v. Chr. mehrere Wochen unterwegs, um einige seiner Landgüter zu inspizieren und mit seiner Tochter Tullia die Festspiele in Antium zu besuchen. Dabei reiste er von Rom nach Formiae (118 km), von dort weiter nach

---

[7] Woolf 2016, Zahlenangaben S. 459f. Vgl. auch Rohde 2017, S. 108–111.

Antium (86 km), nach Tusculum (40 km), nach Arpinum (77 km) und schließlich zurück nach Rom (99 km).[8]

Die naturräumlichen und klimatischen Rahmenbedingungen antiker Reisen waren ausgesprochen vielfältig:

Geographie und Klima

> Zum einen gab es verschiedene Extremzonen, wie die Sumpf- und Waldlandschaften des westlichen Europa, die Gebirgsregionen der Alpen, der Pyrenäen oder des anatolischen Tauros oder die von aridem Klima geprägten Wüsten und Steppengebiete in Afrika, Spanien, Syrien oder Zentralanatolien. Zum zweiten finden sich in jeder beliebigen Kleinregion, wie beispielsweise auf der Insel Kreta, in Süditalien, in der Kyrenaika oder an der syrischen Küste, verschiedene Landschaftstypen von felsigen Gebirgszonen bis hin zu fruchtbaren Schwemmebenen.[9]

Die antiken Menschen waren Fußgänger und bestritten auch ihre Reisen vornehmlich zu Fuß, und dies über Strecken, die uns heute ohne Fahrzeuge kaum zu bewältigen erscheinen. Je nach finanziellem Budget und Ziel wurden Teilstrecken auch per Schiff, im Fuhrwerk oder auf dem Rücken eines Maultiers absolviert. Die Römer benutzten auch Tragsessel und Sänften.[10] Gepäck wurde in der Regel auf Lasttieren wie Maultieren oder Kamelen transportiert oder von Sklaven getragen. Von Notfällen und wichtigen Kurierfahrten abgesehen, reiste man nur am Tag und sehr bevorzugt in der warmen Jahreszeit.

Fortbewegungsmittel

Während es im Mittelmeergebiet nur wenige ganzjährig schiffbare Flüsse gibt, gewann die Binnenschifffahrt in römischer Zeit mit der Erschließung des mitteleuropäischen Raums und seiner großen Flüsse – wie Rhône, Rhein und Donau – an Bedeutung. Die Seeschifffahrt war in der Antike generell stark jahreszeitabhängig. Sie galt in den Monaten November bis Anfang März als ein großes Wagnis und wurde daher nach Möglichkeit in den milderen Sommermonaten praktiziert, wenn gute Sichtverhältnisse zu erwarten waren und das Risiko, in einen heftigen Sturm zu geraten, geringer war als im Winter.

Schiffsreisen waren unter Umständen sehr viel schneller als Reisen auf dem Landweg. Es kam jedoch bisweilen vor, dass ein Schiff aufgrund ungünstiger Winde wochenlang nicht auslaufen

---

8 Angaben als Luftliniendistanzen nach Olshausen 2014, S. 393.
9 M. Zimmermann 2004, S. 121.
10 Bei den Griechen wurden Sänften nur von Frauen oder für Krankentransporte benutzt (Casson 1978, S. 76).

konnte und im Hafen festlag. Für Frachtgüter war die Schifffahrt deutlich preisgünstiger als der Landtransport; für einen bescheiden reisenden Fußgänger ohne viel Gepäck dürfte der finanzielle Aufwand allerdings keinen großen Unterschied gemacht haben. Eine eigene Passagierschifffahrt mit festen Linien und Fahrplänen existierte nicht, so dass Reisende darauf angewiesen waren, ein Handelsschiff zu finden, das sie mitnahm. Dabei hatten etwa die großen Getreideschiffe, die zwischen Ägypten und Rom verkehrten, immense Kapazitäten: Der Apostel Paulus war im ersten Jahrhundert n. Chr. einer von 276 Personen – die Crew mit eingerechnet – an Bord eines solchen Schiffes.[11]

Die Wahl eines Fuhrwerks war davon abhängig, ob überhaupt befahrbare Straßen zur Verfügung standen. Gerade in vorrömischer Zeit war das keineswegs überall der Fall. Gebirgige und steinige Regionen etwa in den Alpen oder in Griechenland verfügten nicht über ein ausgebautes Straßennetz. Noch im zweiten Jahrhundert n. Chr. war die Hauptstraße nach Delphi im letzten Abschnitt so steil angelegt, dass selbst Fußgänger Mühe hatten, sie zu bewältigen.[12]

Wichtige Verkehrsverbindungen

Die Karte in Abb. 1.3 und 1.4 zeigt die wichtigsten Handels- und Reiserouten der römischen Kaiserzeit. Über den dort abgebildeten Raum hinaus fuhren seit augusteischer Zeit auch regelmäßig große Flottenverbände von 120 Schiffen vom Roten Meer bis nach Indien;[13] der Beginn der Route in der ägyptischen Hafenstadt Myos Hormos ist in Abb. 1.4 verzeichnet.

Mühen und Gefahren des Reisens

Generell war das Reisen in der Antike überaus mühsam und langwierig: Antike Quellen berichten anschaulich von widrigen Witterungsbedingungen, strapaziösen Wegstrecken, Gefahren durch Räuber, Piraten oder wilde Tiere, unzureichender Unterbringung auf Deck von Schiffen oder in üblen Gaststätten.[14] Während Straßenräuber ihren Opfern die Wertsachen abnahmen und sie im Zweifelsfall erschlugen, nahmen Piraten die Überfallenen häufig gefangen, um sie in die Sklaverei zu verkaufen oder gegen hohe Lösegelder wieder freizulassen.

Allein ein geeignetes Transportmittel aufzutreiben, konnte schon unendliche Geduld erfordern, wie folgender Brief einer Frau

---

11 Apg 27,37.
12 Paus. X 5,5.
13 Strab. II 5,12.
14 Zwingmann 2017, Sp. 915f.

namens Eutycheis an ihre Mutter im dritten Jahrhundert n. Chr. deutlich macht:

> Ich habe keinen Weg gefunden, zu euch zu kommen, weil die Kamelführer nicht in den (Verwaltungsbezirk) Oxyrhynchos reisen wollten. Nicht nur das, sondern ich ging selbst hinauf nach Antinou[polis] wegen eines Bootes, aber ich habe keines gefunden.

Sie kündigt an, sich ihr Gepäck nach Antinoupolis nachschicken zu lassen und vor Ort zu warten, bis sich eine Reisegelegenheit findet.[15]

Das für eine Reise notwendige Geld musste als Barschaft mitgeführt und in vorrömischer Zeit jeweils bei lokalen Geldwechslern umgetauscht werden, da jeder Stadtstaat seine eigenen Münzen prägte. Die attischen Drachmen, die Elektron-Statere aus Kyzikos und die persischen Dareiken wurden immerhin überall angenommen,[16] ehe sich dann die silbernen römischen Denare als Zahlungsmittel weit über den Mittelmeerraum hinaus durchsetzten. Zoll- und Mautkontrollen und die damit verbundenen Formalitäten waren freilich selbst in der römischen Kaiserzeit nicht nur an Außen- und Binnengrenzen, sondern teils sogar an einzelnen Stadttoren, Brücken, Gebirgs- oder Wüstenstraßen zu absolvieren.[17]

Zahlungsmittel

Für die sehr stark von Reisenden frequentierten Stätten waren diese zweifellos ein wirtschaftlich bedeutender Faktor. An beliebten Reisezielen wie Ilion/Troja oder den Pyramiden von Memphis konnten Gastwirte, Fremdenführer und Souvenirhersteller vom Tourismus leben, und für Heiligtümer waren die zu entrichtenden Opfergebühren eine willkommene Einnahme. Doch auch negative wirtschaftliche Effekte eines hohen Reiseaufkommens sind zu bedenken. Gerade die Reisen der römischen Amtsträger mit ihrem großen Gefolge stellten eine außerordentliche Belastung für die Gemeinden dar, die auf eigene Kosten für deren Unterkunft und Verpflegung, für Tierfutter, Transportmittel und geeignete Führer zu sorgen hatten. Problematisch war dies vor allem dann, wenn ein Ort kurzfristig stark von Beamten frequentiert wurde. So lockte in der Provinz Africa ein zahmer Delphin so viele schaulustige Amtsträger in das Küstenstädt-

Wirtschaftliche Aspekte

---

15 P. Oxy. XIV 1773, Z. 8–16 (eigene Übersetzung). Siehe weiterführend Adams 2001, der diesen und andere Papyri zum Reisen in Ägypten auswertet.
16 Casson 1978, S. 84.
17 Froehlich 2022, S. 177–194.

Abb. 1.3: Handelswege in der römischen Kaiserzeit (1.–3. Jh. n. Chr.), westlicher Teil des Mittelmeerraums

Abb. 1.4: Handelswege in der römischen Kaiserzeit (1.–3. Jh. n. Chr.), östlicher Teil des Mittelmeerraums

chen Hippo Diarrytus, dass man das Tier schließlich tötete, um den Einquartierungen ein Ende zu machen.[18]

Reisen und Religion

Jede Reise wurde in der Antike von religiösen Praktiken begleitet. Vor Antritt wurden Gebete gesprochen, Opfer dargebracht und häufig auch Gelübde abgelegt, man werde der betreffenden Schutzgottheit nach der glücklichen Ankunft am Zielort bzw. bei wohlbehaltener Rückkehr eine Gegenleistung erbringen.[19] Eine Reise konnte wegen schlechter Vorzeichen verschoben oder ganz abgesagt werden. Überdies wurden Amulette mitgeführt, auf Schiffen auch Kultbilder, Götterstatuetten, Räuchergerät und tragbare Altäre, um unterwegs oder bei Zwischenhalten Kulthandlungen zu vollführen. Zahllose Inschriften sprechen den Göttern Dank für eine glückliche Heimkehr *(pro reditu)* aus oder bezeugen eingelöste Gelübde.

1.3 Die Quellen

Reiseliteratur

Welche Quellen zum Reisen gibt es? Neben den Textgattungen Periegesis* (Länderbeschreibung) und Periplous* (Küstenbeschreibung) sind als dritte Form antiker Reiseliteratur die Itinerare* zu benennen, die einzelne Wegstationen einer Route auflisteten. Reisegedichte wie Horazens *Iter Brundisinum* („Reise nach Brundisium")[20] oder Rutilius Namatianus' *De reditu suo* („Über seine Heimreise") orientieren sich an diesen Prosaformen: Horaz bietet die im Itinerar üblichen Stations- und Meilenangaben, Rutilius komponiert seine Narration wie eine Küstenbeschreibung. Darüber hinaus sind auch Reisedarstellungen im Epos, im Roman oder in Briefsammlungen wichtige historische Quellen. Ab dem vierten Jahrhundert n. Chr. entwickelten sich neue Gattungen wie die Berichte über Pilgerreisen und Reisebeschreibungen in Märtyrer- und Heiligenviten.

Reisen und Weltwissen

Viele antike Autoren verbinden das Thema Reisen mit der Darlegung von Weltwissen. In der Reiseliteratur werden nicht nur die Ergebnisse geographischer Erkundungen ausgebreitet, sondern auch umfangreiche Wissensbestände über Klima, Bevölkerung, Geschich-

---

18 Zwingmann 2012, S. 385–391, Berichte über den Delphin in Plin. nat. IX 26 und Plin. epist. IX 33.
19 Siehe beispielsweise den Hymnus an die Gottheit Oceanus in Anth. Lat. I^2, 718 R.; Diskussion bei Dunsch 2018.
20 Siehe dazu Kapitel 6.

te, Kultur und Religion der vorkommenden Länder. So berichtet der südspanische Geograph Pomponius Mela in seinem Periplous der bekannten Erdteile ausführlich über die Fauna der bereisten Küsten und beschreibt etwa Flusspferde, Krokodile und Tiger,[21] und der griechische Perieget Pausanias erzählt in langen Exkursen die Mythologie und Geschichte der von ihm bereisten Städte.[22]

Charakteristisch ist dabei, dass gerade die wenig oder gar nicht erforschten Völker am Rand der Oikumene* großes Interesse auf sich zogen. Bereits Herodot widmet sich ausführlich den sogenannten Randvölkern, wenn er etwa zum Land der Skythen an der Schwarzmeerküste der heutigen Ukraine bemerkt, nach elf Tagesreisen den Dnjepr hinauf erstrecke sich eine große Wüste, hinter welcher die Menschenfresser (Androphagen) wohnten und dann niemand mehr.[23] Östlich des Don lebe in steinigen Bergen das Volk der Kahlköpfe, und über das weitere Land im Norden hinter unzugänglichen Bergen lasse sich nichts Näheres sagen. Die Kahlköpfe behaupteten, auf diesen Bergen hause ein ziegenfüßiges Volk und dahinter ein Volk, das sechs Monate lang schlafe – was Herodot referiert, aber als unglaubwürdig bewertet.[24]

Fabelhafte Völker am Rand der Oikumene

Obwohl das Reisen selbst kein Privileg der Eliten war, sind in den literarischen Quellen zum Reisen männliche Angehörige der Oberschicht weit überdurchschnittlich vertreten.[25] Über reisende Handwerker oder über die unzähligen Mitarbeiter und Sklaven, die etwa ein römischer Amtsträger in seinem Gefolge mit sich führte, erfahren wir wenig. Dies gilt auch für reisende Frauen, bis diese dann in der Spätantike als Asketinnen* und Pilgerinnen vergleichsweise prominent in den Fokus auch literarischer Texte rücken.

Literarische Quellen und männliche Eliten

Vor diesem Hintergrund ist die Einbeziehung weiterer Quellengattungen unverzichtbar. So liefern Inschriften, Papyri und archäologische Funde alltagsnahe Einblicke, durch die vermehrt Personen fassbar werden, die nicht der Oberschicht angehörten. Auch Frauen

Nichtliterarische Quellen

---

21 Mela I 52; III 43 (im ersten Jahrhundert n. Chr.).
22 Besonders ausführlich ist der ein halbes Buch füllende Exkurs über die Geschichte Messeniens: Paus. IV 1–33 (im zweiten Jahrhundert n. Chr.).
23 Hdt. IV 18 (im fünften Jahrhundert v. Chr.).
24 Hdt. IV 23–25.
25 Vgl. die kritische Bestandsaufnahme von Foubert/Breeze 2014.

sind dort deutlich stärker vertreten als in literarischen Texten.²⁶ Dies darf freilich nicht darüber hinwegtäuschen, dass auch im epigraphischen Material Männer mit hohem sozialen Status gegenüber allen anderen Bevölkerungsgruppen bei weitem überrepräsentiert sind.²⁷

Quellenauswahl in diesem Band

Der vorliegende Band bietet eine repräsentative Auswahl von Quellen in Übersetzung und teils auch mit dem originalsprachlichen Text. Dabei werden die wichtigsten althistorischen Quellengattungen berücksichtigt: literarische Texte, Papyri, Inschriften, Graffiti*, Münzen und archäologische Quellen. Die antike Reiseliteratur ist in ihrer Vielfalt mit Auszügen unter anderem aus Periegeseis, Periploi, Itineraren, mit Abschnitten aus einem Reisegedicht, aus Briefen, aus einer Rede, einem Dialog und einem Pilgerbericht vertreten.

1.4 Bedeutung und Potential des Themas

Auch wenn es faktisch nur ein kleiner Teil der antiken Bevölkerung war, der aktiv auf Reisen ging, so wird doch deutlich, dass das Reisen für die antike Politik, Verwaltung, Wirtschaft, Technik, Gesellschaft, Religion und Kultur unabdingbar war. Es handelt sich gewissermaßen um ein Querschnittsthema mit Berührungspunkten zu vielen zentralen Phänomenen der antiken Welt. Die Beschäftigung damit leistet daher zweierlei: Erstens ist sie dazu geeignet, sich ein sozialgeschichtliches Basiswissen über Reiseanlässe, Fortbewegungsmittel und ähnliche konkrete Fragen anzueignen. Zweitens ermöglicht sie, in einem größeren kulturgeschichtlichen Rahmen ganz grundsätzliche Eigenheiten der Antike näher kennenzulernen und etwas über die antiken Menschen, ihre Handlungsspielräume, ihre Gemeinschaften und ihr Selbstverständnis zu lernen.

Sozialgeschichtliches Basiswissen

Kulturgeschichte der Antike

Faszination und Anschaulichkeit

Zugleich bedienen die erzählfreudigen antiken Autoren fraglos eine Faszination für exotische Länder und abenteuerliche Unternehmungen, die heutige Leserinnen und Leser noch unmittelbar in den Bann schlägt. Dank seiner Anschaulichkeit dürfte das Thema Reisen gerade auch für angehende Lehrerinnen und Lehrer im Hinblick auf eine spätere Verwertbarkeit im eigenen Schulunterricht

---

26 So bietet beispielsweise Handley 2011 in seinem Corpus inschriftlich bezeugter Reisender im spätantiken Westen des Reiches beachtliche 92 Frauen, immerhin 16 Prozent der Reisenden insgesamt (S. 37).

27 Vgl. etwa die Aufstellungen ebd., S. 42–45, sowie S. 50f.

besonders attraktiv sein. Bei der Beschäftigung mit dem Reisen in der Antike ergeben sich zwanglos Anknüpfungspunkte an heutige Alltagserfahrungen, wobei allerdings auch irreführende Assoziationen aufkommen können.[28] Aus moderner Perspektive sind darüber hinaus die logistischen und technischen Leistungen der Antike beeindruckend: etwa die Anlage römischer Brücken und Straßen auch in schwierigstem Gelände oder der innovative Einsatz des von den Römern erfundenen Baustoffs Beton in Hafenanlagen.

Dieses Buch will schließlich auch dazu anregen, sich den Raum der antiken Welt näher zu erschließen. Idealerweise ergänzen Sie das Kartenmaterial des Bandes, indem Sie bei der Lektüre einen historischen Atlas heranziehen und Ihnen unbekannte Namen von Orten, Landschaften und Provinzen nachschlagen. Wenn Sie den Band gewissermaßen „mit dem Finger auf der Landkarte" durcharbeiten, erweitern Sie nebenher Ihre historische Raumvorstellung und Ihr geographisch-topographisches Wissen. Vielleicht ist sogar Ihr Interesse geweckt, selbst einmal die Überreste der kampanischen Villen und Bäder oder eine römische Alpenstraße zu besichtigen.

Technikgeschichte

Erschließung des Raums der antiken Welt

1.4.1 Fragen und Anregungen

– Sie haben erste einführende Informationen über das Reisen in der Antike erhalten. Überlegen Sie: Was interessiert Sie an diesem Thema? Welche persönlichen Bezüge und welches Vorwissen bringen Sie mit? Mit welchen Aspekten möchten Sie sich näher beschäftigen?
– Formulieren Sie in ganzen Sätzen Ihr Interesse am Thema und Ihren persönlichen Bezug dazu.

1.4.2 Weiterführende Literatur

Jean-Marie André und Marie-Françoise Baslez: Voyager dans l'Antiquité, Paris 1993 *(sehr gründliche und detailreiche französischsprachige Gesamtdarstellung).*

Lionel Casson: Reisen in der Alten Welt. Aus dem Englischen übersetzt von Otfried R. Deubner, München ²1978 *(nach wie vor das umfassendste Stan-*

Handbücher zur Einführung in das Thema

---

28 Zu dieser Problematik siehe Kapitel 2 und Kapitel 13.

dardwerk in deutscher Sprache; bietet einen breiten und quellennahen Überblick vom Alten Orient bis in die Spätantike).

Marion Giebel: Reisen in der Antike, Düsseldorf/Zürich 2000 (einführende Darstellung, die vor allem literarische Quellen zu Wort kommen lässt).

Historische Atlanten

Barrington Atlas of the Greek and Roman World, hg. von Richard J.A. Talbert, Princeton 2000 (monumentales Grundlagenwerk mit 99 detaillierten topographischen Karten der gesamten antiken Welt, die penibel nicht nur antike Küstenverläufe, Orte und Straßen, sondern auch einzelne archäologisch nachgewiesene Brücken, Pässe und Herbergen verzeichnen; ein gedruckt, online und auf CD-ROM zur Verfügung stehendes Kartenverzeichnis (Map-by-Map-Directory) bietet zu jedem Ort Zusatzinformationen, Quellenbelege und weiterführende Fachliteratur).

Historischer Atlas zur Antiken Welt, hg. von Anne-Maria Wittke, Eckart Olshausen und Richard Szydlak (Der Neue Pauly Supplemente 3), Stuttgart 2012 (im Unterschied zu einem geographisch-topographischen Atlas wie dem Barrington stellt das Kartenmaterial in einem Geschichtsatlas historische Ereignisse und Entwicklungen dar; epochenübergreifendes Standardwerk für die Arbeit im althistorischen Seminar mit kommentiertem Kartenmaterial vom Alten Orient bis zum Frühmittelalter, enthält Karten z. B. zu den einzelnen Provinzen, zu Straßen und Wegen im Imperium Romanum oder zu Land- und Seerouten vom Mittelmeer nach Indien).

Putzgers Historischer Weltatlas, hg. von Ernst Bruckmüller und Peter Claus Hartmann, Berlin ^{105}2021 (Standardwerk für Studierende der Geschichte mit didaktisch aufbereiteten Karten von den frühen Hochkulturen bis ins 21. Jahrhundert).

2 Perspektiven der Forschung

Abb. 2.1: Reiseplakat mit einer Ansicht des Forum Romanum in Rom (um 1912)

Mit dem Schriftzug „Rom – über die Bahnstrecke am Mont Cenis"
wirbt dieses historische Reiseplakat der privaten französischen Bahngesellschaft Paris – Lyon – Méditerranée (PLM) für eine Zugreise über

die Alpen nach Italien. Der 13 Kilometer lange Durchstich des Mont Cenis, durch den die Eisenbahnstrecke verlief, war 1871 als längster Tunnel der Welt eröffnet worden und galt als technische Pioniertat.

Das Plakat gehört zu einer Serie, die der Künstler Georges Dorival gestaltete. Es zeigt eine stilisierte Ansicht der Ruinen des Forum Romanum im Morgenlicht, im Hintergrund ist auch das Kolosseum als Wahrzeichen der Stadt Rom zu erkennen. Die Werbung richtet sich an ein gebildetes französisches Publikum, das sich für die römische Antike interessiert und das über die Mittel verfügt, in einem luxuriös ausgestatteten Zug ins Ausland zu verreisen.

Die Abbildung steht hier paradigmatisch für den in Europa seit dem ausgehenden 19. Jahrhundert zunehmend beliebten Tourismus, der wissenschaftlich eine verstärkte Auseinandersetzung mit dem Reisen in vergangenen Epochen zur Folge hatte. Dass und wie zeitgenössische Reisetrends und -modalitäten die Forschung zum Reisen im Römischen Reich beeinflusst haben, wird in diesem Kapitel im Einzelnen aufgezeigt. Drei Abschnitte behandeln die wichtigsten Phasen der modernen Forschungsgeschichte und zeigen damit Forschungsparadigmen im Wandel: vom 19. und frühen 20. Jahrhundert (2.1) über die 1950er bis 80er Jahre (2.2) bis hin zur Forschung der jüngeren Zeit und Gegenwart (2.3). In diesem Zusammenhang wird die Vergleichbarkeit antiker und moderner Verhältnisse problematisiert (2.4). Ein anschließender Ausblick stellt Inhalt und Aufbau des vorliegenden Bandes vor (2.5).

2.1 Die Forschung im 19. und frühen 20. Jahrhundert

Das Reisen im Römischen Reich ist lange Zeit ein eher randständiges Thema gewesen. Die RE, Paulys Realencyclopädie der classischen Altertumswissenschaft, hatte keinen einschlägigen Artikel vorgesehen, immerhin aber Lemmata zu einzelnen Fahrzeugtypen wie „Cisium", „Carruca" (beide von August Mau, 1899), „Essedum" (Erwin Pollack, 1907), „Hamaxa" (Karl Schneider, 1912) oder „Raeda" (August Hug, 1914) sowie zwei vergleichsweise kurze Beiträge zum „Cursus Publicus" (Otto Seeck, 1901) und zur „Schiffahrt" (Wilhelm Kroll, 1921). Das Lemma „Reisen" fehlt auch in Friedrich Lübkers für den Schulunterricht bestimmten Reallexikon des classischen Alterthums für Gymnasien (letzte Bearbeitung 1914). In den einflussreichen historischen Gesamtdarstellungen des 19. Jahrhunderts finden sich über das Reisen allenfalls kurze Bemerkungen in anderen Zusammenhängen, so etwa in Mommsens „Römischer Geschichte":

> Derselbe ungesunde Bildungshunger drängte ferner die römische Jugend den Hellenismus so viel wie möglich an der Quelle zu schöpfen. Die Kurse bei den griechischen Meistern in Rom genügten nur noch für den ersten Anlauf; wer irgend wollte mitsprechen können, hörte griechische Philosophie in Athen, griechische Rhetorik in Rhodos und machte eine literarische und Kunstreise durch Kleinasien [...].[1]

Trotz seiner Randständigkeit innerhalb einer insgesamt stark auf Verfassungs-, Rechts- und Politikgeschichte fokussierten Forschung hat sich das Reisen in der zweiten Hälfte des 19. Jahrhunderts als eigener Forschungsgegenstand etablieren können, über den bis in die 1920er Jahre eine Reihe von Einzelstudien erschienen. Neben kleineren Beiträgen über konkrete Reisen bedeutender Persönlichkeiten der römischen Zeit[2] und über Infrastruktur und Transportmittel[3] erschienen auch ausführliche Arbeiten, in denen grundlegende Modalitäten von Mobilität in der römischen Antike untersucht wurden.[4] Wegweisend war die Darstellung in monographischer Länge, die Ludwig Friedländer dem Reisen bereits 1864 innerhalb seiner dann vielfach neu aufgelegten „Sittengeschichte Roms" in dem Kapitel

Etablierung als Forschungsgegenstand

Friedländers „Sittengeschichte Roms"

---

1 Theodor Mommsen: Römische Geschichte, Band 3: Von Sullas Tode bis zur Schlacht von Thapsus, Berlin [13]1922, S. 576. Den – möglicherweise einschlägigeren – geplanten vierten Band über die Geschichte der römischen Kaiserzeit hat Mommsen nie geschrieben.
2 Beispielsweise Julius Duerr: Die Reisen des Kaisers Hadrian (Abhandlungen des Archäologisch-Epigraphischen Seminares der Universität Wien 2), Wien 1881; Ludwig Korach: Die Reisen des Königs Herodes nach Rom, in: Monatsschrift für Geschichte und Wissenschaft des Judentums 38 (1894), S. 529–535; Ulrich Wilcken: Plinius' Reisen in Bithynien und Pontus, in: Hermes 49 (1914), S. 120–136.
3 So bei Theodor Mommsen: Zum römischen Straßenwesen, in: Hermes 12 (1877), S. 486–491; Heinrich Nissen: Der Verkehr zwischen China und dem römischen Reiche, in: Jahrbücher des Vereins von Alterthumsfreunden im Rheinlande 95 (1894), S. 1–28; Charles Knapp: Travel in Ancient Times as Seen in Plautus and Terence, in: CPh 2 (1907), S. 1–24 und 281–304; Maurice Besnier: Notes sur les routes de la Gaule romaine, in: REA 25 (1923), S. 153–164; 26 (1924), S. 331–340; 28 (1926), S. 337–351; 31 (1929), S. 334–338; 34 (1932), S. 26–36.
4 Etwa Wolfgang Riepl: Das Nachrichtenwesen des Altertums mit besonderer Rücksicht auf die Römer, Leipzig 1913 (Nachdruck Hildesheim 1972); William Linn Westermann: On Inland Transportation and Communication in Antiquity, in: CJ 24 (1928–1929), S. 83–497; Max Cary und E. H. Warmington: The Ancient Explorers,

„Die Reisen" gewidmet hat.⁵ Friedländer behandelt unter anderem systematisch die römische Infrastruktur („Verkehrsanstalten"), die Frage der Reisegeschwindigkeiten und Verkehrsmodalitäten sowie die touristischen Reiseziele. Da sich die Studie, nicht nur für die deutschsprachige Forschung, als außerordentlich wirkmächtig erwiesen hat,⁶ wird sie in Kapitel 13 eingehender diskutiert.

Neue Reisemodalitäten im 19. Jh.

Das Interesse an den Reisen der Antike stand im 19. Jahrhundert in Zusammenhang mit den verbesserten Reisebedingungen der eigenen Zeit und der daraus resultierenden großen Beliebtheit des Reisens – etwa als Bildungsreisen oder Kurreisen. Vielerorts in Europa wurden im Ausbau der Straßenverkehrswege und des Postsystems erst zu dieser Zeit wieder Standards erreicht, die sich mit den Leistungen der Römer messen konnten; Innovationen wie Dampfschiffe und Eisenbahnen revolutionierten Planbarkeit, Geschwindigkeit und Komfort des Reisens. Ein großes Interesse der altertumswissenschaftlichen Forschung galt daher entsprechenden technischen Fragen, etwa in Bezug auf den antiken Fahrzeugbau.⁷

Aktualisierende Geschichtsschreibung

Vor diesem zeithistorischen Hintergrund meint man streckenweise fast, etwa bei Friedländer, nicht eine historische Darstellung zur römischen Antike vor sich zu haben, sondern eine Analyse der eigenen Zeit:

> Die Leichtigkeit des Reisens und die Großartigkeit und Vielfältigkeit des Verkehrs, wie beides bisher geschildert worden ist, mußte auch die Wanderlust mächtig reizen und das Verlangen, neue Eindrücke aufzunehmen, sich durch sie zu bilden und zu belehren, in weiten Kreisen verbreiten.⁸

London 1929 (Nachdruck London 1963, dt. Die Entdeckungen der Antike, Zürich 1966).
5 Das Kapitel war zunächst in Bd. 2 enthalten: Friedländer 1864, S. 3–122; in der heute maßgeblichen von Georg Wissowa herausgegebenen zehnten Auflage finden sich die Kapitel „Das Verkehrswesen" und „Die Reisen der Touristen" in Bd. 1: Friedländer 1922, S. 318–490 (Nachdruck zuletzt Darmstadt 2016).
6 Das 1974 von Lionel Casson verfasste Standardwerk (siehe S. 22 mit Anm. 14) ist, was die römische Zeit betrifft, weitgehend anhand von Friedländer erarbeitet. Die „Sittengeschichte" selbst wird bis heute aufgelegt (siehe Anm. 5).
7 Neben den bereits genannten RE-Artikeln sei verwiesen auf Johann Christian Ginzrot: Die Wagen und Fahrwerke der Griechen und Römer und anderen Alten Völker. Nebst Bespannung, Zäumung und Verzierung der Zug-, Reit- und Last-Thiere, München 1817 (Nachdruck Gütersloh 1981).
8 Friedländer 1922, S. 391.

Noch der detailreiche Aufsatz von Benjamin W. Wells über „Trade and Travel in the Roman Empire" von 1923 arbeitet viel mit entsprechenden Aktualisierungen, wenn der Verfasser etwa die Kosten des italischen Straßennetzes, dessen Länge er in optimistischer Präzision mit 19 286 km veranschlagt, auf rund 50 000 000 US-Dollar in Silberwährung schätzt.[9]

Hans Lamers Wörterbuch der Antike, das bereits in der ersten Auflage 1933 mit den Einträgen „Reiseandenken", „Reisebüro", „Reisehandbücher" und „Reisen" erschien, greift explizit zeitgenössische Befindlichkeiten auf:

> Es imponierte im Weltkriege, daß unsere Soldaten auch an der Palästinafront standen. Aber auch bei der Belagerung Jerusalems 70 n. Chr. wurden Truppen verwandt, die von ihren österreichischen Garnisonen an der Donau dorthin marschiert waren.[10]

Lamer kritisiert die unbewusste Übertragung „neuerer Zustände auf das Altertum":

Kritik an der Übertragung moderner Vorstellungen

> Die Ausdehnung der antiken R.[eisen] wird aus verschiedenen Gründen verkannt. a) Wir haben das Laufen verlernt. Daß Seume 1802 von Grimma nach Syrakus zu Fuß ging, fiel auf. Von Paderborn nach Bagdad würde heute keiner marschieren. Aber Gesandte Haruns ar Raschid an Karl d.[en] Gr.[oßen] liefen von B.[agdad] nach P.[aderborn] [...], und dann gingen sie wieder nach Haus. b) Speziell der islamische Orient war für den europäischen Reiseverkehr noch vor 100 Jahren so gut wie abgeriegelt [...] und wurde ihm erst in den letzten Jahrzehnten neu erschlossen. [...] c) Die Ausdehnung unseres nunmehrigen wirklichen Weltreiseverkehrs macht uns stolz. Freilich ist unbezweifelbar, daß wir damit weit über dem Altertum stehen. Unser Reiseverkehr hat sich aber nicht proportional zur Verbesserung der Reisemittel entwickelt. Gegenüber dem Altertum mit seinen ganz geringen Verkehrsmitteln reisen wir sehr wenig. Wer von den Lesern dieser Zeilen war schon in Indien?[11]

---

[9] Benjamin W. Wells: Trade and Travel in the Roman Empire, in: CJ 19 (1923/1924), S. 7–16 und S. 67–78. Andere Preise rechnet Wells auch in britische Pfund um.

[10] Lamer 1933, Sp. 555. Vor dem zeithistorischen Hintergrund des frühen Nationalsozialismus ist auch der Hinweis auf die zahlreichen „Orientalen" von Interesse, die sich schon in römischer Zeit als Soldaten und Kaufleute an Rhein und Mosel angesiedelt hatten (ebd.).

[11] Lamer 1933, Sp. 556. In Z. 2f. bezieht sich der Verfasser auf Johann Gottfried Seume, der seine Reiseerlebnisse 1803 in dem sehr erfolgreichen Buch „Spazlergang nach Syrakus im Jahre 1802" publiziert hatte.

In der Zeit der Weltkriege war das Reisen als Gegenstand in der altertumswissenschaftlichen Forschung ansonsten aus verschiedenen Gründen wenig präsent.[12]

2.2 Die Forschung der 1950er bis 80er Jahre

Ein größeres Forschungsinteresse haben die Reisen im Römischen Reich dann erst wieder seit den 1950er und 60er Jahren auf sich gezogen, auch dies wiederum unter dem zeitgenössischen Eindruck einer wachsenden Bedeutung von Mobilität für moderne Individualreisende und für den beginnenden Massentourismus in Europa. Ein Blick in die Lexika zeigt, dass der Forschungsgegenstand sich nun fest etabliert hatte: Das Lexikon der Alten Welt beispielsweise erschien 1965 mit Einträgen zu „Verkehr" (Thomas Pekáry) und „Wagen" (Werner Krenkel); das Oxford Classical Dictionary wurde in der zweiten Auflage von 1970 um die Lemmata „Travel" und „Carriages" ergänzt (beide Ernst Badian).

Individualreisen und Massentourismus

Der US-amerikanische Forscher Lionel Casson legte gleich mehrere wichtige Monographien zum Thema vor, die teils ins Deutsche und ins Französische übersetzt worden sind, darunter 1971 die Studie „Ships and Seamanship in the Ancient World"[13] und 1974 die illustrierte Monographie „Travel in the Ancient World", die bis heute als Standardreferenz gelten darf.[14] Casson behandelt darin in einem ersten Teil die Anfänge des antiken Reisens im Nahen Osten sowie Handel und Reisen bei den Griechen, in einem zweiten Teil das Reisen in römischer Zeit und in einem eigenen dritten Teil den römischen Tourismus. Der französische Althistoriker und Archäologe Raymond Chevallier publizierte 1972 eine Studie über die römischen

Gesamtdarstellungen

---

12 Zu nennen sind immerhin Franz Groener: Der Fremdenverkehr in Rom zur Zeit Ciceros, Bonn 1926; Nicolas Hohlwein: Déplacements et tourisme dans l'Égypte romaine, in: CE 15 (1940), S. 253–278; Cedric Yeo: Land and Sea Transportation in Imperial Italy, in: Transactions and Proceedings of the American Philological Association 77 (1946), S. 221–244.
13 Lionel Casson: Ships and Seamanship in the Ancient World, Princeton 1971 (Nachdruck 1995).
14 Lionel Casson: Travel in the Ancient World, London 1974 (Nachdruck 1994, dt. Reisen in der Alten Welt, München 1976, ²1978).

Straßen, die ebenso wie zwei Auflagen einer Übersetzung ins Englische schnell vergriffen war.¹⁵

In den 1980ern und frühen 90ern wurden größere Synthesen vorgelegt wie Chevalliers quellennah gearbeiteter Band „Voyages et déplacements dans l'Empire romain", ferner das fast 600 Seiten starke Buch „Voyager dans l'Antiquité" von Jean-Marie André und Marie-Françoise Baslez sowie Olaf Höckmanns Überblicksdarstellung zur antiken Seefahrt.¹⁶ Grundlagenarbeit leisteten unter anderem Helmut Halfmann mit seiner Studie über die Reisen der Kaiser und ihrer Angehörigen¹⁷ und Gerold Walser als Herausgeber des ersten Einzelbandes zu den römischen Meilensteinen* im Corpus Inscriptionum Latinarum (CIL), der maßgeblichen Edition der antiken lateinischen Inschriften.¹⁸

Grundlagenforschung

2.3 Die jüngere Forschung bis heute

Als eigener Forschungsgegenstand ist das Reisen in der römischen Antike dann mit den Fragestellungen und Ansätzen der Neuen Kulturgeschichte seit den 1990er Jahren erneut in den Fokus gerückt. Ohne einen Eintrag „Reisen" kommt kein einschlägiges Lexikon mehr aus. Um nur die bereits erwähnten Beispiele aufzugreifen: Das Oxford Classical Dictionary erscheint in der vierten Auflage von 2012 mit einer Fülle neuer einschlägiger Einträge wie „Travel", „Transport, wheeled", „Roads" (alle Nicholas Purcell) und „Tourism" (Antony J. S. Spawforth), der Neue Pauly weist unter anderem die Lemmata „Reisen" (Karl-Wilhelm Weeber), „Mobilität" (Ulrich Fellmeth), „Verkehr" (Helmuth Schneider) und „Pilgerschaft" (Ian C. Rutherford) aus.

---

15 Raymond Chevallier: Les voies romaines, Paris 1972 (engl. London 1976, ²1989). Chevallier hat 25 Jahre später unter dem gleichen Titel eine neue Gesamtdarstellung zum Thema verfasst (Chevallier 1997).
16 Chevallier 1988, André/Baslez 1993; Höckmann 1985. Siehe ferner auch Bender 1989 sowie Guiseppina Pisani Sartorio: Mezzi di trasporto e traffico Rom 1988, ²1994.
17 Helmut Halfmann: Itinera principum. Geschichte und Typologie der Kaiserreisen im Römischen Reich (Heidelberger althistorische Beiträge und epigraphische Studien 2), Stuttgart 1986.
18 CIL XVII, Pars II: Miliaria provinciarum Narbonensis Galliarum Germaniarum, herausgegeben von Gerold Walser, Berlin 1986.

Im Zuge einer immensen methodischen wie thematischen Ausdifferenzierung wurde das Reisen in den letzten 30 Jahren in vielfältigsten Aspekten erschlossen. Neben kultur-, mentalitäts- und alltagsgeschichtlichen Zugängen stehen weiterhin »klassische« Fragen der Technik-, Infrastruktur- und Wirtschaftsgeschichte, die nun auch mit umwelthistorischen, netzwerktheoretischen oder prosopographischen Ansätzen verbunden werden. Die wichtigsten Schwerpunkte aus dem aktuellen Forschungsspektrum seien im Folgenden zumindest kurz benannt.

Technik- und Wirtschaftsgeschichte

Im Bereich von Technik, Logistik, Infrastruktur und Ökonomie hat sich die Forschung intensiv mit archäologischen Befunden und Erkenntnissen auseinandergesetzt, wobei unter anderem auch naturwissenschaftliche Methoden sowie die Unterwasserarchäologie neue Erkenntnisse liefern. Neben einer Reihe breit angelegter regionaler Fallstudien erschienen zahlreiche Beiträge, die sich etwa mit Straßen, Brücken und Häfen befassen, mit der technischen Sicherheit einzelner Fortbewegungsmittel, aber auch allgemeiner mit Landtransport und Seefahrt in römischer Zeit sowie mit wirtschaftlichen Aspekten des Reisens.[19] Auch Verkehrsregeln und Verkehrsregelung werden diskutiert.[20]

Kulturgeschichte

Dezidiert kulturwissenschaftliche Ansätze untersuchen das Reisen beispielsweise vor dem Hintergrund des geographischen Wis-

---

[19] Hier und nachfolgend seien zu jedem Punkt exemplarisch nur zwei oder drei zentrale Publikationen herausgegriffen. Straßen: Chevallier 1997; Michael Rathmann: Untersuchungen zu den Reichsstraßen in den westlichen Provinzen des Imperium Romanum (Beihefte der Bonner Jahrbücher 55), Mainz 2003; Romolo Augusto Staccioli: Strade romane, Rom 2003; Kolb 2019. Brücken: Guy Barruol, Jean-Luc Fiches und Pierre Garmy [Hrsg.]: Les ponts routiers en Gaule romaine, Montpellier-Lattes 2011; Horst Barow: Roads and Bridges of the Roman Empire, Stuttgart 2013. Häfen: Feuser 2020; Wawrzinek 2014. Sicherheit: Kirstein/Ritz/Cubasch 2018. Landtransport: Pisani Sartorio 1994; Lucietta Di Paola: Viaggi, trasporti e istituzioni. Studi sul „cursus publicus", Messina 1999; Kolb 2000. Seefahrt: Nicholas K. Rauh: Merchants, Sailors and Pirates in the Roman World, Stroud 2003; Pascal Arnaud: Les routes de la navigation antique. Itinéraires en Méditerranée et Mer Noire, Arles 2005, ²2020. Wirtschaft: Ray Laurence: Land Transport in Roman Italy. Costs, Practice and the Economy, in: Helen Parkins u. a. [Hrsg.]: Trade, Traders and the Ancient City, London 1998, S. 129–148; Colin Adams: Land Transport in Roman Egypt. A Study of Economics and Administration in a Roman Province, Oxford/New York 2007.

[20] K. Zimmermann 2002; van Tilburg 2007; Froehlich 2022, S. 215–280.

sens der römischen Antike²¹ oder im Kontext der römischen Villen- und Freizeitkultur.²² Timothy O'Sullivan verfasste eine antike Kulturgeschichte des Zufußgehens.²³ Zwei Sammelbände widmen sich der Erfahrung *(experientiality)* und Wahrnehmung von Mobilität.²⁴ In jüngerer Zeit wurde im Zuge einer sehr ergiebigen Auseinandersetzung mit antiken Raumvorstellungen auch das Themenfeld Bewegung im Raum vielseitig erschlossen.²⁵ Aber auch konkrete Objekte und ihre Untersuchung werden in kulturhistorische Zusammenhänge eingeordnet. So analysiert Ray Laurence anhand des Straßenbaus in Italien den Wandel der römischen Mobilitätskultur in der ausgehenden Republik.²⁶ Kimberly Cassibry schreibt anhand von Souvenirs aus beliebten antiken Reisezielen eine Objektgeschichte der römischen Globalisierung.²⁷ Eine weitere sehr produktive Forschungsrichtung verortet das Reisen im Spannungsfeld von Kommunikations- und Netzwerkforschung, wobei Aspekte wie Austausch und Konnektivität diskutiert werden. Auch für die Untersuchung ökonomischer Verbindungen, etwa im Fernhandel über das Mittelmeer, wurden Ansätze der Netzwerkforschung fruchtbar gemacht.²⁸

<small>Kommunikations- und Netzwerkforschung</small>

Eine kulturwissenschaftlich orientierte Forschung hat auch zahlreiche Themen neu aufgegriffen, die bereits in früheren Jahrzehnten behandelt worden sind, wie die unterschiedlichen Formen von Reisen und ihre Akteure. So wurde das touristische Reisen in der

<small>Reiseformen und -akteure</small>

---

21 Siehe etwa die Beiträge in den Sammelwerken Adams/Laurence 2001; Olshausen/Sonnabend 2002; Ellis/Kidner 2004; Adams/Roy 2007; Olshausen/Sauer 2014.
22 Schneider 1995; Mayer 2005.
23 Timothy M. O'Sullivan: Walking in Roman Culture, Cambridge 2011.
24 Baumann/Froehlich 2018; Claudia Moatti, Emmanuelle Chevreau und Ilsen About [Hrsg.]: L'expérience de la mobilité de l'Antiquité à nos jours, entre précarité et confiance, Bordeaux 2021.
25 Siehe etwa Ray Laurence und David J. Newsome [Hrsg.]: Rome, Ostia, Pompeii. Movement and Space, Oxford 2011; Frank Vermeulen und Arjan Zuiderhoek [Hrsg.]: Space, Movement and the Economy in Roman Cities in Italy and Beyond (Studies in Roman Space and Urbanism), London/New York 2021.
26 Ray Laurence: The Roads of Roman Italy. Mobility and Cultural Change, London 1999.
27 Cassibry 2021.
28 Ellis/Kidner 2004; Hitchner 2012; Gil Gambash: Between Mobility and Connectivity in the Ancient Mediterranean. Coast-Skirting Travellers in the Southern Levant, in: Lo Cascio/Tacoma 2017, S. 155–172.

römischen Antike in Nicola Zwingmanns Monographie anhand von Kleinasien und seiner vorgelagerten Inseln exemplarisch und umfassend aufgearbeitet.[29] Zwingmann hat außerdem in mehreren Beiträgen auf Frauen als Akteurinnen von Reisen aufmerksam gemacht.[30] Auch das Reiseverhalten anderer Gruppen ist Gegenstand der aktuellen Forschung, so das der Juden oder das der griechischen Intellektuellen im Römischen Reich.[31] Zum römischen Bildungstourismus erschienen Beiträge über Griechenland und Ägypten.[32]

Reisen in der Spätantike

Im Zuge eines stark angewachsenen Forschungsinteresses an der Spätantike sind in den letzten Jahrzehnten außerdem zunehmend Quellen und Fragestellungen in den Blick gerückt, die die veränderten Bedingungen von Mobilität im vierten bis siebten Jahrhundert n. Chr. betreffen.[33] Hier sind nicht zuletzt zahlreiche neue Studien zu den christlichen Pilgerreisen zu nennen.[34]

Reiseliteratur und Fiktionalität

Literaturwissenschaftlich geprägte Ansätze, die sich mit der Darstellung von Reisen bei den antiken Autoren befassen, haben den Blick verstärkt auf die Literarizität von Reisetexten gelenkt.[35]

---

[29] Zwingmann 2012.
[30] Siehe vor allem Zwingmann 2014 und Zwingmann 2018. Zu reisenden Frauen siehe ferner Foubert/Breeze 2014, S. 175f.; Carucci 2017 sowie das Material bei Handley 2011.
[31] Juden: Catherine Hezser: Jewish Travel in Antiquity, Tübingen 2011. Pepaideumenoi: Pretzler 2007; Fron 2021.
[32] Griechenland: Madeleine Jost: Pausanias in Arkadia. An Example of Cultural Tourism, in: Adams/Roy 2007, S. 104–122. Ägypten: Adams 2007. Auch darüber hinaus sind Untersuchungen zu einzelnen Provinzen oder Regionen angestellt worden, beispielsweise Stéphanie Guédon: Le voyage dans l'Afrique romaine (Ausonius Éditons, Scripta Antiqua 25), Bordeaux 2010.
[33] Ellis/Kidner 2004; Matthews 2006; Sylvain Destephen: Le voyage impérial dans l'antiquité tardive. Des Balkans au Proche-Orient, Paris 2016; Jean-Pierre Caillet u.a.: Le voyage dans l'Antiquité tardive. Réalités et images, in: AntTard 24 (2016), S. 13–255.
[34] Siehe etwa Rebecca Stephens Falcasantos: Wandering Wombs, Inspired Intellects. Christian Religious Travel in Late Antiquity, in: JECS 25 (2017), S. 89–117; Eva-Maria Gärtner: Heilig-Land-Pilgerinnen des lateinischen Westens im 4. Jahrhundert. Eine prosopographische Studie zu ihren Biographien, Itinerarien und Motiven, Münster 2019.
[35] Joëlle Soler: Écritures du voyage. Héritages et inventions dans la littérature latine tardive, Paris 2005; Niehoff 2017. Epochenübergreifend auch Zweder von Martels [Hrsg.]: Travel Fact and Travel Fiction. Studies on Fiction, Literary Tradition, Scholarly Discovery and Observation in Travel Writing (Brill's Studies in Intellectual History 55), Leiden 1994.

Selbst geographische Texte oder Karten konnten in der antiken Rezeption wie virtuelle Reisen funktionieren;[36] und manche scheinbar wirklichkeitsnah beschriebene Reise entpuppt sich unter kundigem philologischen Zugriff als eine poetologische Übung, die sich weniger im empirischen als vielmehr im erzählten Raum abspielt.[37] Nach wie vor werden freilich Gattungen wie die römische Satire mitunter unkritisch herangezogen, um vermeintliche Fakten über antike Reisemodalitäten zu gewinnen. Einen Konsens zum Umgang mit Fiktionalität in solchen Texten gibt es auf historischer Seite bislang nicht.

Ein Schwerpunkt der altertumswissenschaftlichen Forschung liegt derzeit bei Mobilität in einem allgemeineren Sinn, das heißt Mobilität, die Phänomene wie Migration mit in den Blick nimmt – auch hier ist ein Gegenwartsbezug des Forschungsinteresses klar auszumachen. Aus dieser Richtung hat die Beschäftigung mit dem Reisen neue Impulse erhalten. So befassen sich einschlägige Arbeiten zur Mobilität mit der Frage nach Reise- und Bewegungsfreiheit im Römischen Reich oder mit den Modalitäten von Status- und Identitätskontrollen bei Reisenden. Insbesondere Claudia Moatti hat in diesem Bereich Pionierarbeit geleistet.[38] In diesem Zusammenhang ist auch auf die neuen Untersuchungen und Neubewertungen von Grenzen und Übergängen wie Reichs-, Provinz- und Stadtgrenzen hinzuweisen.[39] Auch Holger Sonnabends Kulturgeschichte der Fremdheit in der Antike ist von der Migrationsforschung inspiriert.[40]

Reisefreiheit und Restriktionen

---

36 Benjamin Isaac: Virtual Journey in the Roman Near East. Maps and Geographical Texts, in: Niehoff 2017, S. 115–137.
37 Ulrike Egelhaaf-Gaiser: *Poeta* und *gubernator*. Eumolp und die Poetik des Schiffbruchs bei Petron (Sat. 100–115), in: Baumann/Froehlich 2018, S. 329–350.
38 Claudia Moatti: Translation, Migration, and Communication in the Roman Empire. Three Aspects of Movement in History, in: ClAnt 25 (2006), S. 109–140; Moatti 2007; Moatti 2017. Siehe ferner Drogula 2011; Lemcke 2012.
39 Moschek 2011; Stéphanie Guédon: Passer la frontière romaine. L'exemple africain, in: AntTard 24 (2016), S. 47–56; Saskia Stevens: City Boundaries and Urban Development in Roman Italy (Interdisciplinary Studies in Ancient Culture and Religion 16), Leuven/Paris/Bristol 2017; Daniel Emmelius: Das Pomerium. Geschriebene Grenze des antiken Rom (Studien zur Alten Geschichte 30), Göttingen 2021; Froehlich 2022. Siehe auch epochenübergreifend Alexander Demandt: Grenzen. Geschichte und Gegenwart, Berlin 2020.
40 Holger Sonnabend: Fremde und Fremdsein in der Antike. Über Migration, Bürgerrecht, Gastfreundschaft und Asyl bei Griechen und Römern, Wiesbaden 2021.

Überblicks-   Aktuell sind reich bebilderte Überblicksdarstellungen verfügbar,
darstellungen   die sich auch an ein breiteres Publikum wenden: zwei Einführungen von Angela Donati und von Michel Reddé,[41] die großformatigen Bildbände über römische Straßen von Werner Heinz und von Margot Klee[42] oder ein Ausstellungskatalog aus Xanten.[43] Eine Gesamtdarstellung zum römischen Reisen, die es mit Friedländers Arbeit aufnehmen könnte, bleibt indessen auch 160 Jahre nach deren Erstauflage ein Desiderat.[44]

2.4 Das Problem aktualisierender Herangehensweisen

Gegenwartsbezug   Wir haben gesehen, dass sich Interesse und Fragestellungen in der
der Forschung   Forschung immer wieder an den Erfahrungen der eigenen Gegenwart orientiert haben. Die Auseinandersetzung mit dem Reisen im Römischen Reich stand unter dem Eindruck der neuen Reisegeschwindigkeiten und des neuen Komforts, den Dampfschiffe und Eisenbahnen im 19. Jahrhundert ermöglichten. Sie speiste sich aus den Erfahrungen mit dem nach dem Zweiten Weltkrieg wieder möglichen touristischen Reisen, das die Menschen aus Nord- und Mitteleuropa ans Mittelmeer und nicht zuletzt ins Kernland der römischen Zivilisation, nach Italien brachte. Aktuell sind es große Migrations- und Fluchtbewegungen, die kontrovers diskutierte Neuerrichtung von Grenzen in Europa und das widersprüchliche Nebeneinander von

---

41 Angela Donati: Viator. Il viaggio dei Romani, Bologna 2013; Michel Reddé: Voyages sur la Méditerranée romaine, illustriert von Jean-Claude Golvin, Arles 2005.
42 Werner Heinz: Reisewege der Antike. Unterwegs im Römischen Reich, Stuttgart 2003; Klee 2010.
43 Schmitz/Sieler 2013. Auch epochenübergreifende Darstellungen zum historischen Reisen liegen für ein breites Publikum vor, siehe etwa das opulente Coffee Table Book von Simon Adams, R. G. Grant und Andrew Humphreys: Reisen. Die Illustrierte Geschichte, aus dem Englischen übersetzt von Karin Hofmann, München 2018.
44 So verweist noch Adams in seinem Forschungsüberblick auf Friedländer als Standardreferenz: „For the Roman world, no recent general treatment of travel and transport is available and the basic work [sc. Friedländer 1922] is now dated" (Colin Adams: Introduction, in: Adams/Roy 2007, S. 1–4, hier S. 1).

Touristenvisa, Arbeitsvisa und Asyl, die ein gesteigertes Interesse an den Mobilitätsbedingungen vergangener Epochen bewirken.

Das Reisen zu Berufs-, Bildungs- oder Freizeitzwecken ist heute ein selbstverständlicher Teil unseres Alltags, dessen hoher gesellschaftlicher und individueller Stellenwert im Zuge der Corona-Pandemie noch einmal stark in das allgemeine Bewusstsein gerückt ist. Da liegt es bei der Beschäftigung mit der Antike nahe, auch nach den Reisegewohnheiten und -bedingungen der damaligen Zeit zu fragen. Analogien drängen sich häufig geradezu auf. So vergleicht Klaus Geus in einem Beitrag, der sich an eine breitere Leserschaft wendet, anschaulich die Tabula Peutingeriana*, eine antike Wegstationen- und Straßenkarte, mit modernen U-Bahn-Fahrplänen, bei denen nur Haltestationen und Strecken verzeichnet sind.[45] „Ebenso wie heute gab es auch in der Antike Ferien", heißt es an anderer Stelle.[46] In Bezug auf Reisesouvenirs schreibt Geus: „Nicht anders als heute nahmen die Touristen der römischen Zeit am liebsten Kleidung und Schmuck nach Hause mit."[47] Wann ist ein Vergleich hilfreich, wann ist er unangemessen oder gar irreführend?

Aktualisierende Vergleiche

Ähnlich kompliziert stellt sich die Frage nach der Zulässigkeit von Verallgemeinerungen dar. So hält Geus, um bei dem zitierten Beitrag zu bleiben, in Bezug auf die römischen Fahrzeuge fest: „Manche Reisewagen waren mit Kilometerzählern und Reiseuhren ausgestattet."[48] Das klingt in der Tat geradezu modern – und wirklich beschreibt der römische Ingenieur Vitruv in der zweiten Hälfte des ersten Jahrhunderts v. Chr. solche nach griechischen Vorbildern konzipierten Apparaturen.[49] Ob sie aber nicht nur als Prototypen gebaut worden sind, sondern größere Verbreitung gefunden haben und dann tatsächlich auch Reisewagen damit ausgerüstet wurden, erscheint doch sehr fraglich. Nicht umsonst wurden Reiseentfernun-

Wagen mit „Kilometerzählern"?

---

45 Geus 2013, S. 138.
46 Ebd., S. 149.
47 Ebd., S. 145.
48 Ebd., S. 141.
49 Vitr. IX 8,1; X 9,1–7. Die aktualisierende Rezeption hat ihren Ausgang in einer modernistischen Technikgeschichte wie etwa bei Albert Neuburger: Die Technik des Altertums, Leipzig 1919, ⁴1930 (mit zahlreichen Nachdrucken 1977 bis 2018), hier S. 219f. mit einer Funktionsskizze des zahnradbasierten Registrierapparates für Taxameterwagen nach Heron.

gen weder in „Kilometern" oder anderen Längenangaben noch in Stunden bemessen, sondern in der Regel in Tagesreisen angegeben.

Wie im vorliegenden Band zu sehen sein wird, ist vieles nicht so einfach auf die Antike übertragbar, wie es vielleicht auf den ersten Blick erscheint. Eine vertiefende Auseinandersetzung mit den hier nur kurz angesprochenen Problemen findet sich in Kapitel 13.

2.5 Inhalt und Aufbau des Bandes

Definition Reisen

Das Reisen wird in diesem Band definiert als eine Fortbewegung von Personen, die ein bestimmtes Vorhaben oder Ziel verfolgt und die sich über eine längere Zeit und eine größere Entfernung erstreckt. Auch wenn es sich dabei in der Regel mindestens um eine Tagesstrecke handelt, sind auch kürzere Reisen durchaus denkbar und sollen von dieser Definition mit umfasst werden.

Eingrenzung

Thema des vorliegenden Bandes sind unterschiedliche Formen selbst gewählter Reisetätigkeit, etwa Geschäftsreisen, Studienreisen oder Pilgerreisen, nicht aber die Mobilität von Gefangenen, von Verbannten, von Geiseln oder von militärischen Abteilungen und auch nicht dauerhafte Migration von Einzelpersonen oder Personenverbänden. Der zeitliche Rahmen liegt bei Reisen vom ersten Jahrhundert v. Chr. bis zum vierten Jahrhundert n. Chr.

Inhaltlicher Überblick

Inhaltlich wurde eine exemplarische Herangehensweise gewählt, bei der anhand maßgeblicher Quellen und Forschungstexte ein vielseitiger Zugriff auf das Reisen im Römischen Reich ermöglicht werden soll. Nach der inhaltlichen Einführung in Kapitel 1 und dem Forschungsüberblick in Kapitel 2 werden in Kapitel 3 zunächst Akteure, Anlässe und Motive von Reisen im Römischen Reich systematisiert. Der vorgestellte Quellentext berichtet von einer Reisegruppe, die zu einem großen Teil aus Frauen bestand. Kapitel 4 diskutiert die zwei grundlegenden Voraussetzungen der Mobilität: Reisesicherheit und Infrastruktur im Imperium Romanum. Es wird zu sehen sein, dass die Befriedung des Reiches eine wichtige Bedingung für jede Reiseaktivität war, wobei freilich die zeitgenössischen Diskurse über eine Pax Augusta kein realitätsnahes Bild vermitteln.

In Kapitel 5 werden Planung und Vorbereitung einer Reise besprochen: Was hatte ein Reisender etwa bei der Organisation von Verpflegung und Ausrüstung oder bei der Wahl seiner Begleitung zu beachten? Anschließend werden Reisen auf dem Land- und Seeweg thematisiert: Kapitel 6 bietet eine Einführung zum römischen Straßenverkehrswesen und zu den für Reisen genutzten Fahrzeugen. Ein lebensweltlich detailreicher Quellentext verführt dazu, als Tatsachenbericht gelesen zu werden, wird sich aber in der Interpretation als sehr viel komplexer erweisen. Kapitel 7 bespricht die natürlichen und technischen Voraussetzungen der Seefahrt im Mittelmeer. Es soll deutlich werden, dass die römischen Schiffe sehr viel stabiler und sicherer waren, als es die zahlreichen antiken Berichte über Schiffbrüche vermuten ließen.

Die folgenden fünf Kapitel stellen typologisierend die wichtigsten Arten von Reisen vor. Kapitel 8 widmet sich den im Selbstverständnis der stadtrömischen Elite zentralen Erholungsreisen zu den eigenen ländlichen Villen oder an italische Kurorte. Bildungs- und Kulturreisen an historische Schauplätze und Erinnerungsorte in Griechenland und Kleinasien sind Gegenstand des Kapitels 9. Das Kapitel 10 führt uns an das beliebteste Ziel touristischer Reisen in römischer Zeit, Ägypten mit seinen Naturwundern und Sehenswürdigkeiten. Mit dem Apostel Paulus wird in Kapitel 11 das spezifisch christliche Format der Missionsreisen behandelt. Kapitel 12 gilt den christlichen Pilgerreisen und der Erschließung neuer Reiseziele in der Spätantike.

Die beiden abschließenden Kapitel schlagen den Bogen zur modernen Rezeption des Themas. Kapitel 13 setzt sich mit dem Problem der scheinbaren Nähe zwischen antiken und neuzeitlichen Verhältnissen auseinander und diskutiert dieses anhand von Ludwig Friedländers „Sittengeschichte", um Folgerungen für den sachgerechten Umgang mit Forschungsliteratur zu ziehen. Kapitel 14 widmet sich einem der bekanntesten Reisenden im Römischen Reich, der Comic-Figur Asterix. Es nimmt die Darstellung antiker Verkehrs- und Reisemodalitäten bei Goscinny und Uderzo unter die Lupe und erweist Asterix als einen modernen Reisenden im antiken Gewand.

Ziel des Bandes ist es, den Leserinnen und Lesern einerseits das wichtigste Basiswissen zum Thema zu vermitteln, sie aber andererseits zur selbständigen Auseinandersetzung mit dem Reisen im Römischen Reich und zum Stellen eigener Fragen anzuregen. Die exemplarische Quellenauswahl erlaubt das Einüben fachspezifischer Methoden. Dabei werden neben literarischen Texten auch Inschriften, Papyri, Münzen und archäologische Quellen präsentiert. Weiterführende Fragen und kommentierte Empfehlungen zur Lektüre sollen eigene Wege in die Thematik eröffnen.

Ziele

3 Akteure, Anlässe und Motive

Abb. 3.1: Stele mit der Grabinschrift eines Schweins (Edessa, 2./3. Jh. n. Chr.)

Diese ungewöhnliche Stele wurde als Spolie, also in zweiter Verwendung, in der spätantiken Stadtmauer der nordgriechischen Stadt Edessa verbaut. Das Relief zeigt einen Mann, der auf einem offenen zweiachsigen Leiterwagen sitzt, welcher von vier Pferden oder Maultieren gezogen wird und gerade einen Abhang hinunterfährt. Vor den Pferden läuft ein Schwein, das in einer zweiten, zeitlich nach dieser Szene anzusetzenden Ansicht unter die Wagenräder geraten ist und in zusammengekauerter Haltung überfahren wird. Die zugehörige griechische Versinschrift lautet in Übersetzung:

> Ein von allen geliebtes Schwein, ein junger Vierbeiner, hier liege ich, nachdem ich als Geschenk den Boden Dalmatiens verlassen hatte. Ich ging, wie ich gewollt hatte, nach Dyrrachium und Apollonia. Ich durchquerte das ganze Land zu Fuß, allein, unermüdlich. Aber als Opfer eines Rades habe ich jetzt, der ich Emathia und den Wagen des Phallus sehen wollte, das Licht verloren. Hier liege ich nun und schulde nichts mehr dem Tod.[1]

Ein Schwein auf Reisen Ein Schwein spricht in der Ich-Form zum Betrachter der Stele. Es berichtet, wie es von Dalmatien über die Hafenstadt Dyrrachium an der Adria (heute Durrës) bis nach Emathia in Makedonien gelaufen sei, wo es tödlich verunglückte. Dieser Text wirft Fragen auf: War unter der Stele tatsächlich ein Schwein bestattet, das seinen Besitzer auf einer Reise begleitet hatte? Weshalb sollte dieser einem Tier einen Grabstein gesetzt haben?

Interpretationsansätze Der Ausgräber Photios Petsas ging davon aus, dass es sich um die Grabinschrift für ein auf der Via Egnatia überfahrenes Schwein handelt.[2] Es wird jedoch auch die These vertreten, der Bestattete sei ein Sklave mit dem Namen Choiros (Schwein) gewesen, der verunglückt sei; ein solcher Personenname ist tatsächlich mehrfach belegt.[3] Das Relief wäre dann als Spiel mit der Wortbedeutung des Eigennamens aufzufassen. Doch warum sollte ein Mann als „Vierbeiner" bezeichnet werden? Und wäre es nach antiken Wertvorstellungen nicht ebenso merkwürdig, in die Bestattung eines einfachen Sklaven zu investieren wie in die eines Schweines? Handelt es sich vielleicht um einen rein fiktiven Text?

Es ist zu bedenken, dass Grabepigramme für Tiere in der Antike häufiger belegt sind. In einer Reihe einschlägiger Texte fungiert das bestattete Tier wie in unserem Beispiel selbst als Sprecher – ein Hund beispielsweise, ein Hase, ein Papagei, ein Eichelhäher oder eine Heuschrecke. Bei den inschriftlich überlieferten Epigrammen erscheint es durchaus plausibel, dass einem geschätzten Haustier wie

---

[1] SEG 25,711 = SEG 48,796 (Übersetzung Mindt 2020, S. 239).
[2] Φ.Μ. Πέτσας: Αιγαί – Πέλλα – Θεσσαλονίκη, in: Αρχαία Μακεδονία [I]. Ανακοινώσεις κατά το πρώτον διεθνές συμπόσιον εν Θεσσαλονίκη, 26–29, Αυγούστου 1968 (ΙΜΧΑ 122), Thessaloniki 1970, S. 203–227, hier S. 216.
[3] Die These geht zurück auf Στέφανος Ν. Κουμανούδης: Εις επίγραμμα εξ Εδέσσης, in: Athens Annals of Archaeology 2 (1969), S. 422f.

einem wertvollen Jagdhund wirklich ein Grabstein gesetzt worden ist.[4] Im vorliegenden Fall wäre indessen zu vermuten, dass das Schwein aus kultischen Gründen auf der Reise mitgeführt wurde. Es hätte sich dann entweder um ein wertvolles dressiertes Jungtier gehandelt, das mit akrobatischen Kunststücken bei Festveranstaltungen auftrat,[5] oder um ein Opfertier, nach dessen Unfalltod der Besitzer ersatzhalber in einen aufwendigen Grabstein investierte und so den betriebenen Aufwand dokumentierte.[6]

Er selbst als eigentlicher Akteur der Reise wäre demnach anlässlich eines religiösen Festes aus Dalmatien nach Makedonien gereist – womöglich wollte er an einer Prozession zu Ehren des Dionysos oder der Demeter in Edessa teilnehmen.[7] Im Text gänzlich unsichtbar, hat sich der Reisende im Bild würdig in Szene setzen lassen: Überproportional groß dargestellt, findet er sich im Zentrum des Reliefs. Seine Gesichtszüge, Kleidung, Frisur und Reisekapuze sind detaillierter und sorgfältiger gearbeitet als der Wagen oder die Zugtiere.

Ein Festbesucher aus Dalmatien

3.1 Warum gingen die Menschen auf Reisen?

Unterwegs auf den römischen Straßen oder Schiffen und am Reiseziel selbst kamen Personen zusammen, die aus sehr unterschiedlichen gesellschaftlichen und wirtschaftlichen Verhältnissen stammten. Man denke etwa an die großen Festveranstaltungen, die von Städten oder Heiligtümern ausgerichtet wurden. Hier reisten zum einen die Wettkämpfer und Darsteller selbst an; je nach Zuschnitt der Spiele waren das Athleten und seltener Athletinnen, Reiter, Wagenlenker, Schauspielerinnen und Schauspieler, Redner, Musiker, Philosophen und Dichter mit ihren Begleiterinnen und Dienern. Zahlreiche Zuschauer kamen, um den Opfern und Prozessionen, den sportlichen oder künstlerischen Darbietungen des Festes beizuwohnen. Daneben waren aber auch Händler, Wanderhandwerker und Dienstleister wie Ärzte, Quacksalber, Wahrsager und Prostituierte an-

Vielfalt der Akteure

---

4 So Mindt 2020 mit einer Zusammenstellung einschlägiger Epigramme.
5 Βουτυράς 2012, S. 565, unter Verweis auf Petr. Sat. 47,9f.
6 Nikolaou 1985, S. 152, zustimmend Mindt 2020, S. 239.
7 So bereits die These von Nikolaou 1985, der damit die Erwähnung eines Phallus im Epigramm erklärt; vgl. auch Βουτυράς 2012.

zutreffen, die hofften, auf den begleitenden Märkten gute Geschäfte zu machen, sowie Diebe und Bettler.⁸

Reisemotive in der Antike

Ebenso vielfältig wie die Akteure waren die Motive und Anlässe für einzelne Reisen. Systematisierend lässt sich zwischen erzwungener Mobilität und freiwilligen Reisen unterscheiden, wobei erstere – etwa in Form von Kriegszügen, Flüchtlingszügen, Gefangenen- und Sklaventransporten – nicht Gegenstand dieses Bandes ist. Selbstgewählte Reiseformen der Antike waren Entdeckungsreisen, Reisen im staatlichen Auftrag, berufs- und geschäftsbedingte Reisen, Bildungsreisen, Erholungsreisen, Gesundheitsreisen, Pilgerreisen sowie Besuchsreisen.⁹

Verschränkung von Reisemotiven

Für die römische Zeit ist eine klare Differenzierung nicht nur angesichts der notwendig unscharf bleibenden Kategorien schwierig, sondern auch deshalb, weil sich in der Praxis unterschiedliche Motive miteinander verschränkten. Ein Statthalter, der wie Cicero im Jahr 51/50 v. Chr. in seine Provinz reiste, war fraglos in erster Linie als Amtsträger unterwegs, der militärische Unternehmungen zu leiten, Verwaltungsangelegenheiten zu regeln und sich der Rechtsprechung zu widmen hatte. Dennoch nutzt Cicero, wie wir aus seinen Briefen wissen, die Gelegenheit, zunächst einmal auf der Reise von Rom nach Süditalien auf den eigenen Landgütern Freunde zu empfangen und einige Tage bei Pompeius in Tarent zu verbringen. In Athen genießt er zehn Tage lang die Stadt mit ihren Sehenswürdigkeiten und verschafft sich einen Einblick, wie es um die zeitgenössische Philosophie steht. In Ephesos und Laodikeia kommt er diversen gesellschaftlichen Verpflichtungen nach; auch will er für seinen Freund Atticus ein bestimmtes einheimisches Blasinstrument kaufen und Töpferware aus der syrischen Stadt Rhosos besorgen lassen. Als er in seiner Amtsprovinz Kilikien ist, heuert er professionelle Jäger an, um in den Bergen Großkatzen zu fangen, die er dem amtierenden Ädilen in Rom für Tierhetzen schicken will. Auf der Rückreise nutzt er die Gelegenheit, sich auf Rhodos mit seinem Sohn und seinem Neffen zu treffen, die ihn auf dem weiteren Reiseweg nach Italien begleiten.¹⁰ Politische, gesellschaftliche und persönliche Verpflichtungen und

---

8 Aufzählung nach Zwingmann 2017, Sp. 921.
9 Systematik in Anlehnung an Kulinat 2002, S. 420.
10 Freunde: Cic. Att. V 2,1; 7. Sehenswürdigkeiten und Philosophen in Athen: Att. V 10,5. Gesellschaftliche Verpflichtungen: Att. V 13,2; VI 3,9 und öfter. Einkäufe: Att. V 21,9; VI 1,13. Raubtierjagd: fam. II 12,2 (der von Cicero benutzte Begriff *pan-*

Interessen werden hier nicht nur miteinander verbunden, sondern bilden ein unauflösbares Ganzes.

Dennoch lässt sich für eine Reise in der Regel ein klares Hauptmotiv und oft auch ein konkreter Anlass benennen. In der römischen Antike wurden die allermeisten freiwilligen Reisen im amtlichen oder beruflichen Interesse durchgeführt. Bei diesen Reisen sind nach sozio-ökonomischen Kriterien unterschiedliche Bevölkerungsgruppen mit ihren jeweiligen amtlichen Aufgaben (3.2) oder beruflichen Motiven (3.3) zu unterscheiden. Es gab jedoch auch universelle, nicht an einen bestimmten Status oder Beruf gebundene Reisemotive wie das Vorhaben, einen Kurort aufzusuchen (3.4). Neben ein solches Hauptmotiv konnten ein oder mehrere Nebenmotive treten, wenn etwa ein Statthalter die Reise in seine Provinz so plante, dass er auf dem Weg bei Freunden und Verwandten Station machen, in berühmten Heiligtümern opfern oder historische Stätten besuchen konnte.

<small>Hauptmotiv und Nebenmotive</small>

Reisen im Römischen Reich erfolgten also entweder aus ökonomischen Motiven oder sie setzten ein Mindestmaß an »ökonomischer Abkömmlichkeit« (Max Weber) voraus: Während Händler oder Handwerker unterwegs waren, um ihren Lebensunterhalt zu verdienen, stellten reisende Senatoren zur Schau, dass sie – frei von wirtschaftlichen Zwängen – über die notwendige Zeit und Mittel verfügten, um Staatsämter zu bekleiden, zur Kur zu fahren oder kostspielige Villen* zu unterhalten.

<small>Ökonomische Abkömmlichkeit</small>

3.2 Reisen von Amtsträgern

Betrachten wir zunächst die Reisen derjenigen, die öffentliche Ämter bekleideten oder im staatlichen Auftrag unterwegs waren. Neben den Magistraten* und Promagistraten waren dies die staatlich bestellten Kuriere, Gesandten und Spezialbeauftragten sowie Rekruten auf dem Weg zu ihren Einheiten. Im Prinzipat ist hier auch die einflussreiche Gruppe der kaiserlichen Freigelassenen mitzudenken, die im persönlichen Auftrag des Kaisers quasi-staatliche Aufgaben erfüllten. Vereinfachend konzentrieren sich die folgenden Ausführungen auf die am besten dokumentierten Reisen der senatorischen

---

thera kann Panther, Löwen oder andere Großkatzen bezeichnen). Familientreffen: Att. VI 6,2; fam. II 17,1.

und ritterlichen Amtsträger. Neben literarischen Zeugnissen wie den Cicero- oder Pliniusbriefen sind hier vor allem Inschriften, die die Beamten errichten ließen, eine Hauptquelle.

Organisation der Reichsverwaltung

Bis zur Reform der römischen Verwaltung durch Diokletian am Ende des dritten Jahrhunderts n. Chr. war die Reichsverwaltung so organisiert, dass das Kommando über die senatorischen Provinzen in einem vergleichsweise kurzen Turnus von einem Jahr wechselte. Die neu bestellten Magistrate und Promagistrate reisten mit ihren Mitarbeitern über große Strecken von Rom an ihren jeweiligen Wirkungsort als Prokonsuln, Legaten, Quästoren, Präfekten oder Prokuratoren.

Amtsreisestrecken eines Senators

„Reisen waren hier nicht die Ausnahme, sondern das Prinzip", wie Matthäus Heil bemerkt.[11] Er berechnet exemplarisch die Reisestrecke für alle bekannten Amtsreisen eines „gewöhnlichen" Senators, des L. Iulius Marinus Caecilius Simplex, dessen politisch aktive Zeit ins letzte Viertel des ersten Jahrhunderts n. Chr. fällt. Dieser Iulius Marinus hatte bereits als Militärtribun bei einer Legion in Syrien fast 2 000 km zu seinem Einsatzort zurückgelegt und wurde dann, nach seiner Rückkehr nach Rom, als Quästor in die Provinz Macedonia entsandt. Später reiste er als Stellvertreter des jeweiligen Statthalters erst nach Zypern und dann nach Bithynia und Pontus. Nach einigen Jahren, in denen er stadtrömische Ämter bekleidete, erhielt er das Kommando über eine Legion in der Alpenprovinz Raetia. Iulius Marinus wurde dann Statthalter der Provinz Lycia und Pamphylia, in die ihn auch seine Frau Iulia Tertulla begleitete, und anschließend Statthalter der Provinz Achaia mit Sitz in Korinth. Seine Karriere wurde durch ein Suffektkonsulat in Rom gekrönt. Etwa 20 000 km hat dieser Senator damit im Dienst Roms allein auf seinen sieben großen Reisen an die verschiedenen Einsatzorte zurückgelegt. Er war etwa elf Jahre lang in den Provinzen tätig, was vor Ort ebenfalls mit großer Mobilität verbunden war, die freilich nicht konkret bezifferbar ist.[12]

Senatorische Mobilität

Auf diese und ähnliche Weise waren etwa 80 der 600 römischen Senatoren jedes Jahr auf Dienstreisen in den Provinzen unterwegs.[13] Dabei griffen sie auf den *cursus publicus** zurück, um so schnell wie

---

[11] Heil 2014, S. 293.
[12] Ebd., S. 294–298. Zur Lage der genannten Provinzen siehe oben, Abb. 1.1 und Abb. 1.2 auf S. 4f.
[13] Heil 2014, S. 298, der sich hier auf das späte erste Jahrhundert n. Chr. bezieht.

möglich ans Ziel zu gelangen. Nun darf man sich nicht vorstellen, dass solche Leute allein auf Reisen gingen. Sie reisten in einem Gefolge von Mitarbeitern, Freunden, Verwandten und Sklaven. Dies galt selbst für niedrige Amtsträger: Über den Jüngeren Cato erzählte man sich als *exemplum* seiner Bescheidenheit, er habe als Militärtribun nur 21 Personen mit nach Makedonien genommen: 15 Sklaven, zwei Freigelassene und vier Freunde.[14]

Im Zusammenhang mit Amtsreisen steht auch die am besten dokumentierte Gruppe reisender Frauen. Dies waren Frauen senatorischer Herkunft, die ihre Väter oder Ehemänner auf Reisen begleiteten und die uns oft ebenfalls namentlich bekannt sind; ein prominentes Beispiel wäre Munatia Plancina, die ihren Gatten Cn. Calpurnius Piso im Jahr 18 n. Chr. zu seiner Statthalterschaft in Syrien begleitete.[15]

Frauen senatorischer Herkunft

In den ersten Jahrzehnten des Prinzipats bildete sich mit den kaiserlichen Reisen ein neuer Typus quasi-amtlicher Reisepraxis heraus. Mit Ausnahme des Tiberius und des Antoninus Pius pflegten die Kaiser das Reich intensiv zu bereisen, um Provinzen und Heer zu inspizieren, wichtige Regionen und Städte kennenzulernen und die Arbeit der hohen Amtsträger zu überprüfen. Umgekehrt war es in der Regel die erste Amtshandlung der in den Provinzen zum Kaiser erhobenen neuen Principes, in die Hauptstadt Rom zu reisen. In Relation zur jeweiligen Herrschaftsdauer entfalteten Augustus (27 v. Chr.–14 n. Chr.) und Hadrian (117–138 n. Chr.) die am weitesten ausgedehnte Reisetätigkeit.

Kaiserliche Reisen

Analog zu den Magistraten reiste auch der Princeps mit großem Gefolge, das freilich alle Dimensionen der Republik sprengte. Nach modernen Schätzungen waren es mehrere tausend Personen, die den Kaiser auf Reisen begleiteten: seine Angehörigen und *amici* mit ihren Leuten, seine Diener und Ärzte sowie Künstler, Gelehrte und die Truppen. Solche Reisen setzten eine ausgeklügelte Logistik voraus und wurden Monate, wenn nicht Jahre im Voraus geplant.

---

14 Plut. Cato min. 9,2. Dass es hier um demonstrative Bescheidenheit geht, verrät der zweite Teil des Satzes, wonach Catos Begleiter ritten, während er selbst die gesamte Strecke zu Fuß zurückgelegt habe.

15 Bezeichnenderweise wurde die Mitnahme von Ehefrauen in die Provinzen im frühen Prinzipat sehr kritisch diskutiert. Zu Munatia Plancina siehe die Bemerkung bei Tac. ann. II 55,6, sie habe sich vor Ort nicht so benommen, wie es sich für eine Frau gehörte: *nec Plancina se intra decora feminis tenebat*.

3.3 Beruflich bedingte Reisen von Privatpersonen

Beruflich bedingte Reisen von Privatpersonen sind vor allem durch Papyri und Inschriften dokumentiert. In literarischen Texten werden sie meist eher am Rande erwähnt und dann häufig ohne Namensnennung einer konkreten Einzelperson. Gelegentlich sind aber auch prominente Persönlichkeiten der römischen Antike mit ihren Reisen fassbar, wie im Folgenden anhand einiger Beispiele ausgeführt werden wird.

Handel, Handwerk, Landwirtschaft

Eine bedeutende Gruppe beruflich reisender Personen war die der Fernkaufleute, Großhändler, Spediteure, Kuriere, Fuhrleute und Seemänner, deren Tätigkeit unmittelbar an eine eigene Mobilität gebunden war. Auch Handwerker, Bauleute, Bildhauer und Künstler waren häufig über große Strecken mobil, um Engagements zu finden. Ärzte und Ärztinnen, Chirurgen und Steinschneider[16] oder Arzneimittelhändler praktizierten oft als Dienstleister, die von einem Ort zum anderen wanderten. Darüber hinaus ist an Saisonarbeitskräfte in der Landwirtschaft zu denken oder auch an Hirtinnen und Hirten, die im Rahmen der Transhumanz, der Wanderweidewirtschaft, mit ihren Herden mitzogen.

Schauspiel, Kunst, Rhetorik

Auf Reisen angewiesen waren außerdem all diejenigen, die mit bestimmten Fertigkeiten oder Künsten öffentlich auftraten und darauf angewiesen waren, von Stadt zu Stadt oder von Festival zu Festival zu reisen, um ein Publikum zu finden, etwa Schauspieler, Schausteller, Dichter, Sänger, Musiker und Athleten. Auch gebildete Sophisten, Philosophen oder Rhetoren wie Aelius Aristides und Dion Chrysostomos begaben sich auf Reisen, um öffentlich aufzutreten und mit ihrer Redekunst zu glänzen. Als Pepaideumenoi, griechischsprachige Gelehrte, praktizierten sie in den östlichen Provinzen eine spezifisch kaiserzeitliche Kultur des gebildeten Reisens. Forscher

Forschung und Lehrtätigkeit

nutzten ihre Reisen zum Austausch mit Fachkollegen oder recherchierten wie der Geograph Strabon und der Mediziner Galen für ihre Schriften. Die Präsentation von Fertigkeiten, die Vertiefung des eigenen Wissens und dessen Weitergabe an Schüler gingen bei den Reisen der Pepaideumenoi Hand in Hand. Dabei ist der Übergang zu

---

[16] Chirurgen, die auf operative Eingriffe an einem bestimmten Organ wie Augen oder Ohren spezialisiert waren, und Steinschneider, die Blasensteine entfernten, galten nicht im engeren Sinn als Ärzte.

"religiösen Aktivisten"¹⁷ im Einzelfall fließend. Zu diesen gehörten Missionare wie der Apostel Paulus, Wanderprediger wie Apollonios von Tyana, Religionsgründer wie dessen Schüler Alexander von Abonouteichos, Scharlatane wie der Philosoph Peregrinos Proteus oder Traumdeuter wie Artemidor von Daldis. In der Spätantike begegnen außerdem reisende Diakone, Nonnen, Priester, Äbtissinnen und Bischöfe sowie jüdische Synagogenvorsteher.¹⁸ Religiöse Aktivität

Über diese spezifischen Fälle beruflicher Reisen hinaus lässt sich eine phasenweise hohe Mobilität in der Zeit der Ausbildung und des Studiums feststellen. Dies galt insbesondere für die Söhne der stadtrömischen und lokalen Eliten, die häufig in einer fremden Stadt ein Rhetorikstudium absolvierten und auch anschließend in den freien Jahren zwischen einzelnen Stationen einer Ämterlaufbahn ihre Bildung vervollständigten und dazu renommierte Studienorte wie Rom selbst, Alexandria, Antiochia, Athen, Berytos, Rhodos, Ephesos und Smyrna aufsuchten (siehe Kapitel 9). Ausbildung und Studium

3.4 Reisen aus weiteren Motiven

Bei den Reisen, die aus anderen als amtlichen oder beruflichen Gründen durchgeführt wurden, sind zunächst diejenigen anzuführen, die der römischen Oberschicht vorbehalten waren. Sie beschränkten sich räumlich auf die italische Halbinsel, da es Senatoren seit augusteischer Zeit untersagt war, ohne explizite Genehmigung des Kaisers Italien zu verlassen – zweifellos ein Grund dafür, dass Besuche von Sehenswürdigkeiten in den Provinzen stets mit Amtsreisen verbunden wurden. Typischerweise verreisten römische Senatoren und ihre Familien daher im Rahmen der Villeggiatur* ans Meer oder in die Berge der näheren Umgebung Roms, nach Kampanien oder in andere attraktive italische Erholungsgebiete. Sie inspizierten die eigenen Landgüter, zogen sich dorthin zu Wochen der Muße zurück oder besuchten Freunde in deren Villen* (siehe Kapitel 8). Privatreisen der Senatoren

Erholungsreisen

Daneben stehen diverse Reiseformen, die keineswegs an einen bestimmten Personenstatus oder die Schichtzugehörigkeit gebun-

---

17 Begriff bei Zwingmann 2012, S. 19.
18 Aufstellung mit epigraphischen Einzelnachweisen bei Handley 2011, S. 46 und S. 48f.

Besuche und Erledigungen

den waren: Die Menschen unternahmen Reisen zu Angehörigen und Freunden, um ihre Kontakte zu pflegen, um Kranke zu besuchen oder um gemeinsam Familienfeste zu begehen. Sie reisten in die nächste größere Stadt, um einen Markt zu besuchen, einen Gerichtstermin wahrzunehmen oder Behördengänge zu machen. Sie pilgerten zu Heiligtümern oder Orakelstätten, um dort zu opfern, Gelübde zu erfüllen oder weil sie sich Hilfe oder Rat erhofften (Kapitel 12). Festspiele, religiöse Feiern und ähnliche Attraktionen konnten Tausende von Zuschauerinnen und Zuschauern anziehen. Kranke unternahmen Reisen zu Thermalbädern, Kurorten oder Asklepiosheiligtümern; Lungenkranke wurden zur Erholung auf lange Seereisen geschickt (Kapitel 8).

Pilgerreisen

Festspielbesuche
Gesundheitsreisen

Touristisches Reisen

Mit allen genannten Reiseformen, auch mit amtlichen oder beruflichen Reisen, konnten wie bereits erwähnt touristische Nebenmotive verbunden werden. Als „touristisch" werden in diesem Band Reisen oder Reiseabschnitte bezeichnet, die der Besichtigung von Sehenswürdigkeiten dienten (Kapitel 10);[19] der Übergang zu Bildungsreisen (Kapitel 9) ist bisweilen fließend. Vielbesuchte Sehenswürdigkeiten waren Städte mit einer glanzvollen Geschichte wie Athen oder Ilion/Troja, berühmte Heiligtümer mit ihren Kunstschätzen wie das Artemision von Ephesos oder die Orakelstätte des Apollon in Delphi, ferner Monumente der ägyptischen Kultur wie die Pyramiden oder der Memnonkoloss und schließlich Naturdenkmäler wie Quellen und Grotten.[20] Extremlandschaften wie die Alpen oder die Wüste galten den Römern dagegen nicht als sehenswert.

Neugier

Als ein universelles Reisemotiv unabhängig vom persönlichen Status ist in diesem Zusammenhang auch die Neugier zu veranschlagen. Schon der weise Solon ging im sechsten Jahrhundert v. Chr. Herodot zufolge für zehn Jahre *katá theōríēs próphasin* auf Reisen – „um die Welt zu sehen".[21] Der Ältere Plinius betrachtete Neugier als eine Grundeigenschaft des Menschen, die unmittelbar mit dessen

---

19 Definition nach Zwingmann 2012, S. 7, siehe weiterführend die Begriffsdiskussion ebd., S. 13–16.
20 Kategorien nach Zwingmann 2012, S. 8f. (hier um griechische und ägyptische Beispiele ergänzt).
21 Hdt. I 29,1 (κατὰ θεωρίης πρόφασιν), vgl. 30,1.

Reiselust verbunden sei: *natura novitatis ac peregrinationis avida est* („seine Natur strebt nach Neuem und nach Reisen in die Fremde").[22]

Die Neugier und Begeisterung für *peregrinationes* musste freilich nicht zwangsläufig in eigene Reisen münden, sondern konnte auch anhand einschlägiger Berichte und Geschichten gestillt werden. Die antiken Autoren wissen ein entsprechendes Interesse bei ihren Lesern meisterlich zu bedienen, wenn sie anschaulich von lieblichen Erholungsplätzen im Grünen, von Naturwundern oder von den Sitten fremder Völker erzählen oder wenn sie ganze Romanhandlungen über Schiffbruch und Piratenabenteuer zusammenfabulieren.

Was es in der Antike nicht gab, war der heute so beliebte sportliche Aktivurlaub. Wie Nicola Zwingmann zutreffend ausführt, hätte ein solches Vorhaben für römische Beobachter vollkommen abstrus gewirkt:

Kein antiker Aktivurlaub

> Das Reisen war in der Antike unwirtlich und gefahrenreich genug, um kein Bedürfnis nach Reiseformen aufkommen zu lassen, in denen Reisende unter kontrollierten, kalkulierbaren Umständen ihre Ansprüche auf Komfort freiwillig extrem eingeschränkt oder sich Gefahren ausgesetzt hätten.[23]

3.5 Quelle und Vertiefung

Es wurde bereits festgehalten, dass es bis in christliche Zeit kaum aussagekräftige literarische Texte über reisende Frauen gibt. Umso wichtiger ist die folgende Schilderung einer Schiffsreise in einem Brief, den der griechischsprachige Philosoph und spätere Bischof Synesios von Kyrene (ca. 370–413 n. Chr.) kurz nach 400 n. Chr. verfasste.[24]

In diesem Brief berichtet Synesios seinem Bruder Euoptios von einer Schifffahrt, die ihn vom ägyptischen Alexandria in die weiter westlich gelegene Stadt Kyrene hätte bringen sollen. Unterwegs von einem Sturm an die Küste verschlagen, muss das Schiff instand gesetzt werden. Synesios nutzt die Gelegenheit zum Schreiben.

---

22 Plin nat. XVII 66 (eigene Übersetzung). Plinius vergleicht an dieser Stelle die menschliche Natur mit der der Bäume, deren Schößlingen die Versetzung an einen anderen Ort guttut.
23 Zwingmann 2012, S. 22.
24 In der Forschung wird er auch für die früheren Jahrhunderte herangezogen, vgl. Zwingmann 2018, S. 46f.

3.5.1 Ein Reisebrief des Synesios

Synes. epist. 5 (4), Übersetzung: Joseph Vogt[25]

(159) Synesios an seinen Bruder. Wir fuhren vor Tagesanbruch vom Bendideion[26] aus, erreichten aber erst nach der Mittagszeit die Höhe des pharischen Myrmex[27], da das Schiff zwei- oder dreimal auf den Grund des Hafens aufsetzte. Die Sache erschien alsbald als schlechtes Vorzeichen (Omen*), und es wäre klug gewesen, das Schiff zu verlassen, das schon beim Start kein Glück hatte. Aber wir schämten uns, durch solche Flucht bei euch den Vorwurf der Feigheit zu erhalten, und deshalb „galt es nicht mehr zu fliehen und zu verschwinden"[28]. Wenn also ein Unheil geschieht, gehen wir euretwegen zugrunde. Und doch, was wäre denn schlimm gewesen, wenn ihr lachtet und wir außer Gefahr wären? [...] Damals stand es frei, in Sicherheit zu bleiben. Jetzt jammern wir als Trauergemeinde an ödem Gestade, (160) schauen auf die Stadt Alexandria zurück, so gut es geht, und auf die Heimat Kyrene: jene haben wir willentlich verlassen, diese können wir nicht finden. Wir mußten sehen und erleiden, was wir nicht einmal im Traum für möglich gehalten hatten.

Höre also, damit auch du nicht ganz in Freude aufgehst, zuerst, wie es bei uns mit der Besatzung stand. Der Steuermann sehnte den Tod herbei, so tief steckte er in Schulden. Matrosen gab es zwölf im ganzen, der dreizehnte war der Steuermann. Über die Hälfte der Mannschaft und der Steuermann waren Juden – ein unzuverlässiges Volk, tief überzeugt, ein gutes Werk zu tun, wenn sie möglichst viele Hellenen in den Tod schicken könnten. Die übrigen waren gewöhnliche Leute, Bauern, die im Jahr zuvor noch kein Ruder in der Hand gehabt hatten. Diese und jene waren gleichermaßen an irgendeinem Körperteil verstümmelt. Und so machten sie, solange wir nicht in Gefahr waren, ihre Scherze, riefen sich nicht mit den Namen an, sondern mit den Defekten: der Lahme, der mit dem Kropf, der Linkshänder, der Schieler; jeder hatte sein Kennzeichen. Für uns war die Sache recht ergötzlich. In der Not aber gab es kein Lachen mehr, vielmehr haben wir gerade über diese Schäden zu klagen.

Wir sind mehr als 50 Passagiere, etwa ein Drittel Frauen, zumeist jung und gut anzusehen. Aber sei nicht neidisch! Denn ein Vorhang trennte uns ab, und zwar ein sehr fester, ein Stück von einem nicht lange zuvor zerrissenen Segel: für besonnene Menschen geradezu die Mauer der Semiramis. Vielleicht wäre auch Priapos besonnen gewesen, wenn er auf dem Schiff des

---

[25] Seitenzählung nach der Edition von Rudolf Hercher: Epistolographi Graeci, Nachdruck Amsterdam 1965, S. 639–645. Die aktuelle zweisprachige Referenzausgabe ist die von Antonio Garzya und Denis Roques: Synésios de Cyrène, Bd. 2 (Collection Budé), Paris 2000 (Nachdruck 2003).
[26] Ein Heiligtum der thrakischen Göttin Bendis im Hafen von Alexandria.
[27] Eine Felsenklippe in der Nähe der Leuchtturminsel Pharos.
[28] Zitat aus Hom. Ilias VII 217.

Amarantos gefahren wäre. Dieser ließ uns keinen Augenblick ausruhen von der Angst um Lebensgefahr. [...]

Der Verfasser schildert nun, wie ein heftiger Sturm aufkam. Fatalerweise ist es der Vorabend des Sabbat, denn sobald die Sonne untergeht, legt der jüdische Kapitän Amarantos das Steuer aus der Hand, um seelenruhig in der heiligen Schrift, dem Pentateuch, zu lesen. Man versucht den Mann zu bereden; ein Soldat aus der arabischen Reitereinheit an Bord will ihn schließlich mit Waffengewalt zur Arbeit zwingen, doch vergebens. Erst gegen Mitternacht nimmt der Kapitän das Steuerruder wieder zur Hand mit den Worten, das Gesetz stehe dem nicht mehr entgegen, da nun offensichtlich Lebensgefahr bestehe.

> (162) [...] Darauf erhebt sich der Tumult von neuem: Klage der Männer, Wehgeschrei der Frauen. Alle riefen Gott an, flehten um Hilfe und gedachten ihrer Liebsten. Nur Amarantos war guten Mutes in der Aussicht, sogleich seine Gläubiger abzuschreiben. Mich aber beunruhigte in dieser Gefahr – ich schwöre bei dem Gott, den die Philosophie verehrt – nur das bekannte Homer-Wort, ob es wahr sei, daß der Tod im Wasser auch der Seele selbst den Untergang bringe. Denn er sagt in seinem Epos: „Aiax ist hin, nachdem er das salzige Wasser getrunken"[29], womit er den Tod im Wasser als den vollständigsten Untergang bezeichnet. Von keinem andern sagt er, er sei hin, sondern jeder andere, der stirbt, ist „eingegangen zum Hades". Daher wird auch der kleine Aiax in den beiden Unterweltsschilderungen nirgends unter den Personen aufgeführt, gerade als ob seine Seele nicht im Hades wäre. Und Achill, (163) ein gar mutiger, Gefahren liebender Mann, fürchtet den Tod im Wasser und nennt ihn ein elendes Ende.
>
> Mit diesen Gedanken beschäftigt, sehe ich, wie alle Soldaten die Schwerter gezogen haben. Ich fragte und erfuhr von ihnen, daß es gut sei, noch auf dem Verdeck stehend die Seele in die Luft auszuhauchen, nicht aber mit offenem Mund gegen die Flut. Diese Männer verstand ich als echte Homer-Jünger und hielt mich zu dieser Auffassung. Dann rief einer aus, man solle sich Gold umhängen, wer solches habe. Und die, die Gold oder etwas Goldwertiges hatten, hängten es sich um. Die Frauen legten ihren Schmuck an und teilten Schnüre aus an die, die solche brauchten. Dieses Verfahren ist von alters her bekannt, es hat folgenden Sinn: der Tote bei einem Schiffbruch muß den Preis für die Bestattung mit sich führen; wenn einer ihn findet und den großen Gewinn macht, wird er aus Ehrfurcht vor den Gesetzen der Adrasteia[30] einen kleinen Teil des Gewinns absondern für die Beisetzung des Toten, der das Vielfache gespendet hat. [...]

---

29 Hom. Od. IV 511.
30 Nymphe, die im griechischen Mythos das Zeuskind pflegt und beschützt.

Was die Gefahr uns so nahe rückte, war nichts anderes als der Umstand, daß das Schiff mit vollen Segeln fuhr; sie einzuholen, war nicht möglich. Wir versuchten es oft mit den Tauen, mußten es aber aufgeben, da die Taue in den Flaschenzügen steckenblieben. So lauerte die nicht geringe Furcht für den Fall, daß wir aus dem Sturm entkämen, in diesem Zustand bei Nacht an Land zu stoßen.

Da aber kommt schon der Tag. Wir erblickten die Sonne wohl nie so freudig wie jetzt. Der Wind ließ nach, während die Wärme zunahm, und während die Nässe verging, wurde es unmöglich, die Taue zu gebrauchen und das Segel in Ordnung zu bringen. Ein Ersatzsegel aufzuziehen, war nicht möglich, denn dieses war verpfändet. Wir besserten das alte Segel aus, wie bei den Gewändern den Bausch. Und ehe es vier Stunden waren, landen wir, die den Tod erwartet hatten, an einem ganz öden Ort: keine Stadt, kein Acker in der Nähe, etwa 130 Stadien entfernt vom bebauten Land. Das Schiff lag auf offener See, denn der Platz war kein Hafen, (164) und es schwankte mit nur einem Anker; der zweite war verkauft und einen dritten hatte Amarantos nicht besessen. Als wir nun die liebe Erde betraten, umarmten wir sie wie unsere leibhaftige Mutter. Wir brachten Gott Dankeshymnen dar, wie wir es gewohnt waren, und fügten dem Gebet auch das eben überstandene Unglück bei, aus dem wir wider Erwarten gerettet waren. [...]

Bei der Weiterfahrt gerät das Schiff in einen zweiten, noch gewaltigeren Sturm, der durch den Neumond ausgelöst wird. Mit gebrochener Rah treibt es in Nähe des Festlands auf ein gefährliches Riff zu. Doch ein Einheimischer navigiert es in einen kleinen Hafen namens Azarios. Er rettet auf die gleiche Weise noch mehrere weitere Schiffe.

(165) [...] Am folgenden Tag liefen noch andere ein, darunter solche, die einen Tag vor uns aus Alexandria abgefahren waren. Jetzt sind wir eine richtige Flotte in einer kleinen Werft. Inzwischen waren uns auch die Lebensmittel ausgegangen. Nicht gewohnt, mit Pannen zu rechnen, und nicht erwartend, überfällig zu werden, hatten wir nur mäßigen Vorrat eingeladen und diesen gar nicht mäßig in Anspruch genommen. Der Alte wußte auch hier zu helfen. Nicht, daß er etwas spendete, er sah ja nicht aus wie ein wohlhabender Mann, aber er wies auf Felsen hin, bei denen für jeden Tag ein gutes Frühstück und eine gute Mahlzeit verborgen lägen für die, die sich anstrengen wollten. Wir machten uns ans Fischen und leben so schon sieben Tage: Die kräftigen Männer fangen Muränen und große Hummer, die jungen sind glücklich mit Gründlingen und Garnelen. Ich und der römische Mönch stärken uns mit Schnecken. Die Schnecke ist eine hohle Muschel, die, wenn sie an einen Felsen gerät, sich an ihm festklammert.

Am Anfang lebten wir kärglich vom Fang, da jeder behielt, was er zu fassen bekam, niemand schenkte dem andern etwas. Jetzt aber sind wir reichlich versehen aus folgendem Grund. Die libyschen Frauen möchten den Frauen unseres Schiffes am liebsten sogar Hühnermilch schenken! Jedenfalls schenken sie, was Luft und Erde ihnen einbringen: Käse, Mehl,

Gerstenkuchen, Hammelfleisch, Hühner und Hühnereier. Auch eine Trappe hat man schon geschenkt, einen sehr süßen Vogel, den ein Bauer, der ihn zu sehen bekommt, einen Pfau nennen würde. (166) Die einheimischen Frauen bringen die Geschenke auf das Schiff, die unseren teilen, was sie empfangen, mit allen. Nun schenken uns auch die Männer von ihrem Fischfang, einer kommt nach dem andern, ein Junge nach dem Mann, ein Mann nach dem Jungen, um mir ein Gastgeschenk zu bringen: der eine ein mit der Angel gefangenes Fischlein, der andere etwas anderes, jedenfalls etwas Leckeres von dem Ertrag der Felsen. Denn ich möchte nicht gern Geschenke von den Frauen annehmen, auch dies nur deinetwegen, damit ich nicht in ein Vertragsverhältnis mit ihnen komme und danach, wenn man dies abschwören muß, in Schwierigkeiten gerate mit dem Leugnen. Im übrigen, was sollte uns hindern, in Nahrungsmitteln zu schwelgen? Es kommt so viel von vielen Seiten zusammen.

Nun wirst du dieses Wohlwollen der Eingeborenen, das sie gegenüber den als Gäste bei ihnen weilenden Frauen zeigen, als reine Tugend ansprechen. Aber es verhält sich anders und verdient, dargelegt zu werden, zumal in der Muße, die ich nun habe. Der Zorn der Aphrodite, so möchte man vermuten, liegt auf dem Land. Diese Frauen haben Unglück wie die Frauen von Lemnos. Sie haben übermäßig große Brüste und einen übermäßig breiten Rumpf, so daß die kleinen Kinder die Mutterbrust nicht auf dem Arm der Mutter, sondern über die Schultern zu saugen bekommen. Man könnte sagen, Ammon[31] und das Land des Ammon nähren ebensogut Kinder wie Schafe, und so spende die Natur den Menschen ebenso wie den Tieren üppigere und reichere Quellen der Milch, und deshalb seien starke Brüste und Gefäße notwendig. Wenn die Frauen nun von Männern, die mit dem Ausland in Verbindung stehen, erfahren, daß nicht alle weiblichen Wesen so beschaffen sind, so glauben sie es nicht, und wenn sie eine fremde Frau antreffen, behandeln sie sie freundlich und tun alles, bis sie den Busen untersuchen dürfen. Eine, die es gesehen hat, sagt es der andern, und sie rufen einander, wie die Kikonen[32]. Dann kommen sie in großer Zahl, um es zu sehen, und zu diesem Zweck bringen sie Geschenke. Wir hatten bei uns eine kleine Sklavin aus dem Pontus, die durch Kunst und Natur noch mehr eingeschnitten war als die Ameisen.[33] Ihr galt das große Interesse, und sie konnte von den Frauen am meisten einnehmen. Die wohlhabenden Frauen bestellten sie [...] drei Tage im voraus zu sich, und diese ist so keck, daß sie sich entkleidet.

Dieses Drama hat uns der gute Geist aus einem tragischen zu einem komischen gefügt, (167) und ich gebe es dir brieflich wieder. [...] Du aber

---

[31] Gemeint ist nicht der ägyptische Gott, sondern der gleichnamige König von Libyen im griechischen Mythos.
[32] Bei Homer erwähnte Ethnie an der thrakischen Küste; Odysseus erzählt, wie sie einander herbeirufen, um gegen die Griechen zu kämpfen (Hom. Od. IX 47).
[33] Dies soll anscheinend bedeuten, dass sie eine besonders schmale Taille hatte.

fahre nie zur See. Wenn es einmal unbedingt sein muß, dann nicht zum Ende eines Monats.

3.5.2 Fragen und Anregungen

- Sehen Sie sich in Abb. 1.1f. auf S. 4f. an, wo die Provinzen lagen, die der Senator Iulius Marinus (3.2) von Rom aus bereist hat. Überlegen Sie, mit welchen Transportmitteln er einzelne Wegstrecken gereist sein könnte. Ziehen Sie Abb. 1.3f. auf S. 10f. zurate, um festzustellen, welche Routen auf den jeweiligen Streckenabschnitten üblicherweise genutzt worden sind.
- In dem Brief des Synesios (3.5.1) werden sowohl die Besatzung des Schiffs als auch die mitreisenden Passagiere genauer charakterisiert. Stellen Sie die Informationen zusammen, die Sie über die Zusammensetzung beider Gruppen und über einzelne Personen an Bord erhalten.
- Über die Reisemotive der Akteure erfahren wir nichts Explizites. Überlegen Sie anhand Ihres Vorwissens aus diesem Kapitel, warum die einzelnen Reisenden und Reisegruppen an Bord des Schiffs sein könnten.
- Als dritte Personengruppe werden die indigenen Libyer und vor allem die Libyerinnen geschildert. Informieren Sie sich über die ethnographische Mirabilientradition, die Literatur über wunderhafte Randvölker, aus der sich dieser Exkurs speist. Erörtern Sie, welche Funktion er an dieser Stelle erfüllt.
- Diskutieren Sie, inwiefern religiöse Praktiken und Überzeugungen bei dieser Reise und ihrer Schilderung durch Synesios eine Rolle spielen.
- Joseph Vogt kommentiert die von Synesios geschilderte Sturmnacht auf dem Schiff mit dem Bonmot „Die Lage ist hoffnungslos, aber nicht ernst."[34] Lesen Sie die Quelle noch einmal und markieren Sie komische oder satirische Elemente. Analysieren Sie, wie der Autor diese einsetzt und welche Wirkung er damit erzielt.

---

34 Vogt 1985, S. 44.

3.5.3 Weiterführende Literatur

Matthäus Heil: Senatoren auf Dienstreise, in: Eckhart Olshausen und Vera Sauer [Hrsg.]: Mobilität in den Kulturen der antiken Mittelmeerwelt. Stuttgarter Kolloquium zur Historischen Geographie des Altertums 11/2011 (Geographica Historica 31), Stuttgart 2014, S. 293–308 *(instruktive Fallstudie über die Reisen des Senators Iulius Marinus)*.

Klaus Kulinat: Gute Reise! Reisemotive aus der Sicht der Anthropogeographie, in: Eckhart Olshausen und Holger Sonnabend [Hrsg.]: Stuttgarter Kolloquium zur historischen Geographie des Altertums 7/1999. Zu Wasser und zu Land. Verkehrswege in der antiken Welt (Geographica Historica 17), Stuttgart 2002, S. 417–428 *(kleine epochenübergreifende Systematik von Reisemotiven)*.

Joseph Vogt: Synesios auf Seefahrt, in: Ders.: [Hrsg.]: Begegnung mit Synesios, dem Philosophen, Priester und Feldherrn. Gesammelte Beiträge, Darmstadt 1985, S. 33–47 *(zur vertiefenden Auseinandersetzung mit der Quelle Synes. epist. 5)*.

Nicola Zwingmann: Beim Sturm mit den Weibern um die Wette heulen? Frauen auf Schiffsreisen im literarischen Diskurs – von Seneca bis Synesios (Synes. epist. 5), in: Mario Baumann und Susanne Froehlich [Hrsg.]: Auf segelbeflügelten Schiffen das Meer befahren. Das Erlebnis der Schiffsreise im späten Hellenismus und in der Römischen Kaiserzeit. In Zusammenarbeit mit Jens Börstinghaus (Philippika 119), Wiesbaden 2018, S. 37–65 *(Bestandsaufnahme zu Seereisen antiker Frauen mit exemplarischer Analyse der Quelle Synes. epist. 5 auf S. 46–56)*.

4 Reisesicherheit und Infrastruktur

Abb. 4.1: Dupondius des Nero mit einer Darstellung der Securitas Augusti (66/67 n. Chr.)

Die unter Kaiser Nero (54–68 n. Chr.) in Lugdunum (Lyon) geprägte Münze ist ein Dupondius, eine Bronzemünze im Wert von zwei Assen*. Der Avers* zeigt ein Porträt des Herrschers mit Lorbeerkranz. Auf dem hier abgebildeten Revers* ist eine sitzende Frauengestalt zu sehen, die durch die Umschrift als *SECVRITAS AVGVSTI* benannt wird, also als Personifikation der „Sicherheit des Kaisers", welche im frühen Prinzipat als Gottheit verehrt wurde. Der Schriftzug *S(enatus) C(onsultum)* („Senatsbeschluss") verweist darauf, dass das Prägerecht für Bronzemünzen offiziell beim Senat lag.

Die Securitas sitzt auf einem Thron. Sie ist mit einem Diadem geschmückt und trägt ein Gewand aus feinem, fast durchsichtigem Stoff. Der rechte Arm ist auf die Lehne aufgestützt, die Hand liegt hinter dem Kopf und stützt diesen leicht ab. Mit der linken Hand umfasst die Gottheit ihr Zepter. Vor ihr steht ein girlandengeschmückter Altar, auf dem eine Flamme zu sehen ist. Rechts lehnt eine entzündete Fackel. Zwei Bögen im Hintergrund deuten an, dass sich die Szene, die wegen des Altars im Freien zu denken ist, vor einer repräsentativen architektonischen Kulisse abspielt.

Ein Bild tiefer Ruhe

Die Körperhaltung der Securitas betont ihre absolute Gelassenheit. Sie sitzt mit aufrechtem Rücken, doch entspannt angelehnt und abgestützt. Die Geste des hinter den Kopf gelegten Armes steht in der antiken Ikonographie chiffreartig für tiefe Ruhe. Die Beine sind locker ausgestreckt. Die festliche Umgebung und die ruhig brennenden Flammen bringen ihrerseits zum Ausdruck, dass nichts zu fürchten ist: Sicherheit – *securitas* – ist hier ganz bildlich umgesetzt.

Grundbedingungen des Reisens

Sicherheit ist eine zentrale Voraussetzung des Reisens. Doch inwiefern konnten die römischen Kaiser wie in diesem Fall Nero für sich reklamieren, dass es sich dabei um ihre ureigene Errungenschaft handelte, eben um die Securitas Augusti? Dieses Kapitel beleuchtet die wahrgenommene und tatsächliche Reisesicherheit (4.1) und die Infrastruktur des Reiches (4.2) als Grundbedingungen des Reisens.

4.1 Pax Romana und Securitas Augusti

Ideologie und Empirie

Wenn es um die Reisesicherheit im Imperium Romanum geht, sind zwei Ebenen zu unterscheiden: die der Ideologie und die der empirischen Verhältnisse. Auf der empirischen Ebene ist festzuhalten, dass Augustus (27 v. Chr.–14 n. Chr.) eine Phase der innenpolitischen Stabilität einleitete, nachdem er mit dem Sieg über Antonius und Kleopatra in der Schlacht von Actium (31 v. Chr.) den Bürgerkrieg beendet hatte.

Der neue Friedenszustand wurde in Rom zeichenhaft in Szene gesetzt, indem die Tore des Janustempels geschlossen wurden, was nur geschehen durfte, wenn überall im Reich Frieden herrschte. Im Jahr 9 v. Chr. ließ der Senat in Rom einen „Altar des augusteischen Friedens" weihen, die *Ara Pacis Augustae*.[1] Dies war eine ideologische Aussage, der die Vorstellung zugrunde lag, Augustus habe dem Reich Frieden gebracht und damit ein neues Zeitalter eingeläutet.

---

[1] Aug. Res Gestae 12f.

Die Pax Augusta, später auch allgemeiner Pax Romana* (der „römische Frieden"), sollte für jeden Reichsbürger Frieden, Sicherheit und eine verlässliche Ordnung verbürgen. Neben dem kaiserlichen Frieden wurde daher auch die „durch den Kaiser gewährleistete Sicherheit", die Securitas Augusti*, zu einem zentralen Argument der Herrschaftslegitimation im Prinzipat. Frieden und Sicherheit, *pax et securitas*, waren demzufolge Errungenschaften der römischen Kaiser, die im ganzen römischen Herrschaftsbereich galten. So schreibt der Historiker Velleius Paterculus, dass sich die Pax Augusta unter der Herrschaft des Tiberius (14–37 n. Chr.) über alle Regionen und bis an die Grenzen im Süden und Norden ausgedehnt habe, so dass nun jeder Winkel der Welt von der Angst vor Räubern oder Piraten befreit sei,[2] und Plinius der Jüngere preist das sichere und glückliche Dasein unter der Friedensherrschaft Trajans (98–117 n. Chr.) als ein persönliches Verdienst des Kaisers.[3]

<small>Pax Augusta/ Pax Romana</small>

<small>„Frieden und Sicherheit"</small>

Von christlicher Seite ist das kaiserliche Versprechen von Frieden und Sicherheit in claudischer Zeit als trügerisch kritisiert worden: Dem Apostel Paulus zufolge wiegen sich diejenigen, die auf die leere Parole von weltlicher *pax et securitas* vertrauen, in einer falschen Sicherheit.[4]

<small>Antike Kritik</small>

Eine Kritik mit ganz anderer Stoßrichtung übt wenige Jahre später der Philosoph Seneca. Er wirft der den Römern vor, durch die Pax Romana verweichlicht zu sein, während die Völkerschaften an Rhein und Donau durch ungünstiges Klima, karge Nahrung und unzureichende Kleidung abgehärtet und wehrhaft blieben;[5] ein Vorwurf, der sich gegen die Zivilisation als solche richtet.

Empirisch war ein Zugewinn an Sicherheit für die Menschen in den Jahrzehnten um die Zeitenwende indessen tatsächlich zu beobachten. Nach den blutigen Bürgerkriegsjahren war die politische

---

2 Vell. II 126,3.
3 Plin. epist. X 2,2; Plin. paneg. 5,8.
4 1Thess 5,3: „Wenn sie sagen: Friede und Sicherheit!, dann wird unerwartetes Verderben über sie kommen wie der Wehenschmerz über eine Schwangere, und sie werden nicht entfliehen." (Eigene Übersetzung.) Zur Interpretation siehe Christoph vom Brocke: Thessaloniki – Stadt des Kassander und Gemeinde des Paulus. Eine frühe christliche Gemeinde in ihrer heidnischen Umwelt (Wissenschaftliche Untersuchungen zum Neuen Testament, 2. Reihe 125), Tübingen 2001, S. 167–185.
5 Sen. De prov. 4,13–16, zur Einordnung siehe Ulrich Huttner: Zur Zivilisationskritik in der frühen Kaiserzeit. Die Diskreditierung der *pax Romana*, in: Historia 49 (2000), S. 447–466.

Demilitarisierung der Provinzen und gesellschaftliche Ordnung wieder gefestigt. Die meisten Provinzen konnten demilitarisiert werden, das heißt, die stehenden Heere wurden von dort abgezogen. Die Piraterie war bereits durch Pompeius im Jahr 67 v. Chr. entschieden eingedämmt worden und konnte sich dank der Präsenz der römischen Flotte auch in den folgenden 300 Jahren nicht mehr großflächig etablieren. Die Kaiser ergriffen **Maßnahmen gegen Bandenkriminalität** außerdem Maßnahmen gegen Bandenkriminalität. In den großen Städten wurden militärische Kohorten und paramilitärische *vigiles** eingesetzt – allein in Rom um die 10 000 Mann –, um Aufstände, nächtliche Raubüberfälle und Feuersbrünste zu verhindern bzw. zu bekämpfen. An den wichtigsten Zugangsstraßen nach Rom war mit dem Prätorianerlager, der Stadtpräfektur und weiteren Einheiten wie den *equites singulares Augusti* umfassend Sicherheitspersonal sta**stationes** tioniert. Augustus und sein Nachfolger Tiberius etablierten darüber hinaus in Italien ein System von sogenannten *stationes**, Sicherheitsposten an Straßen, Kreuzungen und Stadteingängen, das im Verlauf des ersten Jahrhunderts n. Chr. auf das gesamte Reich ausgedehnt wurde. Die *stationes* dienten einer für jedermann klar verständlichen Darstellung von Sicherheit, indem Vertreter der römischen Autorität demonstrativ vor Ort Präsenz zeigten und für die Bevölkerung ansprechbar waren.

Die Gefahr von Überfällen Trotz aller Maßnahmen ließ sich Kriminalität freilich nicht flächendeckend verhindern. Zwar zeichnen die in der Kaiserzeit beliebten Romane ein vollkommen realitätsfernes Bild, wenn Reisende nahezu im Stundentakt Opfer von Piraten und Räubern werden.[6] Doch nach wie vor konnten Überfälle vorkommen, gerade wenn man sich allein oder in einer nur kleinen Gruppe und fernab der nächsten Stadt bewegte. So bezeugen Grabsteine den Tod von Personen, die unterwegs von Räubern erschlagen wurden.[7] Selbst auf einer kurzen Tagesreise wie der von Jerusalem nach Jericho waren Überfälle vorstellbar, wie es im Neuen Testament in Lk 10,30 geschildert wird. Es ist insofern kein Zufall, dass die eingangs vorgestellte Securitas Augusti (Abb. 4.1) in einem gediegenen städtischen Ambiente sitzt und nicht etwa am Rande einer Landstraße.

---

6 Als Lektüre seien Heliodors „Abenteuer der schönen Chariklea" (auch „Aithiopiká") oder Apuleius' „Goldesel" (auch „Metamorphosen") empfohlen.

7 Siehe zum Beispiel die Inschriften ILS 8504–8508, wobei allerdings ein präzise Datierung nicht möglich ist.

4.2 Die Infrastruktur von Land- und Wasserwegen

Parallel zu den skizzierten Sicherheitsmaßnahmen ließen die Kaiser die Infrastruktur Italiens und der Provinzen mit großem technischen Aufwand verbessern. Straßen, Brücken, Dämme, Tunnel, Pässe und Häfen wurden neu angelegt oder ausgebaut. Diese Bemühungen zielten zumindest in den Provinzen in erster Linie auf eine möglichst reibungslose Militärlogistik und Administration ab, kamen aber auch dem Handels- und Reiseverkehr zugute. Zugleich setzten die neuen Straßen, Brücken und Häfen zivilisatorische, repräsentative und ästhetische Standards und prägten die Landschaften des Mittelmeerraums für Jahrhunderte.

Ausbau der Infrastruktur im Prinzipat

Abb. 4.2: Relief der Trajanssäule mit einer Darstellung von Straßenbauarbeiten (Rom, 112/113 n. Chr.)

Die Reliefs der Trajanssäule setzen diese Leistungen eindrucksvoll ins Bild, wenn sie Soldaten beim Bau von Straßen, Brücken, Lagern und Festungen zeigen. Abb. 4.2 stellt Legionäre im ersten Dakienkrieg dar, die Bäume fällen und das Gelände ebnen, um für ihren weiteren Vormarsch eine Straße anzulegen. Mittig sind zwei von ihnen schon damit beschäftigt, Kies auf ein Holzrahmenwerk zu schütten. Wie Tonio Hölscher festhält, verkörpern die Soldaten auf dem Relief „den Anspruch Roms, durch Eroberung Kultur zu verbreiten"[8]. Eine andere Dimension dieser Mission deutet sich am rechten Bildrand an, wo aufgespießte Köpfe besiegter Daker auf die gewaltsame Seite der römischen Eroberungen verweisen.

Straßennetz   Das römische Straßennetz geht teils noch auf die republikanische bzw. vorrömische Zeit zurück, war aber zu Beginn des Prinzipats selbst in Italien in einem erneuerungsbedürftigen Zustand. Augustus forcierte umfassende Instandsetzungsarbeiten, die von seinen Nachfolgern weitergeführt wurden. Analog zu Italien wurden nach und nach sämtliche Provinzen mit einem eng geknüpften Straßennetz versehen, für dessen Bau und Erhaltung enorme Ressourcen aufgewandt wurden.

Von Rom aus führten 13 große Straßen in alle Richtungen der italischen Halbinsel und zu den wichtigsten Überseehäfen (Abb. 4.3): Beginnend in westliche Richtung waren dies die Viae Ostiensis, Aurelia, Clodia, Cassia, Flaminia, Salaria, Nomentana, Tiburtina (im weiteren Verlauf nach Osten: Valeria), Praenestina, Labicana, Tusculana, Latina und Appia, deren Namen auf ihre Erbauer oder den Zielort verwiesen.

Trassierung   Die von den Römern angelegten Trassen verliefen möglichst gerade, selbst wenn dafür Sümpfe durchquert oder Flüsse gekreuzt werden mussten. Auf unebenen Strecken waren sie aber dem Relief angepasst, und Hindernisse wie Vorgebirge wurden umgangen. Freilich waren die römischen Ingenieure in der Lage, bei Bedarf auch schwierigstes Gelände zu trassieren, etwa für den Bau der Fahrstraße durch das Aurès-Gebirge in Algerien. Die römischen Trassen blieben häufig über Jahrhunderte in Gebrauch und sind es in einigen Fällen bis heute.[9]

Straßenbau   Die Straßen waren in aller Regel aufwendig fundamentiert, wobei eine Vielzahl von Materialien zum Einsatz kommen konnte. Bei sumpfigem Untergrund wurde die Fahrbahn mit einer hölzernen Balkenkonstruktion unterlegt. Ansonsten bestand der Unterbau aus mehreren Lagen von lokalem Steinmaterial, das als Drainage fun-

---

[8] Tonio Hölscher: Ideologie der Realität – Realität der Ideologie. Narrative Struktur, Sachkultur und (Un-)Sichtbarkeit eines bildlichen Kriegsberichts, in: Fritz Mitthof und Günther Schörner [Hrsg.]: Columna Traiani/Traianssäule. Siegesmonument und Kriegsbericht in Bildern (Tyche Sonderband 9), Wien 2017, S. 15–38, hier S. 28.

[9] So abschnittsweise die Via Appia in Italien (Nr. 22 in Abb. 4.3), auf deren Trasse heute die italienische Fernverkehrsstraße SS7 von Rom nach Terracina führt.

4.2 Die Infrastruktur von Land- und Wasserwegen — 57

Abb. 4.3: Die *viae publicae** in Italien

gierte und auf das wechselnde Schichten von Kies, Sand oder Erde aufgetragen und stark verdichtet wurden. Bei manchen Straßen wurde die oberste Schicht mit Lehm, Mörtel oder Kalk gebunden. Die Oberfläche war mindestens geschottert, streckenweise sogar solide gepflastert, so dass Fuhrverkehr bei jedem Wetter möglich war. Den seitlichen Abschluss des Pflasters bildeten sorgfältig geschlagene Randsteine, die den Kiesdamm fixierten. Häufig hatten die Straßen seitlich ein ungepflastertes Bankett, auf das Fußgänger, Reiter und Lasttiere sowie Hirten mit ihren Herden bei trockenem Wetter ausweichen konnten. Das Profil der Pflasterstraßen war leicht gewölbt, so dass das Regenwasser seitlich abfloss und durch die Entwässerungskanäle abgeleitet werden konnte, die neben dem Fahrdamm verliefen. Die Straßenbreite lag bei mindestens fünf oder sechs Metern, konnte aber auch zehn Meter und mehr betragen.[10]

Freilich war die Bauweise immer den lokalen Erfordernissen angepasst. Die Wüstenstraßen in Syrien und Nordafrika zum Beispiel waren einfache Sandpisten. Auf abschüssigen Streckenabschnitten etwa im Alpenvorland wurden tiefe Fahrrinnen in den anstehenden Fels geschlagen (Abb. 4.4). Damit Räder, Hufe und Füße auch auf extrem steilen Passagen Halt fanden, konnte die Fahrbahn im Gebirge sogar mit Stufen versehen werden. Solche Treppenstraßen sind etwa an der Via Tauri in Kilikien und bei Petra in der Provinz Arabia erhalten.

Pässe Für die Fernstraßen durch das Hochgebirge wurden im Prinzipat wichtige Pässe ausgebaut und befestigt, was mit extrem aufwendigen Trassierungsarbeiten verbunden war. Während in vorrömischer Zeit auch im überregionalen Verkehr eine Vielzahl von Pässen begangen wurde – allein im Alpenraum über 750 –, konzentrierten die Römer den Fernverkehr auf wenige ausgewählte Übergänge, die so hergerichtet wurden, dass die Straßen auch über den Pass hinweg durchgängig befahrbar waren. Dabei beschränkte sich der Ausbau auf eine Straßenbreite, die gerade für einen Wagen ausreichte. Beispiele sind die Verbindung über die Kilikische Pforte* im Taurosgebirge oder die Straßen über den Großen St. Bernhard und über den Plöckenpass in den Alpen, die selbst im Winter offengehalten wurden.[11] Zur Orientierung bei Schnee wurden hölzerne Stangen

---

10 Einzelheiten zum Straßenbau bei Klee 2010, S. 29–63.
11 Belege bei Bender 1989, S. 124.

Abb. 4.4: In den Felsen geschlagene Geleisestraße der Via Raetia bei Klais

aufgestellt; fehlten diese, musste auf die Expertise lokaler Führer zurückgegriffen werden.[12]

Während im griechischen Straßenbau die Errichtung von Brücken eher vermieden wurde, legten die Römer nicht nur befestigte Furten an, sondern erbauten an größeren und wasserreichen Flüssen massive Holz-, Misch- und Steinkonstruktionen, die dauerhaft eine effiziente Querung ermöglichen. Bereits Caesars Heer gelang es, den ca. 400 Meter breiten Rhein bei Neuwied in nur zehn Tagen mit einem hölzernen Pioniersteg in Pfahljochbauweise zu überbrücken.[13] Für Steinbrücken kamen Tonnengewölbe auf Pfeilern zum Einsatz, deren Gründung im reißenden Gewässer technisch

Brückenbau

---

[12] Amm. XV 10,5.
[13] Caes. Gall. IV 17–18,1 mit einer genauen technischen Beschreibung des Vorgehens, siehe dazu Bender 1989, S. 121.

sehr anspruchsvoll war. Die über 1 100 Meter langen Donaubrücken und die Brücken über steile Gebirgsschluchten gehören zu den spektakulärsten ingenieurtechnischen Leistungen der Antike.

Hafenanlagen und Kanäle

Ein weiteres zentrales Infrastrukturprojekt der frühen Kaiserzeit war schließlich der Ausbau der Häfen. Hier sind insbesondere die Anlagen von Puteoli und später von Portus zu nennen, über die die Stadt Rom mit Getreide versorgt wurde: Augustus ließ in Puteoli mittels Gussmörteltechnik im offenen Meer eine lange Mole errichten, die zahlreichen Schiffen gleichzeitig das sichere Ankern ermöglichte. Unter Claudius (41–54 n. Chr.) erhielt endlich die Tibermündung in Ostia mit der Neuanlage von Portus einen für große Getreidetransporter schiffbaren Seehafen, der unter Trajan noch einmal vergrößert und durch einen neuen Kanal mit dem Tiber verbunden wurde (vgl. Abb. 8.2 auf S. 116). Trajan ließ zudem für seine Neugründung Centumcellae nördlich von Rom einen Seehafen anlegen und an der Adria den Hafen der Stadt Ancona ausbauen.

Die großen Flüsse wie Rhein und Donau wurden von den Römern durch die Neuanlage von Ankerplätzen für die Binnenschifffahrt nutzbar gemacht. Kanäle wie die 35 Kilometer lange Fossa Corbulonis zwischen Rhein und Maas ermöglichten eine sichere Alternative zur Fahrt auf der offenen Nordsee.

4.3 Quelle und Vertiefung

Die folgende Lobrede auf die Stadt Rom hat der vielgereiste Sophist Aristides im Jahr 143 oder 144 n. Chr. bei einem Aufenthalt in der Hauptstadt vor dem Kaiser Antoninus Pius (138–161 n. Chr.) und seinem Hof gehalten. Publius Aelius Aristides (117–um 180 n. Chr.) besaß das römische Bürgerrecht, stammte aber selbst aus Kleinasien und verfasste die Rede in seiner griechischen Muttersprache. Seine Ausführungen richten sich an die Männer, die „diese große Stadt" – gemeint ist Rom – bewohnen (§ 3). In den nachfolgend abgedruckten Ausschnitten lobt Aristides die römische Herrschaft, das Bürgerrecht, die Infrastruktur des Reiches und eine auf diesen Grundlagen basierende historisch neue Reisefreiheit.

4.3.1 Die Romrede des Aelius Aristides

Aristid. Or. 26 (Auszüge), Übersetzung Richard Klein

30. Für alle ist überall eure Herrschaft gleich. Diejenigen, welche in den Bergen leben, sind noch friedlicher als die Bewohner der tiefsten Täler und leisten keinen Widerstand mehr, und die Menschen in den reichen Ebenen, sowohl die Kolonisten als auch die Bewohner des Landes, bestellen für euch das Feld. Es gibt keinen Unterschied mehr zwischen Insel und Festland; alle zeigen sich ruhig und gehorsam, wie wenn nur ein einziges zusammenhängendes Land und ein Volk vorhanden wären. [...]

33. Deshalb hat der Kaiser[14] es nicht nötig, mühsame Reisen durch das ganze Reich zu unternehmen, bald bei diesen, bald bei jenen Völkern zu erscheinen und die einzelnen Fälle zu regeln, wenn er ihr Land betritt. Er kann es sich leisten zu bleiben, wo er ist, und den ganzen Erdkreis mit schriftlichen Befehlen zu regieren. Sie sind kaum abgefaßt, da treffen sie auch schon ein, als seien sie von Flügeln getragen. [...]

59. Die bei weitem größte Aufmerksamkeit und Bewunderung verdient jedoch die Erhabenheit eures Bürgerrechts und der Gesinnung, die ihr damit verbindet. Es gibt wohl nichts, was insgesamt damit verglichen werden könnte. Ihr habt nämlich sämtliche Untertanen eures Reiches – wenn ich das sage, habe ich den ganzen Erdkreis gemeint – in zwei Gruppen eingeteilt und überall die Gebildeten, Edlen und Mächtigen zu Bürgern gemacht oder auch ganz und gar zu euren Verwandten, die übrigen Reichsbewohner gelten euch als Untertanen und Beherrschte.

60. Weder das Meer noch eine dazwischenliegende Ländermasse bilden ein Hindernis, römischer Bürger zu sein, und weder Asien noch Europa macht hierin einen Unterschied. Allen stehen alle Wege offen. Keiner ist ein Fremder, der sich eines Amtes oder einer Vertrauensstellung würdig erzeigt, im Gegenteil, auf der Welt hat sich unter einem Mann, dem besten Herrscher und Lenker, eine allgemeine Demokratie herausgebildet.[15] Alle strömen wie auf einem gemeinsamen Markt zusammen, ein jeder, um das zu erlangen, was ihm gebührt. [...]

93. Wann gab es denn so viele Städte im Binnenland und am Meer, oder wann wurden sie so mit allem ausgerüstet? Wer reiste früher jemals so, daß er die Städte nach Tagen zählte und bisweilen am gleichen Tag zwei oder drei durcheilte wie Straßen einer Stadt? Daher stehen die früheren nicht

---

14 Im Text wörtlich „er", da in den vorangehenden §§ 31f. bereits vom Kaiser als dem „großen Herrscher" die Rede war.
15 Zur Bezeichnung als Demokratie siehe die Erklärung von Jochen Bleicken: „In dem Weltstaat Rom erhält jeder, was er wünscht (Sicherheit, Gerechtigkeit, Wohlstand, Glück), und diese soziale Sicherheit ist genau das, was Aristides hier Demokratie nennt." Jochen Bleicken: Der Preis des Aelius Aristides auf das römische Weltreich, in: Nachrichten der Akademie der Wissenschaften in Göttingen, Philologisch-historische Klasse 7 (1966), S. 226–277, hier S. 253.

nur in der Gesamtausdehnung ihrer Herrschaft so sehr hinter euch zurück, sondern auch darin, daß sie dort, wo sie über die gleichen Völker herrschten wie ihr heute, diesen allen nicht gleiche oder ähnliche Rechte verliehen. Jetzt aber ist es möglich, jedem Volk von damals eine Stadt entgegenzustellen, die in demselben Gebiet liegt. Daher könnte man sagen, daß jene gleichsam Könige über ein leeres Land und feste Burgen waren, während ihr allein Herrscher über Städte seid. [...]

100. Ja, das von jedem gebrauchte Wort, daß die Erde die Mutter aller und das für alle gemeinsame Vaterland sei, wurde durch euch aufs beste bewiesen. Jetzt ist es sowohl dem Griechen wie dem Barbaren möglich, mit oder ohne Habe ohne Schwierigkeit zu reisen, wohin er will, gerade als ob er von einer Heimatstadt in eine andere zöge. Es schrecken ihn weder die Kilikischen Tore* noch die schmale und sandige Durchgangsstraße durch das Land der Araber nach Ägypten,[16] nicht unwegsame Gebirge, nicht unermeßlich große Flüsse und nicht wilde Barbarenstämme, sondern es bedeutet Sicherheit genug, ein Römer zu sein oder vielmehr einer von denen, die unter eurer Herrschaft leben.

101. Was Homer sagte, „aber die Erde ist allen Menschen gemeinsam",[17] wurde von euch tatsächlich wahr gemacht. Ihr habt den ganzen Erdkreis vermessen, Flüsse überspannt mit Brücken verschiedener Art, Berge durchstochen, um Fahrwege anzulegen, in menschenleeren Gegenden Poststationen eingerichtet und überall eine kultivierte und geordnete Lebensweise eingeführt. Deshalb meine ich, daß das Leben vor Triptolemos[18], wie man es annimmt, dem Leben vor eurer Zeit entsprach, hart, ländlich, und wenig verschieden von dem, welches ein Bergbewohner führt, daß aber das gesittete Leben in unserer Zeit von der Stadt der Athener seinen Ausgang nahm, jedoch von euch erst dauerhaft begründet wurde; denn als die zweiten seid ihr die Besseren, wie man so sagt.

102. Jetzt ist es nicht nötig, eine Beschreibung der Erde zu verfassen und die Gesetze aufzuzählen, welche jedes Volk besitzt; denn ihr seid für alle gemeinsam die Periegeten* geworden. Sämtliche Tore des Erdkreises wurden von euch aufgestoßen und alle erhielten die Gelegenheit, sich mit eigenen Augen überall umzusehen, wenn sie es wollten. Ihr stellt gemeinsame Gesetze für alle auf und machtet den früheren Zuständen ein Ende, die zwar ergötzlich sind, wenn man davon erzählt, aber unerträglich, wenn man sie vom Standpunkt der Vernunft betrachtet. Jedem gabt ihr die Erlaubnis zu heiraten, wen er will, und machtet so den ganzen Erdkreis gleichsam zu einer einzigen Familie. [...]

104. Früher verwüsteten die Menschen auch die Erde, geradeso als ob sie ihre Eltern verstümmeln wollten; ihre Kinder verschlangen sie zwar nicht,

---

16 Gemeint ist offenbar die von Hadrian angelegte Wüstenstraße, die von Berenike am Roten Meer nach Antinoupolis führte.
17 Hom. Ilias XV 193.
18 Triptolemos ist im griechischen Mythos derjenige, der den Menschen das Getreide bringt und sie den Ackerbau lehrt.

aber sie töteten sowohl die der anderen als auch ihre eigenen bei Streitigkeiten, sogar an den Altären. Nun aber ist dem Erdkreis selbst und seinen Bewohnern eine allgemeine und jedem erkennbare Sicherheit geschenkt. Sie scheinen mir völlig davon befreit zu sein, Schlimmes zu erleiden, während sie andererseits mannigfache Gelegenheiten erhalten haben, um gut regiert zu werden; denn die Götter, wie es scheint, sehen auf euch herab, erhalten gnädig euer Reich und verleihen euch die Gunst, es beständig zu besitzen.

4.3.2 Fragen und Anregungen

– Zum Einstieg in das Kapitel wurde eine Münze vorgestellt (Abb. 4.1). Informieren Sie sich über die Methoden der Münzkunde (Numismatik). Suchen Sie in der Datenbank des Berliner Münzkabinetts unter https://ikmk.smb.museum/ nach römischen Münzen zum Reisen, etwa unter Schlagwörtern wie „Hafen", „Straße" oder „Maultier".
– Der Duktus der Rede des Aristides (4.3.1) und die einseitig positive Darstellung der römischen Herrschaft sind für heutige Leserinnen und Leser ungewohnt, entsprechen aber den Erwartungen eines antiken Publikums an eine Lobrede. Lesen Sie vergleichend einige Passagen aus dem Panegyricus des Plinius auf Trajan, um ein besseres Gespür für diese Textgattung zu erhalten.[19]
– In § 33 seiner Rede bezieht sich Aristides anscheinend auf Kritik an Antoninus Pius, weil dieser – anders als seine Vorgänger – nicht die Provinzen bereiste. Mit welchen Argumenten wendet Aristides diesen Umstand ins Positive?
– Was meint Aristides in § 102 damit, dass die Römer „die Periegeten" geworden seien?
– Gehen Sie die Rede noch einmal im einzelnen durch und notieren Sie sich: Was kennzeichnete die Welt vor der römischen Herrschaft? Welche Errungenschaften sind den Römern zu verdanken? Da Aristides zwischen verschiedenen historischen Kulturstufen differenziert, lässt sich die von ihm beschriebene Entwicklung auch anhand eines Zeitstrahls darstellen.

---

19 Werner Kühn [Hrsg.]: Plinius der Jüngere: Panegyricus. Lobrede auf den Kaiser Trajan. Lateinisch-deutsch (Texte zur Forschung 51), Darmstadt ²2008.

- „Allen stehen alle Wege offen", heißt es in § 60. Nehmen Sie Stellung zu der von Aristides gepriesenen Reisefreiheit. Wer profitierte davon, wer nicht?

4.3.3 Weiterführende Literatur

Quelle Richard Klein: Die Romrede des Aelius Aristides. Einführung, Darmstadt 1981 *(nützliche Einführung zu Aristid. Or. 26).*
Richard Klein [Hrsg.]: Die Romrede des Aelius Aristides. Griechisch-deutsch, Darmstadt 1983 *(die in 4.3.1 auszugsweise abgedruckte Rede ist auch insgesamt sehr lesenswert; Kleins Ausgabe bietet neben Text und Übersetzung einen ausführlichen Kommentar).*

Forschung Thomas Becker: Die Infrastruktur des römischen Reiches als Grundlage für Mobilität, in: Dirk Schmitz und Maike Sieler [Hrsg.]: Überall zu Hause und doch fremd. Römer unterwegs, Petersberg 2013, S. 20–33 *(ein kurzer, aber instruktiver Überblick zur Infrastruktur der römischen Straßen und Wasserwege mit Fallbeispielen aus den Provinzen im Gebiet Deutschlands).*
Andrea Büsing und Hermann Büsing: Ein antikes Hotel in Oberitalien. Die Poststation von Ficarolo, in: Antike Welt 31 (2000), S. 281–288 *(anschaulich bebildert werden die archäologischen Befunde einer typischen* mansio* *an einer italischen Landstraße vorgestellt).*
Susanne Froehlich: Stadttor und Stadteingang. Zur Alltags- und Kulturgeschichte der Stadt in der römischen Kaiserzeit (Studien zur Alten Geschichte 32), Göttingen 2022 *(zur Lektüre empfohlen sind Kapitel 5: „Das Konzept von* pax et securitas"*, S. 107–122, und Kapitel 6: „Sicherheit am Eingang der kaiserzeitlichen Stadt", S. 123–175).*
R. Bruce Hitchner: Roads, Integration, Connectivity, and Economic Performance in the Roman Empire, in: Susan E. Alcock [Hrsg.]: Highways, Byways, and Road Systems in the Pre-Modern World, Chichester 2012, S. 222–234 *(Hitchner zeigt anhand von zwei Fallbeispielen auf, welche wirtschaftlichen Effekte der Ausbau des römischen Straßensystems für die Provinzen hatte und inwiefern er zu einer Intensivierung von Konnektivität führte).*
Margot Klee: Lebensadern des Imperiums. Straßen im römischen Reich, Stuttgart 2010 *(gut lesbare Überblicksdarstellung zu Straßenbau, Staßennetz und Straßennutzung in römischer Zeit).*

5 Planung und Vorbereitung einer Reise

Abb. 5.1: Relief eines gallischen Reisenden mit Pferden (Divio, kaiserzeitlich)

Dieses Relief findet sich auf einer Stele aus dem gallischen Divio (Dijon), die wohl als Grabmonument anzusprechen ist. Im unteren, hier nicht mit abgebildeten Bereich ist der Stein für eine Inschrift geglättet, die jedoch nur aufgemalt war oder nie zur Ausführung gelangte. Für die zweite Annahme spricht, dass das Relief in Bosse belassen wurde, also die Oberfläche nicht geglättet und abschließend bearbeitet worden ist.

Abgebildet ist ein kräftiger Mann, der in einen wadenlangen *cucullus* gekleidet ist, den Kapuzenmantel der Reisenden. Der dargestellte faltenreiche Manteltypus war besonders in den gallischen Provinzen verbreitet. Er soll in seiner Drapierung an eine Toga erinnern und verweist darauf, dass es sich bei seinem Träger um einen wohlhabenden und mit der römischen Kultur vertrauten Mann handelt.[1] Der Reisende hält einen Wanderstock in der Linken und einen Geldbeutel in der Rechten. Vor ihm werden zwei Pferde bereitgemacht, hinter denen ein zweiter Mann mit Peitsche zu erkennen ist. Dieser hält die Tiere am Zaumzeug.

Wetterfeste Reisekleidung, Bargeld, ein geeignetes Fortbewegungsmittel, Dienerschaft – was sonst gab es zu bedenken, zu organisieren und zu besorgen, ehe man eine Reise antrat? Art und Umfang der Vorbereitungen variierten erheblich je nach Charakter der geplanten Reise, aber auch abhängig von Status, wirtschaftlichen Möglichkeiten und Beziehungen der reisenden Person. Für einen Senator in Amtsgeschäften, der mit seiner Entourage den *cursus publicus** mit Wechselstationen, Verpflegung und Einquartierung in den besten Häusern der Stadt nutzen konnte, gestaltete sich eine Reise ganz anders als für einen wandernden Handwerker, der nur bei sich hatte, was er tragen konnte, und der unterwegs von den Einkünften aus seinen vor Ort eingeworbenen Aufträgen lebte. Die folgenden Hinweise treffen daher nicht auf jede denkbare Konstellation zu, sollen aber eine allgemeine Vorstellung von üblichen Reisevorbereitungen vermitteln. Das Kapitel gibt einen Überblick über Information und Planung im Vorfeld (5.1), über Einkauf und Beschaffung der Ausrüstung (5.2), über Reisefinanzen und Formalitäten (5.3) und schließlich über die religiösen Vorbereitungen (5.4).

5.1 Information und Planung

Informationen zum Reiseziel

Bei der Planung einer Reise galt es zunächst, das Reiseziel festzulegen und nähere Informationen über den Ort und den Weg dorthin einzuholen. Wie weit war die Entfernung? Welche Übernachtungsstationen gab es am Weg? Welche klimatischen Bedingungen waren am Zielort und unterwegs zu erwarten? Für eine Reise in die Provinz Africa musste man sich anders ausrüsten als für eine Alpenquerung.

Informationen werden nach Möglichkeit bei Leuten erfragt worden sein, die das Reiseziel kannten, aber auch Wegekarten, geographische Literatur und vor allem *Itinerare** standen als Hilfsmittel zur Verfügung, um sich zu informieren. Eine Darstellung wie die der

---

[1] Zu Typus und Bedeutung der Mäntel in römischen Bilddarstellungen siehe Zerres 2017, S. 30–34.

Tabula Peutingeriana*, die über 4 000 Orte namentlich verzeichnete und die Entfernung der Wegstrecken zwischen ihnen angab, konnte bei der Planung von großem Nutzen sein.

Anschließend war die Frage der ungefähren Route und der Fortbewegungsart zu bedenken. Die Entscheidung war von vielen Faktoren abhängig: der Jahreszeit, der Erreichbarkeit des Ziels auf dem Wasserweg, der Anzahl der reisenden Personen, dem Umfang des mitzunehmenden Gepäcks und dergleichen.[2] In aller Regel wurden verschiedene Transportmittel kombiniert. Fernreisende beispielsweise, die ein Schiff besteigen wollten, mussten zunächst mit ihrem Gepäck an den Abreisehafen gelangen und benötigten dafür je nach Entfernung Träger, Lasttiere oder einen Wagen. Fußgänger wiederum nutzten streckenweise auch einmal ein Boot oder ein Floß, um über einen Wasserarm überzusetzen.[3] Reiter hatten auf innerstädtischen Strecken vom Pferd abzusteigen.[4]

Route und Fortbewegungsart

Abb. 5.2: Relief eines Reisewagens mit Zweigespann (Virunum, kaiserzeitlich)

Abb. 5.2 zeigt ein typisches Reisefahrzeug, einen zweiachsigen Planwagen, der von zwei Pferden gezogen wird. Der Kutscher ist mit einem Mantel bekleidet, die Kapuze zurückgeschlagen, und hält

---

2 Siehe dazu schon Kapitel 1.
3 Siehe etwa die Fährfahrt über den Kanal durch die Pontinischen Sümpfe in Hor. Sat. I 5,11–23 (Kapitel 6).
4 Ein Edikt des Claudius untersagte es ihnen, die italischen Städte anders als zu Fuß, per Tragsessel oder Sänfte zu durchqueren (Suet. Claud. 25,2).

eine erhobene Peitsche. Durch ein Fenster im Verdeck des Wagens sieht man eine sitzende Frau, die einen runden Gegenstand – vielleicht einen Fächer oder einen Spiegel – in der Hand hat. Mit einem solchen gedeckten und gefederten Wagen, einer *carruca dormitoria*, ließ sich auch eine längere Reisestrecke recht bequem absolvieren.[5] Wer selbst kein eigenes Fahrzeug besaß, konnte es bei den Transportdienstleistern chartern, die häufig in der Nähe der Stadttore ansässig waren. Die Miete war für kürzere Strecken sehr günstig: Während der Kauf eines Reisewagens je nach Modell 3 000 bis 7 500 Denare* kostete, betrug der Mietpreis für einen großen Zweiachser samt Kutscher und Gespannen nur zwei Denare pro Person und Meile.[6] Auch Lasttiere, Lastenträger oder Sänften mit dem dazugehörigen Personal konnten nach Bedarf gemietet werden.

Zusammenstellung der Reisegruppe

Die Zusammensetzung der Reisegruppe galt es genau zu planen. Je höher der Stand des Reisenden, desto mehr Personen begleiteten diesen in der Regel. Wer es sich leisten konnte, nahm nicht nur seine nächsten Angehörigen und gute Freunde mit auf die Reise, sondern auch Berater, Mitarbeiter, Sklaven und spezialisiertes Hausgesinde. Selbst der für seine Bescheidenheit gerühmte Jüngere Cato hatte auf seiner Kleinasienreise im Jahr 66 v. Chr. einen tüchtigen Bäcker und einen Koch im Gefolge, die er morgens bei Tagesanbruch zur nächsten Unterkunft vorausschickte, damit sie ihm dort das Essen vorbereiteten.[7] Auch einfache Reisende leisteten sich nach Möglichkeit zumindest einen Träger oder ein Lasttier für das Gepäck.

Vorsorge für die Zeit der Abwesenheit

In einer Zeit, in der sich weitere Reisen über Wochen und Monate hinzogen und jeder Informationsaustausch auf private Kuriere angewiesen war, galt es außerdem daheim umsichtig für die Zeit der Abwesenheit vorzusorgen. Das Hauswesen musste so organisiert sein, dass es weiterhin funktionierte und dass die nicht mitreisenden Angehörigen, Freigelassenen, Sklaven und Tiere gut versorgt waren.

---

[5] Zu den verschiedenen Fahrzeugtypen siehe Kapitel 6.
[6] Preisangaben nach van Tilburg 2007, S. 55.
[7] Plut. Cato min. 12,2f.

5.2 Einkauf und Beschaffung

Hohe Amtsträger waren auf Reisen dazu berechtigt, in den Gemeinden vor Ort ihre Verpflegung zu aquirieren. Die meisten Nutzer des *cursus publicus** hatten jedoch keinen Anspruch auf Alimentation, und private Reisende mussten ohnehin für ihre Lebensmittelversorgung selbst aufkommen und planen.

Zumindest ein Teil der benötigten Nahrungsmittel wurde nach Möglichkeit bereits am Abreiseort eingekauft. Die Vorräte konnten bei Landreisen an den *mansiones** nach Bedarf ergänzt werden, wobei die Qualität der erhältlichen Lebensmittel sehr ungewiss war. Bei Schiffsreisen war es sehr viel schwieriger, die Verproviantierung sicherzustellen, da alles vorab organisiert werden musste. Die Handelsschiffe, auf denen die antiken Passagiere mitreisten, boten keinerlei Verpflegung oder Ausstattung für Reisende. Lebensmittel und vor allem auch Trinkwasser, ebenso Essgeschirr, Küchenutensilien, Matratzen, Bettzeug, ein Sonnensegel und alles andere, was für das Leben an Deck benötigt wurde, war selbst mitzuführen. Lag das Schiff aufgrund widriger Winde unterwegs länger fest als geplant, konnten die Vorräte schnell zur Neige gehen.[8]

[Verpflegung und Ausrüstung]

In der Regel wurde auf Reisen einfacher gegessen, als es den jeweiligen heimischen Standards entsprach. Brot und Wasser waren unterwegs die Grundnahrungsmittel, und eine regelmäßige Sorge galt der Frage, wo man sich mit beidem in gewünschter Qualität eindecken konnte. Je nach finanziellen Mitteln konnte natürlich auch ein erheblich größerer Aufwand betrieben werden. Der Beamte Theophanes ließ seine Leute im Jahr 322 oder 323 n. Chr. auf einer Reise in Syrien regelmäßig Brot, Wein und Öl kaufen, aber auch Gemüse, Früchte, Eier, Käse, Fleisch, Würste, eingelegten Fisch, Oliven, Nüsse, getrocknete Feigen, Essig, Knoblauch, Zwiebeln, Pökelsalz, Garum*, Koriander, Honig und Wermut. In Byblos leistete er sich sogar Schnee – und das im Juli –, um einen besonders guten Wein gekühlt zu genießen.[9]

[Ernährung unterwegs]

Die Bandbreite möglicher Unterkünfte unterwegs war immens. Am komfortabelsten war man bei Gastfreunden oder Verwandten untergebracht. Wer mit einer Berechtigung für den *cursus publicus**

[Unterbringung unterwegs]

---

8 Siehe etwa Synes. Epist. 5 (4), 165 (abgedruckt in Kapitel 3).
9 P. Ryl. 630–638. Zur Reise des Theophanes siehe unten (5.5).

reiste, konnte sich alternativ auf Gemeindekosten in Privathäusern einquartieren lassen. Die öffentlichen und gewerblichen Herbergen hatten einen schlechten Ruf und galten den Angehörigen der Oberschicht als nicht standesgemäß, weshalb es Reisende mitunter vorzogen, in Zelten zu nächtigen, was je nach individuellen Ansprüchen wiederum eine komplizierte Gepäcklogistik voraussetzen konnte. Freilich muss auch in Bezug auf die Herbergen differenziert werden: Das Tableau reichte von einfachen Gasthäusern *(cauponae* oder *hospitia)* über Motels *(stabula)*, die mit Straßenzufahrt und Stall ausgestattet waren, bis hin zu den staatlichen Rasthäusern *(mansiones*)*, die an den *viae publicae** in einem regelmäßigen Abstand von jeweils einer Tagesreise angesiedelt waren – je nach Geländeschwierigkeit etwa alle 35 bis 40 Kilometer. Ein gut ausgestattetes Rasthaus verfügte über ein Speiseangebot, Schlafzimmer, Wechseltiere, Wagen, Kutscher, Stallknechte und Begleitpersonal, das die Fahrzeuge zur vorigen Station zurückbringen konnte, über Tierärzte und Wagenbauer sowie über Wechselkleidung für Kuriere.[10] Wer nicht in offiziellem Auftrag reiste, konnte sich gegen Geld in einer solchen *mansio* einmieten.

Reisekleidung Reisende trugen feste Schuhe oder Sandalen und einen Kapuzenmantel. Neben dem hochgeschlossenen keltischen *cucullus* gab es leichte Modelle für mildes Wetter, die lediglich Brust und Schultern bedeckten, ferner lederne oder wollene Regenmäntel, die knie-, waden- oder knöchellang getragen wurden, und schließlich dicke lange Wintermäntel, die aus derber Wolle oder Fell gefertigt waren.[11] Alternativ zur Kapuze diente ein Hut mit breiter Krempe dem Schutz vor Sonne oder Regen. Bargeld und Wertsachen wurden in einem Beutel am Gürtel befestigt.

Bewaffnung Auch wenn die Reisesicherheit in römischer Zeit vergleichsweise hoch war, führten Reisende, sofern sie nicht ohnedies militärisch begleitet wurden, eine Waffe mit sich, um sich im Notfall verteidigen zu können.[12] Einen besseren Schutz versprach die Reise in einer größeren Gruppe, weshalb sich auch Fremde zu Reisegesellschaften zusammenschlossen.

---

10 Angaben zur Ausstattung nach Casson 1978, S. 216.
11 Einzelheiten bietet Zerres 2017.
12 Ebd., S. 108. Zur generellen Reisesicherheit siehe oben, Kapitel 4.

5.3 Formalitäten und Reisefinanzen

Wenngleich es im römischen Reich keine systematischen Personenkontrollen gab, mussten Reisende darauf gefasst sein, an Zollstationen oder Stadttoren überprüft zu werden. In einem solchen Fall genügte es in der Regel, eine *professio* abzugeben, eine formelle mündliche Erklärung über personenbezogene Daten. Dennoch war es im Zweifelsfall von Vorteil, sich in irgendeiner Form ausweisen zu können. So spielten private und offizielle Empfehlungsschreiben eine große Rolle, um etwa in einer fremden Stadt freundliche Aufnahme zu finden. Selbst für Sklaven, die im Auftrag ihres Herrn unterwegs waren, konnten sich mit solchen Schreiben Tür und Tor öffnen.[13] Amtsleute hatten einen durch den Kaiser ausgestellten Benutzungsnachweis (*diploma*) mit sich zu führen, um die Privilegien des *cursus publicus** einfordern zu können. Auch andere Reisende verfügten über amtliche Papiere, wie zum Beispiel die Veteranen, die mit Militärdiplomen ihren Status und ihre Identität nachweisen konnten. Militärrekruten trugen bleierne *signacula* mit ihrem Namen um den Hals. Studenten mussten ab dem vierten Jahrhundert n. Chr. eine schriftliche Studiengenehmigung des zuständigen Provinzstatthalters vorlegen. Reisende Sklaven wurden mit Blei- oder Kupferhalsbändern *(laminae)* namentlich gekennzeichnet.[14]

Reisedokumente

Senatoren hatten seit augusteischer Zeit Sonderregeln zu beachten, da sie nicht ohne Genehmigung aus Italien ausreisen durften; eine Regelung, die unter Claudius auch auf den Ritterstand ausgeweitet wurde. In der kaiserlichen Provinz Ägypten galt außerdem seit 30 v. Chr. ein explizites Einreiseverbot für Senatoren und Ritter höheren Ranges, so dass entsprechende Reisen immer die individuelle Bevollmächtigung durch den Kaiser voraussetzten.

Genehmigungen

Generell heikel waren die Ein- und Ausreise in Alexandria, das traditionell einen extraterritorialen Status hatte und damit formal nicht zu Ägypten gehörte. Wer die Stadt verlassen wollte, hatte eine Eingabe beim ägyptischen Präfekten zu machen, der den Procurator des Überseehafen Pharos bevollmächtigte, eine Ausreisegenehmigung auszustellen. Diese war bei der Abreise vorzulegen. Für die

---

13 Siehe etwa das an den Präfekten von Ägypten gerichtete Empfehlungsschreiben für einen Sklaven in P. Ryl. 608.
14 Zu den Reisedokumenten und der Identifikation von Personen siehe Moatti 2007; Lemcke 2012; Froehlich 2022, S. 144–161.

Erteilung wurde je nach Personenstatus eine Gebühr von fünf bis zehn Drachmen fällig, für die Ehefrauen von Soldaten sogar 20 und für Prostituierte 108 Drachmen.[15] Entsprechende Unterlagen sind teilweise auf Papyri erhalten. So ist etwa das Ausreisedossier einer gewissen Aurelia Maeciane aus Side überliefert: Es besteht aus ihrem auf griechisch verfassten Ausreisegesuch und einem lateinischen Passdokument, in dem der Präfekt den Procurator von Pharos anweist, Aurelia Maeciane ausreisen zu lassen.[16]

Bargeld Da es in der römischen Welt weder Papiergeld noch Kreditkarten gab, mussten die Reisefinanzen in Form von Münzen mitgeführt werden. Der goldene Aureus war im Alltag relativ ungebräuchlich; im Prinzipat wurde in erster Linie in Silberwährung, in Denaren*, gezahlt. Ein Denar war vier Sesterzen* aus Messing wert oder sechzehn kupferne Asse* („Einer"). In vielen Gebieten des Reichs waren parallel noch lokale Währungen im Umlauf, doch die römischen Münzen wurden überall akzeptiert.

Zölle und Mauten Reisende taten schließlich auch gut daran, sich vorab über Zoll- und Mautmodalitäten zu informieren. Die Binnenzölle im Reich beliefen sich meist auf eine *quadragesima*, 2,5 Prozent des Warenwertes. An den Ostgrenzen des Imperiums wurden exorbitante 25 Prozent Importzoll und 4 Prozent Exportzoll verlangt. Zölle wurden jedoch nicht auf Waren des eigenen Gebrauchs erhoben und waren damit nur von Handelsreisenden zu entrichten – was freilich nicht hieß, dass die Zollformalitäten den anderen erspart blieben, da eine Zolldeklaration in jedem Fall notwendig war. Brückenmauten und Sonderzahlungen für Alpenstraßen, Pässe oder durch Schutztruppen gesicherte Wüstentrassen waren hingegen von allen zu entrichten, die die jeweilige Infrastruktur nutzen wollten.

5.4 Religiöse Vorbereitung

Unmittelbar vor der Abreise waren außerdem religiöse Vorkehrungen zu treffen. Dabei galt es, die Götter für das Reisevorhaben gütig zu stimmen und gegebenenfalls schlechte Vorzeichen zu erkennen und

---

[15] Zahlenangaben nach Casson 1978, S. 179.
[16] P. Oxy. 10,1271. Das Dokument gehört ins Jahr 246 n. Chr. Zur Praxis in anderen Häfen siehe Feuser 2020, S. 246.

richtig zu deuten. Mit einem Schiff in See zu stechen, das bereits im Hafen mehrfach auf den Grund aufsetzte, musste zumindest in der Rückschau als überaus leichtsinnig gelten.[17]

> An vielen Tagen im Jahr waren dem religiösen Kalender zufolge Geschäfte jeder Art verboten, und hierzu gehörte auch die Abfahrt eines Schiffs. Dann gab es Tage [...], die als unheilvoll galten; so verließ beispielsweise kein römischer Kapitän am 24. August, 5. Oktober oder 8. November einen Hafen, und generell galt auch das Monatsende als eine ungünstige Zeit, um auf See zu sein.
> Bei günstigen Winden und einem Datum, gegen das nichts einzuwenden war, opferten die dafür Zuständigen vor Antritt der Fahrt meist ein Schaf oder einen Stier. [...] Waren die Omina* bei dem Opfer schlecht, mußte die Fahrt aufgeschoben werden. Wenn Wind und Datum richtig und auch das Opfer nach Wunsch ausgefallen war, gab es für den Aberglauben aber noch immer eine ganze Serie von Vorzeichen, die hinderlich sein konnten: Niesen beim Besteigen des Schiffs zum Beispiel war ausgesprochen ungünstig; [...] eine in der Takelage sitzende, krächzende Krähe oder Elster war schlecht; der Anblick eines an der Küste gestrandeten Schiffs war schlecht [...].[18]

Vielen Reisenden schien es darüber hinaus ratsam, auch privat mit Gebeten, Opfern oder Gelübden für einen glücklichen Ausgang der Reise vorzusorgen. Auch die Angehörigen konnten in dieser Weise aktiv werden und der Gottheit ihres Vertrauens Geschenke bringen oder ein Votiv versprechen, damit der Reisende wohlbehalten zu ihnen nach Hause zurückkehrte.[19]

Gebete, Opfer und Gelübde

5.5 Quelle und Vertiefung

Die folgende Quelle gehört zu den Archivunterlagen eines ägyptischen Verwaltungsbeamten namens Theophanes, die in der John Ryland Library der Universität Manchester verwahrt werden (P. Ryl. 616–651). Mehrere Schriftstücke des Archivs dokumentieren eine Reise ins syrische Antiochia, die Theophanes im Jahr 322 oder 323 n. Chr. von seiner mittelägyptischen Heimatstadt Hermoupolis Magna aus unternommen hat (P. Ryl. 627–638).

---

17 Das war in Synes. Epist. 5 (4), 159 zu sehen gewesen (Kapitel 3).
18 Casson 1978, S. 179f.
19 Belege bei Froehlich 2022, S. 311.

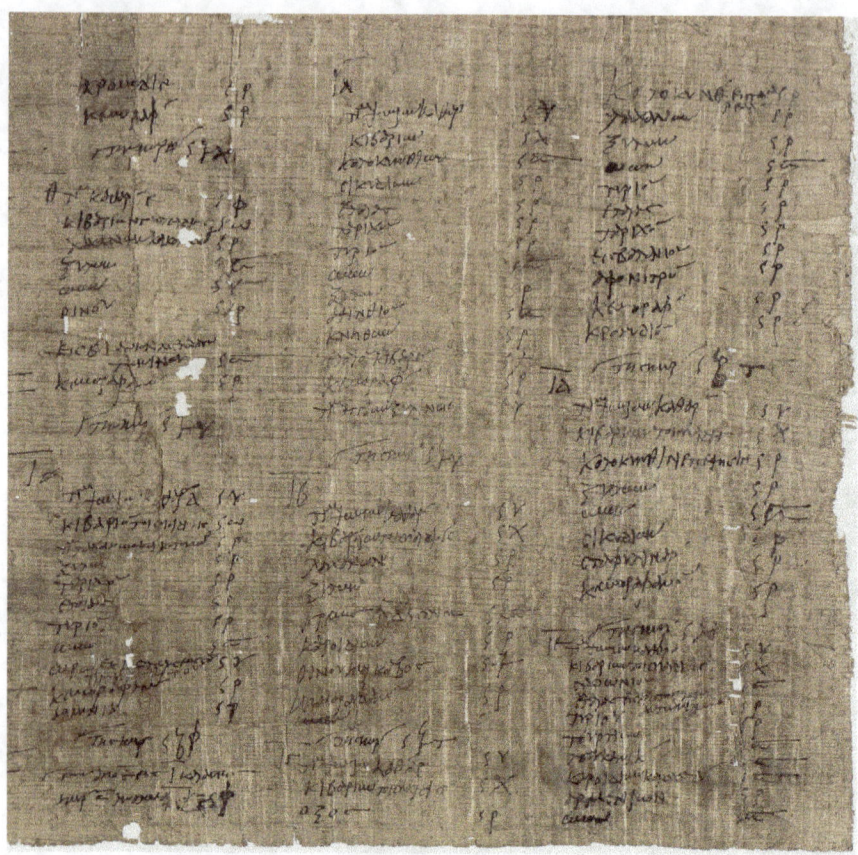

Abb. 5.3: Einkaufslisten des Theophanes in Antiocheia, P. Ryl. 629 recto, Ausschnitt (Hermoupolis Magna, Mai/Juni 322 oder 323 n. Chr.)

Die Abb. 5.3 zeigt das besterhaltene Dokument des Reisedossiers, den Papyrus 629. Auf diesem Blatt ist detailliert aufgelistet, welche Lebensmittel die Diener des Theophanes während des zweimonatigen Aufenthalts in der syrischen Hauptstadt täglich für den Haushalt des Reisenden gekauft haben.

Der in 5.5.1 als Quelle vorgestellte Papyrus 627 dokumentiert in griechischer Sprache die eingepackten Gegenstände, die Vorbereitungen der Reise und die Reisestationen des Theophanes auf dem Weg nach Syrien. Die nachstehend abgedruckten Listen halten fest, welche Ausrüstung, Kleidung und Nahrungsmittel mit auf die Reise genommen wurden. Dabei lassen sich viele Begriffe kaum übersetzen, da sie nicht anderweitig belegt sind – so dass mitunter nur ungefähr erschlossen werden kann, was gemeint ist. Bezeichnungen wie zum Beispiel *drakion* („Drakisches") für ein nicht näher definierbares Kleidungsstück sind daher nicht übersetzt.

5.5.1 Die Reisevorbereitungen des Theophanes

P. Ryl. 627 recto (Auszüge), Übersetzung: Katharina Blaas und Susanne Froehlich

Kol. i (Z. 1–26):
Auflistung der Kleidung:
Leichte Tuniken 2
Ungefärbte Tunika 1
Ungefärbte dalmatische Tuniken 3
Ungefärbte Tücher (?) 2
Andere Kopftücher 2
Lange Kapuzenmäntel aus Wolle 2
Kurzer Reisemantel 1
Ebenso Leinentücher
Gemusterte Tuniken 4
Gemusterte dalmatische Tuniken 4
Schultermäntel 3
Waschlappen
Drakion 1
Badetücher 4
Kleineres Handtuch
Feine Leinentücher 4
Romaika 2
Lendentuch 1
Homerikon [.]
[…]
Gefranster Mantel
Bademantel (?)

Kol. ii (Z. 27–42):
Ebenso Decken:
Lederne Polster 2
Bettdecke 1
Gefranste Decke 1
Decke 1
Kissen 2
bracchia (knielange Hosen) 2
caliga (Stiefel) 1 (Paar)

Filzpantoffeln 1 (Paar)
Matratze 1
Kleiner Teppich 1
Abdeckplane (?)
Lederner Zeltboden
Kopfkissen
Stoffbinden
Tischdecken (?)

Kol. iii (Z. 43–64, stark fragmentarisch):

[…]
Kochlöffel/Kelle (?)
[…]
Hölzernes […]
Eiserne […]
Lampe und Ständer (?)
Hängelampe (?)
Trinkbecher
[…]
Kleines Leinen(tuch) ?
[…]
Feines Leinengewebe 15
Ungefärbte Tücher 24
Lendentücher 184

Kol. iv (Z. 65–89):

Ebenso Vorräte:
Wein, Knidia[20] [–]
(Wein,) Spathia[21] [–]
Honig(wein)[22], Knidia [.]6
Olivenöl, Metrētai[23] [.]6
Feines Brot [.]30
Grobes Brot [–]
Fleisch, Gebinde [.]30
Käselaibe [.]
Oliven (?), Xestai[24] [.]

---

20 Das Knidion ist eine kleinasiatische Maßeinheit für Flüssigkeiten und Schüttgut und entspricht knapp 15 Litern.
21 Das Spathion ist ein Maß, das etwa 6,5 Liter fasste.
22 Da Honig sicherlich nicht in Dutzenden Litern mitgeführt wurde, muss hier wohl Honigwein *(mulsum)* gemeint sein.
23 Der Metrētēs ist die größte griechische Maßeinheit für Flüssigkeiten und entspricht knapp 40 Litern.
24 Der Xestēs ist ein Hohlmaß von 0,54 Litern.

Essig, Knidia [.]
garum*, Spathia [.]
Eingesalzener Fisch, Spathia [.]
Käse, Knidia [.]
Linsen, Spathia [.]
Melonen 2
Knoblauch/Lauch (?)
[…], Behälter
Schemel (?)
Gewürze (?)
Artischocken
Gemüse
Eier
Trinkwassser (?)
Früchte

Kol. viii (Z. 155–187):

Ebenso […]:
Salbendose
Vorrats(-dose?)
Hyazinth (Edelstein)
Chlaron (Edelstein)
Mit tyrischem Purpur gefärbte (Wolle)
Einfach gefärbte (Wolle)
Chalcedon (Edelstein)
Amethyst (Edelstein)
Kapsel für feines Öl
Fächer (?)
Schellfischgefärbte Wolle, Litrai[25] 6
Korb zum Trocknen von Früchten
Webkämme
Spulen
Schnüre/Garn (?)
Haarfeines Garn (?)
Sandalen
Bimsstein
[…]
weitere […] 16
[…]
Schwämme
[…]
Hochwertiges Olivenöl
Salbendose

---

[25] Die Litra ist eine Gewichtseinheit von 109,15 Gramm.

5.5.2 Fragen und Anregungen

- Das Reisedossier des Theophanes ist auf Papyrus überliefert. Informieren Sie sich über Herstellung und Benutzung des Materials in der römischen Antike und über die Bedingungen, unter denen sich Papyri bis heute erhalten haben, sowie über die wissenschaftliche Auseinandersetzung mit dieser Quellengattung (Papyrologie).
- Die zitierten Listen (5.5.1) sind fragmentarisch und die verwendeten Ausdrücke teils unbekannt. Diskutieren Sie, welche methodischen Probleme sich daraus für die Quellenarbeit ergeben und wie damit sinnvollerweise umzugehen ist.
- Gehen Sie die Reiseausstattung des Theophanes einmal Punkt für Punkt durch. Welche Gegenstände hätten Sie auf einer solchen Liste erwartet? Welche überraschen Sie? Welche fehlen?
- Überlegen Sie, ob Theophanes berechtigt gewesen sein wird, den *cursus publicus** zu nutzen. Finden Sie Anhaltspunkte dafür in der Zusammensetzung der Liste?
- In der Forschung wird diskutiert, ob es sich überhaupt um eine Packliste handelte und nicht vielmehr um ein Haushaltsinventar. Nehmen Sie dazu Stellung.

5.5.3 Weiterführende Literatur

Cristina Corsi: Travelling First Class? Emperors, Dignitaries, and Intellectuals on the Roads of the Roman Empire, in: AC 88 (2019), S. 139–177 *(der Aufsatz stellt die unterschiedlichen Reise- und Unterkunftsmodalitäten in Abhängigkeit vom Personenstatus dar)*.

Hans-Joachim Drexhage: Ein Monat in Antiochia. Lebenshaltungskosten und Ernährungsverhalten des Theophanes im Payni (26. Mai – 24. Juni) ca. 318 n., in: MBAH 17 (1998), S. 1–10 *(kurzer Beitrag zu den Lebensmitteln, die Theophanes bei seinem Aufenthalt in Antiochia einkaufen ließ)*.

John Matthews: The Journey of Theophanes. Travel, Business and Daily Life in the Roman East, New Haven 2006 *(Monographie zum Reisedossier des Theophanes mit ausführlichen Hintergrundinformationen)*.

Claudia Moatti: Migration et droit dans l'empire romain. Catégories, contrôles et intégration, in: Elio Lo Cascio und Laurens E. Tacoma [Hrsg.]: The Impact of Mobility and Migration in the Roman Empire. Proceedings of the Twelfth Workshop of the International Network Impact of Empire (Rome, June 17–19, 2015) (Impact of Empire 22), Leiden/Boston 2017, S. 222–245 *(Darstellung der rechtlichen Rahmenbedingungen für Mobilität im Römischen Reich)*.

Michael Rathmann: Orientierungshilfen für antike Reisende in Bild und Wort, in: Eckhart Olshausen und Vera Sauer [Hrsg.]: Mobilität in den Kulturen der antiken Mittelmeerwelt. Stuttgarter Kolloquium zur Historischen Geographie des Altertums 11/2011 (Geographica Historica 31), Stuttgart 2014, S. 411–423 *(Rathmann diskutiert, welche Hilfsmittel zur Routenplanung Reisenden zur Verfügung standen und welche Rolle die* mental map *bei der Orientierung im Raum spielte).*

Jutta Zerres: Kapuzenmäntel in Italien und den Nordwestprovinzen des Römischen Reiches. Gebrauch – Bedeutung – Habitus (Archäologische Berichte 26), Kerpen-Loogh 2017 *(instruktiver Band zur römischen Reisekleidung und ihrer sozialen Bedeutung, mit einem ausführlichen Bildkatalog).*

6 Reisewege zu Land

Abb. 6.1: Römischer Meilenstein (Carnuntum, 142/143 n. Chr.)

Die Abbildung zeigt ein Miliarium, einen Meilenstein*, der bei dem Legionslager Carnuntum gefunden wurde, dem Hauptort der Provinz Pannonia Superior (zur Ortslage vgl. Abb. 1.1 auf S. 4). Der 212 cm hohe Stein ist in zwei Hälften zerbrochen. Der nur grob bearbeitete untere Teil des Schaftes war ursprünglich in die Erde eingelassen, so dass nur der zylinderförmige obere Teil bis zu einer Höhe von ca. 160 cm herausschaute. Die wie üblich in Großbuchstaben (Majuskeln) verfasste Inschrift war in der Antike besser zu lesen als heute, da man die Buchstaben mit roter Farbe hervorgehoben hatte. Sie lautet:

> Imp(eratoris) Caes(aris) Titi / Aeli Hadriani / Antonini Aug(usti) / Pii, p(atris) p(atriae), co(n)s(ulis) III, trib(unicia) / pot(estate) VI. a K(arnunto) m(ille) p(assuum) / I.
>
> (Diese Straße wurde errichtet unter der Regierung) des Imperator Caesar Titus Aelius Hadrianus Antoninus Augustus Pius, Vater des Vaterlandes, zum dritten Mal Konsul, zum sechsten Mal Inhaber der tribunizischen Gewalt. Von Carnuntum (bis hierher ist es) eine Meile.[1]

Die Angaben auf einem Meilenstein

Die antiken Passanten konnten dem Stein also zum einen die Angabe entnehmen, wann und unter welchem Kaiser die Straße erbaut oder zuletzt repariert worden war, nämlich unter Antoninus Pius. Zum anderen erfuhren sie, welche Strecke sie von Carnuntum, dem Ausgangspunkt und „Kopf" der Straße *(caput viae)*, schon zurückgelegt hatten: eine römische Meile, wörtlich „tausend Fuß" *(mille passuum)*. Das entsprach etwa 1,48 Kilometern.

Qualitätsstandards einer *via publica*

Auch wenn es regionale Unterschiede in der Aufstellungspraxis und in der Gestaltung der Meilensteine gab, so führten die Miliarien an den *viae publicae**, die das ganze Imperium durchzogen, den Reisenden doch anschaulich die Einheit des Reiches und die allgegenwärtige Geltung römischer Qualitätsstandards vor Augen. Ihre Inschriften verwiesen dabei Meile für Meile auf die Leistungen der Kaiser. Auf diese Weise transportierten die Steine auch eine politische Botschaft.[2]

Dieses Kapitel behandelt das Reisen auf den römischen Straßen. Nach einem kurzen Überblick über die Verkehrsteilnehmer und Fortbewegungsmittel, die auf einer Landstraße anzutreffen waren (6.1), wird dargestellt, inwiefern der Straßenverkehr Regeln und Regulierungen unterworfen war (6.2). Schließlich sind Verkehrsaufkommen und Reisegeschwindigkeiten zu thematisieren (6.3).

---

[1] CIL III 4641 (eigene Übersetzung).
[2] Zu den römischen Meilensteinen siehe Klee 2010, S. 64–77.

6.1 Verkehrsteilnehmer und Fortbewegungsmittel

Der Verkehr auf römischen Straßen war denkbar vielgestaltig. Neben den sehr unterschiedlichen Fernreisenden mit ihrer Begleitung – Beamten, Händlern, Handwerkern, Festbesuchern, Pilgerinnen, Gelehrten, Studenten usw.[3] – waren auch Soldaten und Kuriere auf den *viae publicae** unterwegs. Außerdem benutzen die Anwohnerinnen und Anwohner der nahegelegenen Ortschaften die Straßen, um zu ihren Feldern oder in die Nachbarstadt zu gelangen, um Viehherden umzutreiben und um Waren oder Baumaterial zu transportieren.

Die meisten Leute gingen zu Fuß. Auf den Straßen waren jedoch auch zahlreiche Transportmittel im Einsatz. Sänften und Tragsessel, die von Sklaven oder auf längeren Strecken von Maultieren getragen wurden, ermöglichten ein bequemes, aber langsames Vorwärtskommen. Zum Reiten wurden ebenfalls Maultiere benutzt, seltener Pferde – längere Strecken auf dem Pferderücken zurückzulegen, galt als äußerst strapaziös, da die Steigbügel noch nicht erfunden waren. Als Reisewagen dienten meist zweiachsige Wagentypen wie die multifunktionale offene *raeda*, die mehrere Personen samt größerem Gepäck transportieren konnte, oder die auf Lederschlaufen gefederte *carruca*, die von einem gebogenen Baldachin abgeschlossen wurde und mit Planen abgedeckt werden konnte. Sie verfügte über einen Polstersessel für zwei Personen und ließ sich sogar als Schlafwagen einrichten, als *carruca dormitoria* (eine solche zeigt Abb. 5.2 auf S. 67). Das einachsige *carpentum* war ein relativ schwerer überdachter Wagen, der repräsentativ ausgestattet war und von hochstehenden Persönlichkeiten wie den Mitgliedern des Kaiserhauses bevorzugt wurde. Wendige offene Einachser wie das *essedum* und das *cisium* waren eher für Kurzstrecken geeignet, auf denen man schnell vorwärts kommen wollte und nicht viel Gepäck dabeihatte. Lasten wurden auf Maultieren, Eseln oder Kamelen transportiert. Für besonders sperriges oder schweres Gut wie Marmorblöcke wurde ein großer von Ochsen gezogener Karren benutzt, das *plaustrum*, das auch in der Landwirtschaft vielseitig zum Einsatz kam. Daneben gab es verschiedene Fahrzeugtypen, die bei rituellen Umzügen oder Sportveranstaltungen gebraucht wurden, aber wohl kaum einmal auf einer Landstraße unterwegs waren.

Fortbewegungs- und Transportmittel

Wagentypen

---

[3] Zum Spektrum der Reisenden siehe Kapitel 3.

6.2 Die Verkehrsregelung auf römischen Straßen

Verkehrsregeln und -regulierung

Entgegen heutigen Vorstellungen bedurfte der außerstädtische Verkehr in der Antike kaum einer gesetzlichen Regelung. Zwar wurde im Römischen Reich anscheinend weitgehend Rechtsverkehr praktiziert, aber dies wird eher auf eine gewohnheitsmäßige Konvention als auf eine rechtliche Vorgabe zurückgehen. Entscheidungssituationen im Straßenverkehr waren aufgrund der geringen Geschwindigkeiten generell unproblematisch, weshalb zum Beispiel die Vorfahrt an Kreuzungen ad hoc entschieden wurde. Es ist bezeichnend, dass sich die wenigen Verkehrsunfälle, von denen wir wissen, im Gedränge von Innenstädten abgespielt haben, wo etwa ein ungebremst zurückrollender Schwerlastwagen Fußgängern und Tieren gefährlich werden konnte. Entsprechend gab es innerstädtisch eine Vielzahl von Möglichkeiten, den Verkehr zu regulieren oder zu kanalisieren: In Pompeji etwa wurde ein System von Einbahnstraßen genutzt, und einige stark frequentierte Straßen und Plätze waren für Wagenverkehr ganz gesperrt. In Rom war tagsüber der Gebrauch schwerer Lastwagen verboten. Die hispanische Stadt Munigua war mit ihren steilen Straßen gar nicht für Fuhrverkehr ausgelegt. Dagegen waren diejenigen Städte, die als Neugründungen kein historisch gewachsenes Straßensystem hatten, ausgesprochen verkehrsfreundlich gestaltet.

Durchgangsverkehr

So konnte der Durchgangsverkehr beispielsweise im numidischen Thamugadi, einer Gründung Trajans, auf breiten Straßen effizient die Siedlung passieren; durchreisenden Fußgängern spendeten Säulenhallen angenehmen Schatten oder Schutz vor Regen. In einigen Städten wie Volsinii in Etrurien oder Nemausus in der Provinz Gallia Narbonensis gab es sogar eigene Trassen für den Durchgangsverkehr.[4]

Hierarchisierung und Priorisierung von Verkehrsteilnehmern

Auch wenn das Verkehrsgeschehen auf den römischen Landstraßen nicht formaljuristisch geregelt wurde, galt eine strikte Hierarchisierung der Verkehrsteilnehmer. Sie leitete sich aus der Priorisierung von militärischen, politischen und bestimmten gesellschaftlichen Erfordernissen ab. Während im heutigen Straßenverkehr allenfalls dringliche Einsätze von Feuerwehr, Krankentransport oder Polizei Vorrang genießen, war im römischen Reiseverkehr jederzeit mit be-

---

[4] Zusammenfassend referiert nach Froehlich 2022, S. 217–256; dort Einzelbelege und Diskussion der Verkehrsregelungen.

trächtlichen Verzögerungen zu rechnen, wenn größere Militäreinheiten durchzogen oder Kapazitäten für den *cursus publicus** benötigt wurden. Reiste gar der Kaiser mit seinem Gefolge vorbei, kam der gesamte sonstige Verkehr zum Erliegen. Auch andere Reisende konnten von Amts wegen oder aufgrund ihrer sozialen Stellung Vorrang beanspruchen und schickten Leute voraus, die die Straße für sie frei machten, so dass sie selbst zügig vorankamen. Der Weg konnte schließlich auch durch einen Prozessionszug blockiert sein, der im Rahmen einer Beerdigung zum vorstädtischen Friedhof führte oder als Festumzug viele Kilometer weit zu einem Heiligtum vor der Stadt. In allen diesen Fällen hatten Reisende ohne besondere Wegerechte schlicht zu warten, bis sie ihren Weg fortsetzen konnten.

6.3 Verkehrsaufkommen und Reisegeschwindigkeiten

Das Verkehrsaufkommen auf den öffentlichen Straßen im Römischen Reich ist sehr schwer einzuschätzen, da hier diverse Faktoren eine Rolle spielen: Führte der Weg durch ein bevölkerungsreiches Gebiet oder durch ein entlegenes Gebirge oder eine Wüste? Verlief die Straße an der Küste oder an einem Flussufer, so dass die gleiche Strecke bequemer im Schiff zurückgelegt werden konnte? Befand man sich gerade in der Nähe einer Stadt oder weit von der nächsten Siedlung entfernt? War Tag oder Nacht? Sommer oder Winter? Erntezeit? War ein normaler Geschäftstag oder ein Feiertag? Sollte in den kommenden Tagen ein großes Fest stattfinden? Zu besonderen Anlässen konnten Tausende an einen Ort strömen. An anderen Tagen waren es vielleicht nur zwei oder drei Reisende, die auf einer wenig frequentierten Straße vorüberkamen.

<small>Verkehrsaufkommen</small>

Auch in Bezug auf Reisegeschwindigkeiten sind verbindliche Aussagen nicht ohne weiteres zu treffen; man führe sich etwa vor Augen, welche Vielzahl unterschiedlicher Transportmittel in Gebrauch war und dass eine Reise durch externe Faktoren wie Wetter- und Straßenverhältnisse stark beeinflusst werden konnte. Immerhin verraten die Quellen häufig, wie weit eine bestimmte Tagesetappe war, die eine konkrete Person oder Personengruppe zurücklegte. Wir können Reisegeschwindigkeiten daher zwar nicht in Kilometern pro Stunde angeben, aber in Strecke pro Tag. Wann genau man morgens aufge-

<small>Geschwindigkeitsangaben</small>

<small>Strecke pro Tag</small>

brochen war und wann man abends angekommen ist, wie oft und wie lange unterwegs pausiert wurde, muss dabei mangels präziser Angaben in den Quellen offenbleiben.

Ochsengespanne

Beginnen wir mit den langsamsten Transportmitteln, den von einem Ochsengespann gezogenen *plaustra*. Ein solcher Lastwagen konnte pro Tag eine Gesamtstrecke von nur etwa 5 bis 8 Meilen (7 bis 12 km) veranschlagen und war damit deutlich langsamer als jeder Fußgänger.[5] Im Reiseverkehr wurden *plaustra* daher nicht benutzt, wenngleich man sich vorstellen kann, dass ein erschöpfter Wanderer gern ein Stück auf einem leeren Heuwagen mitgefahren sein wird.

Fußgänger und Wagenverkehr

Die übliche Reisegeschwindigkeit zu Fuß lag bei um die 20 Meilen (ca. 30 km) am Tag und entsprach damit nahezu der Tagesleistung mit einem Fahrzeug, bei dem die Zugtiere nicht gewechselt wurden: etwa 25 Meilen (37 km). Wer mit dem Wagen fuhr, war also nicht wesentlich schneller unterwegs als ein Fußgänger, freilich um einiges bequemer. Ungefähr im Abstand einer Tagesetappe – je nach Schwierigkeit des Geländes – waren an den öffentlichen Straßen die *mansiones** angesiedelt, in denen man übernachten konnte. Wer morgens von einer Raststation aufbrach und den Tag über stramm weitermarschierte oder -fuhr, erreichte am Nachmittag die nächste Raststation.

Von privaten Kurieren, die in der Regel zu Fuß gingen, wurde eine deutlich höhere Marschleistung in der Größenordnung von etwa 40 Meilen (59 km) am Tag erwartet. Cicero bekam die Post seines Freundes Atticus durch dessen Briefboten noch am selben Tag von Rom nach Astura gebracht,[6] was einer Strecke von ca. 35 Meilen (52 km) entspricht.

Reisende auf dem *cursus publicus*

Am schnellsten gingen generell die Reisen auf dem *cursus publicus** vonstatten. Wer an jeder Wechselstation frische Zugtiere bekam, schaffte im Wagen um die 50 bis 60 Meilen (74 bis 90 km) am Tag. Caesar, der für die Geschwindigkeit seiner Truppenbewegungen bekannt war, erreichte bei militärisch dringlichen Fahrten sogar um die 120 Meilen (176 km).[7] In dieser Geschwindigkeit war auch ein hoher Hofbeamter des vierten Jahrhunderts n. Chr. unterwegs, der mit dem Wagen in nur sechs Tagen vom syrischen Antiochia in das

---

5 Die Zahlenangaben hier und im Folgenden weitgehend nach Kolb 2000, S. 308–332.
6 Cic. Att. XII 39,1.
7 Suet. Caes. 57.

mehr als 1 000 km entfernte Konstantinopel eilte; allerdings unter entsagungsvollen Umständen.[8] Mit gewechselten Reitpferden, die noch deutlich schneller vorankamen als Fuhrwerke, wurden erstaunliche Spitzenleistungen von bis zu 200 Meilen (294 km) an einem Tag erbracht.

Tab. 6.1: Übliche Tageswegleistung für ausgewählte Fortbewegungsarten

Fortbewegungsart	Meilen pro Tag	Kilometer pro Tag
Schweres Ochsengespann	5–8	7–12
Fußgänger	20	30
Beladenes Lasttier	20	30
Privater Reisewagen	25	37
Privater Kurier	40	59
Bei Nutzung des *cursus publicus**:		
Wagen mit gewechselten Zugtieren	50–60	74–90
Spitzenwert für Eilfahrten	120	176
Spitzenwert für Eilritte	200	294

Gerade in entlegeneren Gebieten des Reiches waren die Reisebedingungen freilich nicht immer optimal. Bezeichnend ist der Umstand, dass es selbst für hochrangige Beamte beträchtliche Zeit dauern konnte, in die Hauptstadt zu korrespondieren. Hatte Cicero als Statthalter in Kilikien noch im September 51 v. Chr. einen Kurier gelobt, der ihn aus Rom nach nur 46 Tagen erreichte,[9] so klagt er im Oktober: „Ich befinde mich ja in einer Gegend, wohin alle Nachrichten wegen der weiten Entfernung und der Räuberbanden nur sehr langsam gelangen."[10] Wenige Monate später, im Februar des Folgejahres, schreibt er bitter: „Ich vermisse und erwarte sehnsüchtig Nachrichten aus Rom ... Schon lange ist ja wegen des harten Winters nichts Neues zu uns durchgedrungen."[11] Ein allzu optimistisches Bild von den tatsächlichen Geschwindigkeiten einer Fernreise – die im Fall

Ideal und Wirklichkeit

---

8 Lib. Or. 21,12–16.
9 Cic. Att. V 19,1.
10 Cic. fam. II 9,1: *in iis enim sum locis, quo et propter longinquitatem et propter latrocinia tardissime omnia perferuntur* (Übersetzung Helmut Kasten).
11 Cic. fam. II 11: *ego res Romanas vehementer exspecto et desidero [...]; nam iam diu propter hiemis magnitudinem nihil novi ad nos adferebatur* (Übersetzung Helmut Kasten).

von Ciceros Kurieren Land- und Seewege einschloss – wird man sich also keineswegs machen dürfen.

Die Wahrnehmung des Reiseweges

Wer nur in Schrittgeschwindigkeit reiste, nahm die Umgebung sehr viel intensiver wahr, als es in modernen Verkehrsmitteln der Fall ist. Straßenbeschaffenheit, Geländerelief, Wetter, Flora und Fauna, Geräusche und Gerüche waren unmittelbar erfahrbar. In der Forschung hat man versucht, solche Wahrnehmungen detailliert zu rekonstruieren.[12] So kann anschaulich dargestellt werden, wie es auf Reisende wirkte, wenn sie sich nach einem langen Landweg einer Stadt näherten: Schon viele Meilen vorher verrieten erste Beobachtungen, dass es nicht mehr weit bis zur nächsten größeren Siedlung sein konnte. Die Landschaft wurde zunehmend von Bauerngehöften, bestellten Feldern, Weiden und Gärten durchsetzt, die Straßen belebten sich Meile für Meile. Schließlich war aus der Ferne die Stadt auszumachen; beim Näherkommen erkannte der Reisende erste markante Gebäude: einen großen Podientempel vielleicht, das Amphitheater, die Stadtmauern und das Stadttor. Die Straßenoberfläche ging von einfachem Schotter oder kleinteiligem Pflaster in eine glattgefügte Pflasterung über. Links und rechts wechselten vorstädtische Heiligtümer und Schreine, Villen und Parks einander ab. In langen Reihen zogen sich neben der Straße die repräsentativ gestalteten Grabstätten der stets vor der Stadt liegenden Friedhöfe (Nekropolen) hin. Die Geräuschkulisse nahm zu, denn auch Steinmetzbetriebe, Metallwerkstätten, Garum*fabriken und Großbäckereien lagen am Weg. Schließlich war der Reisende am Stadteingang angekommen. Vielleicht fand er dort einen Fließbrunnen, an dem er sich und seine Tiere erfrischen konnte, ehe er sich auf die Suche nach einem Quartier machte.[13]

---

12 Siehe die virtuellen Spaziergänge bei Fikret K. Yegül: The Street Experience of Ancient Ephesus, in: Zeynep Çelik, Diane Favro und Richard Ingersoll [Hrsg.]: Streets. Critical Perspectives on Public Space, Berkeley/Los Angeles/London 1994, S. 95–110; zu einer Wegstrecke auf der Via Appia John R. Patterson: On the Margins of the City of Rome, in: Valerie M. Hope und Eireann Marshall [Hrsg.]: Death and Disease in the Ancient City, London/New York 2000, S. 85–103, hier S. 97–103.
13 Vgl. Froehlich 2022, S. 287–291.

6.4 Quelle und Vertiefung

Der Dichter Horaz (65–8 v. Chr.) schildert in der folgenden Satire eine Reise von Rom nach Brundisium (Brindisi).[14] Er verfasste das Gedicht Mitte der 30er Jahre v. Chr., also in der Zeit der militärischen Auseinandersetzungen der ausgehenden Republik. Bei der beschriebenen Reise handelte es sich um den Weg einer Delegation zu einem wichtigen politischen Treffen zwischen Octavian, dem späteren Kaiser Augustus, und Antonius, seinem Bündnispartner im Triumvirat. Ziel dieses Treffens war es, die zwischen ihnen bestehenden Konflikte beizulegen und so einen weiteren Bürgerkrieg zu verhindern.[15]

In der Satire des Horaz ist von diesem historischen Kontext freilich kaum etwas zu spüren. In heiter-ironischer Weise werden die Erlebnisse der illustren Reisegruppe geschildert, zu der neben dem Erzähler der nicht minder berühmte Epiker Vergil und zwei weitere Dichter gehören, außerdem der reiche Literaturförderer Maecenas und die erfahrenen Politiker Cocceius und Fonteius Capito.

6.4.1 Horazens „Reise nach Brundisium"

Horaz Sat. I 5, Übersetzung: Otto Schönberger (leicht modifiziert)

> Nach meiner Abreise aus der Großstadt Rom fand ich in Aricia[16] eine leidliche Unterkunft. Mein Begleiter war der Rhetor Heliodoros[17], bei weitem der gelehrteste aller Griechen. Dann ging es nach Forum Appii, ein Nest, das gesteckt voll ist von Fährleuten und betrügerischen Schankwirten. (5) Diese Strecke, die Reisende, die es eiliger haben als wir, in einem Tag zurücklegen, zerlegten wir aus Bequemlichkeit in zwei Abschnitte, denn das Fahren auf der Appischen Straße ist weniger lästig, wenn man sich Zeit läßt.
>
> Hier in Forum Appii war das Wasser, das ganz abscheulich war, schuld daran, daß ich meinen Magen kurz halten mußte; in übler Laune wartete ich auf die Reisegesellschaft, die zu Abend speiste. Schon schickte sich die Nacht an, Dunkel über die Lande zu breiten (10) und am Himmel die Sterne auszustreuen, da schimpften sich unsere Sklaven mit den Fährleuten

---

[14] Vom Ortsnamen leitet sich der moderne Name der Satire ab, *iter Brundisinum*.
[15] Die Reise führte nicht zu den Verhandlung in Brundisium im Jahr 40 v. Chr., sondern wohl im Jahr 37 v. Chr. über die Hafenstadt hinaus zu den Gesprächen von Tarent; siehe Stepper 2002, S. 381f. und Pausch 2013, S. 33.
[16] Alle Stationen der Reise sind in den Karten in Abb. 6.2 verzeichnet.
[17] Heliodoros ist historisch nicht bekannt.

und die Fährleute mit unseren Sklaven herum.[18] „Da leg an!" „Du stopfst ja dreihundert ins Boot." „Halt! Jetzt ist's genug!" Bis man das Fahrgeld einfordert und das Maultier anbindet, vergeht eine geschlagene Stunde. Die bösen Schnaken und die Frösche im Sumpf (15) verscheuchen den Schlaf ebenso wie ein Fährmann und ein Reisender, die sich den Magen tüchtig mit schalem Wein ausgespült haben und nun um die Wette Lieder auf ihr fernes Lieb singen. Endlich schläft der Wanderer vor Müdigkeit allmählich ein; doch der faule Bootsmann läßt das Maultier grasen, bindet das Zugseil an einen Meilenstein*, legt sich auf den Rücken und schnarcht. (20) Und es war schon heller Tag, als wir merkten, daß die Fähre nicht um ein Haarbreit vorwärtskam, bis ein Hitzkopf aufsprang und dem Maulesel samt dem Bootsmann Kopf und Lenden mit einem Weidenprügel verdrosch. Kaum daß wir um zehn Uhr vormittags endlich an Land gesetzt werden.

Wir wuschen uns Gesicht und Hände in deinem Quellwasser, Feronia[19]. (25) Nach dem Frühstück legen wir dann im Schneckentempo drei Meilen zurück und steigen nach Anxur[20] hinauf, das auf weithin schimmernden Felsen erbaut ist. Hier wollten der gute Maecenas[21] und Cocceius[22] zu uns stoßen, beide als Gesandte in wichtigen Angelegenheiten und gewohnt, entzweite Freunde zu versöhnen. (30) Hier mußte ich wegen eines Augenkatarrhs meine Augen mit schwarzer Salbe einreiben. Unterdessen erschien Maecenas und zugleich mit ihm Cocceius und Fonteius Capito[23], ein Mann von feinster Bildung und dem Antonius[24] ergeben wie kein anderer.

Mit Vergnügen lassen wir Fundi unter der Prätur des Aufidius Luscus[25] (35) hinter uns und lachen über den prunkenden Aufzug dieses größenwahnsinnigen ehemaligen Sekretärs, über den breiten Purpurstreifen an seiner Toga und Tunika und über sein Kohlenbecken. Todmüde bleiben wir dann in der Vaterstadt der Familie Mamurra[26] über Nacht, wo Murena[27] uns sein Haus, Capito seine Küche zur Verfügung stellte.

---

18 Bei Forum Appii begann ein Kanal durch die Pontinischen Sümpfe, den die Reisegesellschaft im Folgenden auf einem Boot befährt.
19 Sabinische Gottheit, deren Hain, Lucus Feroniae, an der Via Appia lag.
20 Anxur ist der alte volskische Name der Stadt Tarracina.
21 M. Maecenas, Freund des Augustus und Kunstmäzen (von seinem Namen leitet sich dieses Wort ab).
22 L. Cocceius Nerva, Suffektkonsul im Jahr 39 v. Chr.
23 C. Fonteius Capito, Suffektkonsul im Jahr 33 v. Chr.
24 M. Antonius (82–30 v. Chr.), der Triumvir.
25 Als städtischer Beamter von Fundi war Aufidius Luscus sicher kein Prätor; er wird von Horaz auch in Sat. II 4,24 verspottet.
26 Es handelt sich um die Stadt Formiae, aus der Caesars neureicher Günstling Mamurra stammte.
27 L. Licinius Murena war der Schwager des Maecenas.

6.4 Quelle und Vertiefung — 91

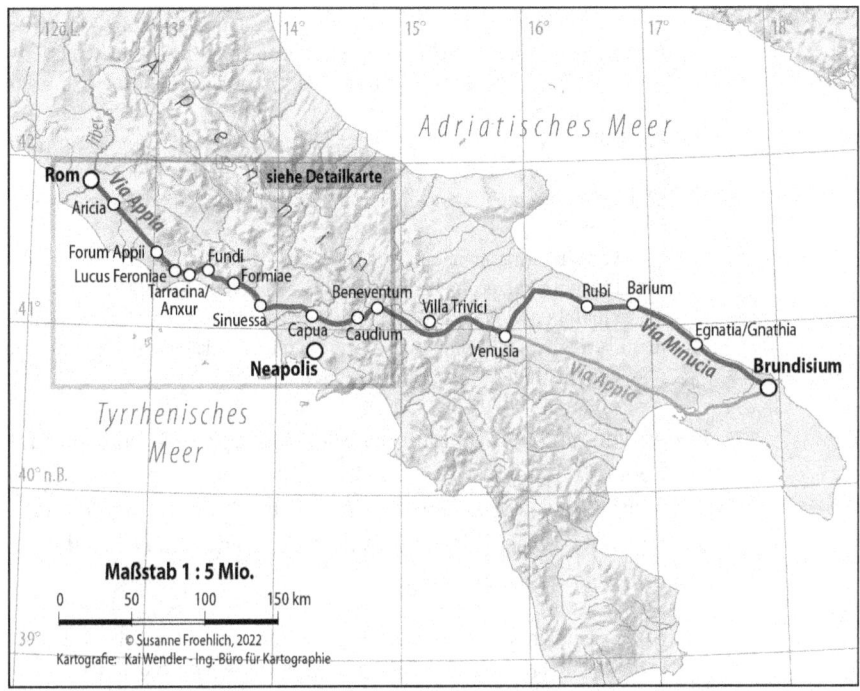

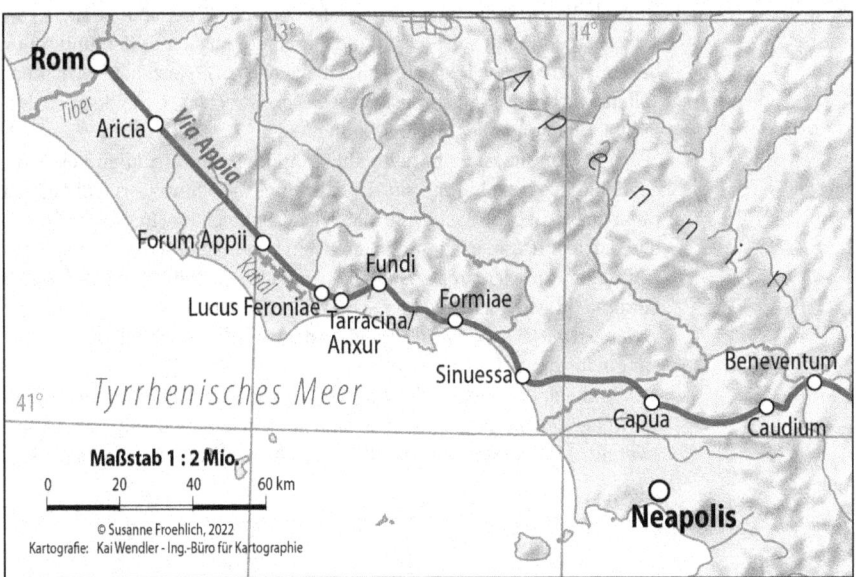

Abb. 6.2: Route und Stationen des *iter Brundisinum* (Horaz Sat. I 5)

Der nächste Tag war weitaus der schönste; denn (40) in Sinuessa trafen Plotius, Varius und Vergil[28] ein, die redlichsten Seelen, die die Welt gesehen hat, und Männer, denen wohl niemand ergebener ist als ich. Was gab es da für Umarmungen und Jubel über Jubel. Solange ich bei gesundem Verstand bin, soll mir nichts über einen lieben Freund gehen. (45) Ganz in der Nähe der kampanischen Brücke *(pons Campanus)* bot uns ein kleiner Bauernhof Obdach, und seine Bewirtschafter lieferten uns vorschriftsmäßig Salz und Brennholz.

Von hier ging es nach Capua, wo man den Mauleseln beizeiten die Sättel abnahm. Maecenas ging zum Ballspiel, ich und Vergil zu einem Mittagsschläfchen; denn das Ballspiel ist für Triefäugige und Magenleidende nicht zuträglich. (50) Dann nahm uns die reiche Villa des Cocceius auf, die über den Gasthöfen von Caudium liegt. [...]

In den Versen 52 bis 69 folgt die Schilderung der Abendunterhaltung bei Cocceius. Ein Possenreißer improvisiert gemeinsam mit dem Schreiber des Maecenas eine Art „Battle-Rap"[29], der mit Musenanruf und Kampfschilderung als Parodie auf das Epos gestaltet ist. Anschließend heißt es weiter:

(70) So dehnten wir unsere Abendmahlzeit in höchst behaglicher Laune bis in die Nacht hinein aus. Von hier ging es geradewegs nach Beneventum, wo unser diensteifriger Gastgeber beinahe abgebrannt wäre, als er die mageren Drosseln im Feuer hin- und herwendete. Denn das Feuer breitete sich in der ganzen alten Küche aus, so daß die Flammen um sich griffen und schon begannen, nach dem Dachstuhl hinaufzuzüngeln. (75) Jetzt hätte man sehen sollen, wie die hungrigen Gäste und das erschrockene Gesinde nach dem Essen griffen und alles löschen wollten!

Von dort an zeigte mir allmählich Apulien die vertrauten Berge, die der Schirokko ausdörrt und aus denen wir uns nie herausgeschleppt hätten, wenn uns nicht bei Trivicum (80) eine Villa bewirtet hätte; freilich preßte uns der Rauch dort Tränen aus, denn im Kamin brannten grüne Äste samt ihrem Laub. Hier warte ich großer Dummkopf auf ein wortbrüchiges Mädchen bis Mitternacht, wo mich doch der Schlaf überwältigte trotz meinem heftigen Verlangen nach Liebe. Und während ich dann auf dem Rücken liege, besudelt mir ein lüsternes Traumbild (85) das Nachthemd und den Bauch.

Von hier brachte uns der Wagen in rascher Fahrt vierundzwanzig Meilen weiter; wir wollten nämlich in einem Städtchen bleiben, dessen Name zwar nicht in den Hexameter paßt, das sich aber durch Andeutungen sehr

---

28 Die Dichter und Literaturliebhaber P. Plotius Tucca, L. Varius Rufus und P. Vergilius Maro.
29 Zitat Pausch 2013, S. 50.

leicht bezeichnen läßt.[30] Hier nämlich muß man ein Ding, das sonst das billigste ist, das Wasser, um teures Geld kaufen; dafür ist das Brot ganz ausgezeichnet, so daß (90) kluge Reisende gewöhnlich eine Portion im Rucksack mitnehmen. Denn in Canusium ist das Brot voller Sand und der Wasserkrug nicht besser gefüllt. Dafür ist auch dieser Ort einst von dem bedürfnislosen Helden Diomedes[31] gegründet worden. Hier trennte sich Varius betrübt von seinen weinenden Freunden.

Von da kamen wir recht müde nach Rubi, denn der Weg, (95) den wir zu machen hatten, war lang und dazu noch durch den Regen ziemlich verdorben. Am nächsten Tag war das Wetter besser, die Straße noch schlechter, bis vor die Mauern des fischreichen Barium. Dann gab uns das unter dem Fluche der Wassernymphen erbaute Gnatia reichen Stoff zu Gelächter und Witzen, da es uns weismachen wollte, daß auf der Schwelle seines Tempels der Weihrauch ohne Feuer schmelze.[32] (100) Das soll der Jude Apella[33] glauben! Ich glaub's nicht. Denn ich habe seinerzeit gelernt, daß die Götter ein sorgenfreies Leben führen, und daß, wenn die Natur eine auffallende Erscheinung hervorbringt, die Götter dies nicht in ihrem Zorn von ihrem hohen Himmelshaus herunterschicken. Mit Brundisium hat die weite Reise und mein langes Schreiben ein Ende.

6.4.2 Fragen und Anregungen

- Mit dem Meilenstein zu Beginn dieses Kapitels (Abb. 6.1) haben Sie nach dem Grabepigramm in Kapitel 3 nun schon eine zweite Inschrift kennengelernt. Informieren Sie sich über die Inschriftenkunde (Epigraphik). Warum werden im abgedruckten Text des Meilensteins aus Carnuntum manche Buchstaben in Klammern angegeben? Der lateinische Text kommt gänzlich ohne Verben aus. Wie geht die Übersetzung damit um?
- In der Satire des Horaz (6.4.1) legen die Reisenden mit Etappen von ca. 20 bis 60 Kilometern in 15 Tagen insgesamt 570 Kilometer zurück. Markieren Sie sich die genannten Stationen im Text und vollziehen Sie den Weg anhand der Karten (Abb. 6.2) nach.
- Welche Aufgabe haben das erwähnte Maultier und das Zugseil bei der Fahrt auf dem Kanal (Verse 14 und 18)?

---

[30] Gemeint ist Horazens Heimatstadt Venusia, wie Pausch 2013, S. 43–47 überzeugend argumentiert.
[31] Diomedes ist in der Ilias einer der Helden des Trojanischen Krieges.
[32] Dieses Wunder der Natur erwähnt auch Plin. nat. II 240.
[33] Hier ist wohl keine konkrete Person gemeint, sondern ein beliebiger jüdischer Freigelassener, der als besonders leichtgläubig zu gelten hat.

- Stellen Sie die Informationen zusammen, die der Text über das Reisen auf der Landstraße bietet, etwa über die genutzten Transportmittel, Reisegeschwindigkeiten, Verpflegung und Unterkunft.
- Horaz hat die Satire in Versen verfasst. Vergleichen Sie die ersten Zeilen der folgenden Versübersetzung von Gerd Herrmann mit der oben abgedruckten Prosafassung. Nehmen Sie Stellung: Welche Übersetzung wird dem Original besser gerecht?

> Egressum magna me accepit Aricia Roma
> hospitio modico; rhetor comes Heliodorus,
> Graecorum longe doctissimus. inde Forum Appi
> differtum nautis cauponibus atque malignis.
> hoc iter ignavi divisimus, altius ac nos
> praecinctis unum: minus est gravis Appia tardis.

> Nach dem Abschied vom großen Rom empfängt uns Aricia
> Mit bescheidener Unterkunft. Heliodoros, vielleicht der
> Größte Rhetor der Griechen, reist mit uns. Von da geht's nach Forum
> Appi, voll von Schiffern und listig berechnenden Wirten.
> Hat's einer eilig, so kommt er an einem Tage bis hierher;
> Wir – gemächlicher – teilen's uns ein, denn geruhsam geht's leichter.

- Das *iter Brundisinum* gehört als Satire zu einer Textgattung, die als Quelle zur römischen Alltagsgeschichte nicht unproblematisch ist. Typisch sind die Banalität der behandelten Gegenstände, die breite Thematisierung von Körperlichkeit und die starke Überzeichnung der geschilderten Zustände. Diskutieren Sie, wie damit umzugehen ist.

6.4.3 Weiterführende Literatur

Forschung Anne Kolb: Transport und Nachrichtentransfer im Römischen Reich (Klio Beihefte N. F. 2), Berlin 2000 *(umfassende Studie zum römischen Transport- und Verkehrswesen mit detailreichen Aufstellungen über Reisegeschwindigkeiten auf S. 308–332).*
Dennis Pausch: Don't Mention The War! Italien und der Bürgerkrieg in Horazens *iter Brundisinum* (Sat. 1,5), in: Antike und Abendland 59 (2013), S. 139–177 *(Pausch interpretiert die Horaz-Satire in ihrem zeithistorischen Kontext und zeigt die subtilen Anspielungen auf die blutigen Ereignisse der jüngsten Vergangenheit auf).*
Cornelis van Tilburg: Traffic and Congestion in the Roman Empire, London/New York 2007 *(die umfassendste aktuelle Darstellung zum Straßenverkehr im Römischen Reich).*

Klaus Zimmermann: „Verkehrsregelungen" in der Antike, in: Eckhart Olshausen und Holger Sonnabend [Hrsg.]: Stuttgarter Kolloquium zur historischen Geographie des Altertums 7/1999. Zu Wasser und zu Land. Verkehrswege in der antiken Welt (Geographica Historica 17), Stuttgart 2002, S. 181–201 *(kurzer Überblick zur inner- und außerstädtischen Verkehrsregelung in der griechischen und römischen Antike).*

Walter Scheidel und Elijah Meeks: Orbis, https://orbis.stanford.edu/ *(mit diesem an der Universität Stanford entwickelten Programm können Sie sich Streckenverlauf und Dauer von Reiserouten im Römischen Reich anzeigen lassen, mit Optionen für unterschiedliche Jahreszeiten, Verkehrsmittel und Prioritäten).* Online-Tool

7 Reisen zu Schiff

Abb. 7.1: Sarkophag mit drei Handelsschiffen (Ostia, spätes 3. Jh. n. Chr.)

Auf der Vorderseite dieses Sarkophagkastens aus der Hafenstadt Ostia sind drei Schiffe unter vollen Segeln abgebildet. Anhand der Fahrtrichtung lässt sich die Darstellung dahingehend verstehen, dass das linke und mittlere Schiff den Hafen gerade verlassen, während ihnen das rechte entgegenkommt. Die Seeleute sind an den Steuerrudern, Segeln und Tauen mit nautischen Tätigkeiten befasst; auf dem linken Schiff holt ein Seemann gerade das Beiboot ein. Im Wasser ist mittig ein Mann auszumachen, der als Schwimmer, aber auch als Ertrinkender gedeutet werden kann. Fünf Delphine tummeln sich in den sehr bewegt dargestellten Wellen. Links stehen auf einem hohen Gebäude zwei zum Abschied winkende Personen und unterhalb von ihnen ein Mann, der einen Teller voller Früchte hält. Den rechten Abschluss der Szene bildet ein Leuchtturm mit zwei Geschossen und einer runden Turmspitze, auf der eine Flamme brennt.

Die Darstellung verbindet realitätsnahe Einzelheiten wie das technisch präzise abgebildete Sprietsegel des mittleren Schiffs mit der idealisierenden Nacktheit der Seeleute. Sie lässt damit ganz unterschiedliche Interpretationsmöglichkeiten zu.

Da eine Inschrift fehlt, ist unbekannt, wer in diesem Sarkophag bestattet war. Analog zu anderen Grabreliefs lässt sich jedoch plausibel annehmen, dass die Person im Seehandel tätig gewesen ist. Der dargestellte Leuchtturm könnte der Typologie nach auf denjenigen im Hafen von Ostia verweisen, wo die Szene demnach verortet wäre.

Wie in diesem Kapitel zu sehen sein wird, fuhren jedoch nicht nur Seeleute und Gewerbetreibende auf römischen Handelsschiffen mit, sondern auch all jene Reisenden, die den Weg zur See dem Landweg vorzogen. Im Folgenden werden Bauweise und Technik (7.1) sowie die Reisegeschwindigkeiten (7.2) römischer Handelsschiffe besprochen. Davon ausgehend werden die Modalitäten einer Mitreise an Bord eines solchen Schiffes vorgestellt (7.3). Die Bewertung der Sicherheit von Seereisen schließlich erfordert eine kritische Auseinandersetzung mit den antiken Quellen, die Schiffbrüche und Beinahe-Schiffbrüche schildern (7.4).

7.1 Bauweise und Technik der römischen Handelsschiffe

Die Schifffahrt hatte im Mittelmeerraum eine lange Tradition, an welche auch die Römer anknüpften. So wurden Massengüter in römischer Zeit bevorzugt auf dem Wasserweg transportiert, insbesondere die zur Versorgung der stadtrömischen Bevölkerung notwendigen importierten Grundnahrungsmittel Getreide, Olivenöl und Wein. Die großen Getreidefrachter der römischen Zeit hatten Ladekapazitäten von mehreren hundert, selten auch über tausend Tonnen. Transporte von Öl oder Wein waren ausweislich entsprechender Wrackfunde mit bis zu 10 000 Amphoren bestückt. So erstaunt es nicht, dass von großen Handelsschiffen dreistellige Zahlen von Reisenden mit an Bord genommen werden konnten.

Schalenbauweise   Die römischen Schiffe wurden bevorzugt in Schalenbauweise erstellt, wobei zunächst die Planken der Außenverkleidung miteinander verbunden und danach Verstrebungen eingezogen wurden. Diese Technik führte zu einer besonders hohen Stabilität des Rumpfes. *Segelausstattung*   Handelsschiffe wurden in römischer Zeit generell gesegelt, da die Ausstattung mit Rudermannschaften sehr teuer und platzaufwendig war. Größere Schiffe waren mit mindestens zwei Masten ausgestattet. Sie hatten quadratische, aus Leinen gefertigte Segel. In der Kaiserzeit wurde oberhalb des Hauptsegels noch ein dreieckiges Toppsegel aufgezogen, um bei geringem Wind auch höher verlaufende Luftströmungen auszunutzen. Gesteuert wurde mittels zweier Heckruder, *Navigation*   die durch Riegelbalken bewegt wurden. Da Kompass und Sextant in der Antike noch nicht bekannt waren, navigierte man anhand der Gestirne und des Küstenverlaufes; auch die Wassertiefe und Strömungen konnten Anhaltspunkte liefern. Bei durch Nebel oder Wolken verursachten schlechten Sichtverhältnissen war es kaum möglich, die Position des Schiffes zu bestimmen. Nur wenige Häfen verfügten über Leuchttürme.

In der Binnenschifffahrt auf den großen Flüssen nutzte man meist Ruder oder Stechpaddel, um die Schiffe anzutreiben. In Italien und in den nordwestlichen Provinzen wurden Schiffe auch getreidelt, also für Fahrten gegen den Strom durch Zugtiere oder Menschen an Seilen flussaufwärts gezogen.

Binnenschifffahrt

7.2 Reisegeschwindigkeiten

Unter günstigen Bedingungen konnten auf offenem Meer über hundert Seemeilen* am Tag zurückgelegt werden. Plinius der Ältere hat die Reisedauer für einige besonders schnelle Fahrten festgehalten, die in der folgenden Tabelle zusammengestellt sind.

Tab. 7.1: Spitzenwerte für Seefahrten nach Plin. nat. XIX 3f. Für die genannten Provinzen wurde jeweils die Strecke aus der Hauptstadt berechnet.

Abreiseort	Zielort	Strecke in Seemeilen*	Reisedauer
Messina	Alexandria	830	6–7 Tage
Puteoli	Alexandria	1 000	9 Tage
Gades	Ostia	935	7 Tage
Hispania Tarraconensis	Ostia	510	4 Tage
Gallia Narbonensis	Ostia	380	3 Tage
Africa	Ostia	270	2 Tage

Wie Lionel Casson berechnet hat, entsprechen die bei Plinius überlieferten Spitzenwerte Durchschnittsgeschwindigkeiten von 4,5 bis 6 Knoten*. Es handelte sich freilich bei allen genannten Strecken um Routen, die von Nordwest nach Südost verliefen, also in Richtung der im Sommer auf dem Mittelmeer vorherrschenden Nordwestwinde. Plinius betont, dass dabei selbst ein ausgesprochen schwacher Wind ausreiche, um entsprechende Geschwindigkeiten zu erzielen. Auf Fahrten in die entgegengesetzte Richtung, bei denen häufig gegen den Wind gekreuzt werden musste, war dagegen mit einer deutlich

4,5 bis 6 Knoten mit dem Wind

1,5 bis 3 Knoten gegen den Wind

geringeren Geschwindigkeit von lediglich um die 1,5 bis 3 Knoten zu rechnen.[1]

Die Rückfahrt konnte damit zwei- bis dreimal so lang dauern wie die Hinreise. Doch rechnet man diese Leistung auf 24 Stunden um, so wurde selbst eine sehr gemächliche Seereisegeschwindigkeit auf dem Landweg allenfalls bei Nutzung des *cursus publicus** erreicht – und dabei ist noch zu bedenken, dass die Route über das Meer in vielen Fällen sehr viel kürzer war als über Land. Die Kurse wurden den Wetterverhältnissen freilich flexibel angepasst. Konnte bei günstigen Winden die kürzeste Strecke gewählt werden, erforderte Gegenwind unter Umständen weite Umwege, um sich im Schutz von Küsten und Inseln vorwärts zu bewegen.

7.3 Die Mitreise an Bord eines Handelsschiffes

Die Mitreise auf einem Handelsschiff war in der Regel nur im Sommerhalbjahr möglich, in der Schifffahrtssaison, die etwa von März bis Oktober dauerte. Hochseetaugliche Schiffe befuhren die schnellen Direktrouten zum Beispiel von Rom nach Alexandria oder nach Kleinasien. Die kleineren Küstenschiffe hingegen hielten sich stets in Landnähe und machten daher weitere Wege, steuerten dafür aber auch kleine und entlegene Zielorte an. Die Schiffe der römischen Marine standen Reisenden nicht zur Verfügung. Nur hohe Beamte fuhren mitunter auf Kriegsschiffen mit, die sehr schnell und leicht waren und daher jede Nacht in einem Hafen vor Anker gehen mussten.

Planung   Regelmäßige Schifffahrtslinien oder feste Fahrpläne gab es nicht. Reisende hatten also zunächst im Hafen ein Schiff zu finden, das in die gewünschte Richtung fuhr und bereit war, sie mitzunehmen. Reisekonditionen und Preis wurden individuell mit dem Eigner oder mit dem Schiffsmeister, dem *magister navis*, ausgehandelt. In Rom gab es abweichend davon eine Möglichkeit, sich systematisch zu informieren: Die Hafenstadt Ostia an der Mündung des Tiber verfügte an einem zentralen Platz über eine Reihe von Schifffahrtsbüros, die von Reedern und Handelshäusern aus wichtigen Seehafenstädten

---

[1] Angaben nach Casson 1971, S. 283–296, dessen Berechnungen für Fahrten gegen den Wind zahlreiche weitere Quellen neben Plinius mit einbeziehen.

betrieben wurden. Dort konnte man sich nach der nächsten Reisemöglichkeit in die jeweilige Stadt erkundigen.

Als Reisemittel standen Schiffe in dem Ruf, unbequem und gefährlich zu sein. Privatleute, die auf Handelsschiffen mitfuhren, hatten keinerlei Komfort zu erwarten. Kajüten standen, sofern vorhanden, nur für ausgewählte Einzelpersonen zur Verfügung. Die meisten Reisenden kampierten an Deck – Wind, Sonne und Witterung ausgesetzt oder nur durch improvisierte Zelte geschützt. Sie mussten selbst dafür Sorge tragen, alles unterwegs Notwendige mit sich zu führen: Matratzen, Decken, Nahrung, Küchenutensilien, Kleidung, Kosmetik usw. Lag das Schiff wegen einer Flaute länger fest als geplant oder wurde es gar durch einen Sturm an eine ferne Küste verschlagen, dann musste der Vorrat an Lebensmitteln deutlich länger ausreichen als ursprünglich geplant. Lediglich die Trinkwasserversorgung war Aufgabe des Kapitäns. Servicepersonal gab es nicht, so dass man gut daran tat, eigene Diener mit an Bord zu nehmen. Aufgrund der spezifischen Seegangseigenschaften der Schiffe (siehe 7.4) waren die Passagiere auf hoher See unter Umständen wochenlang seekrank und gezwungen, in dieser Verfassung an Bord auszuhalten.

<small>Reisen auf offenem Deck</small>

Kam es zu einem Leck oder brach an Bord ein Feuer aus, bestand für die Reisenden höchste Gefahr: Im Fall eines Unterganges gab es auf den meisten Schiffen nur ein einziges Beiboot, das als Rettungsschiff dienen konnte; auf den Großfrachtern der römischen Getreideflotte waren es einige wenige.

<small>Gefahren</small>

7.4 Tatsächliche und imaginierte Schiffsunglücke

Die Schilderung von Sturm und Schiffbruch hat erzählerisch mehr zu bieten als der Bericht über eine reibungslos verlaufene Reise. Es ist daher nicht überraschend, dass sich unzählige antike Autoren Schiffsunglücken und Beinaheunglücken widmen. Bekannt ist der in der Apostelgeschichte dargestellte Schiffbruch des Paulus,[2] aber auch viele andere Quellen der römischen Zeit schildern solche Katastrophen.[3]

---

2 Siehe Kapitel 11.
3 Die literarischen Quellen bei Börstinghaus 2010, S. 15–182; eindrucksvoll auch die Inschrift IvP III 145.

Es ist methodisch wichtig, bei der Auswertung dieser Quellen die literarisch dargestellten Erfahrungen und Wahrnehmungen von Seereisen nicht unhinterfragt als Augenzeugenberichte in Anspruch zu nehmen. Die Technikhistoriker Thomas Kirstein und Alwin Cubasch haben gemeinsam mit dem Schiffbauingenieur Sebastian Ritz in einem richtungweisenden Beitrag zur Sicherheit römischer Handelsschiffe aufgezeigt, dass die antiken Darstellungen sehr stark von den technischen Voraussetzungen der damaligen Seefahrt geprägt sind.[4] Die Bauweise der römischen Schiffe führte zu einer besonders hohen Kentersicherheit, ging aber damit einher, dass die Schiffe sehr starke Stampf- und Rollbewegungen vollführten; sie schwankten also deutlich stärker als etwa moderne Schiffe der entsprechenden Größe. Das nautische Personal war mit diesen Eigenschaften vertraut, seemännischen Laien aber musste die Fahrt schon bei sehr niedrigen Windstärken subjektiv gefährlich erscheinen.

Kentersicherheit und Rollbewegungen

Die starken Schiffsbewegungen und die vergleichsweise geringe Größe der Fahrzeuge führten zudem auch bei geringem Seegang dazu, dass ein beträchtlicher Prozentsatz der Passagiere unter Seekrankheit litt. Diese Krankheit beeinträchtigt Reisende körperlich und psychisch. Zu den möglichen Symptomen gehören neben Übelkeit und Erbrechen auch Wahrnehmungsschwierigkeiten, Kontrollverlust, Panikattacken und Todesangst. Wenn genau dies, Panik und Todesangst bei einer Seereise, immer wieder in antiken Texten beschrieben wird, muss das also keineswegs bedeuten, dass in der fraglichen Situation eine akute Bedrohung bestand. Vielmehr könnte es sich um Folgen einer Seekrankheit handeln, für die gerade die Fehleinschätzung von Gefahren typisch ist.

Beeinträchtigte Wahrnehmung

Ob bei einer konkreten Reise tatsächlich eine Gefahr für Leib und Leben bestand, lässt sich daher im Nachhinein schwer sagen. Auffallend ist jedoch, dass die in Reiseerzählungen geschilderte Panik der Passagiere häufig mit der absoluten Gelassenheit der Mannschaft korreliert.[5] Es liegt vor dem skizzierten Hintergrund nahe, die Ruhe des Bordpersonals nicht auf dessen Unfähigkeit zurückzuführen, wie es die antiken Autoren tun, sondern anzunehmen, dass es sich schlicht um seemännische Routine handelte in einer Situation, die Außenstehende fälschlich als gefährlich einschätzten – denn wie

Panik der Passagiere vs. Gelassenheit der Besatzung

---

4 Kirstein/Ritz/Cubasch 2018.
5 Dies wird etwa bei Synesios beschrieben (siehe Kapitel 3).

Kirstein et al. betonen, sind alle erhaltenen römischen Texte über die Risiken der Schifffahrt von nautischen Laien verfasst.

Diese Deutung wird durch die Beobachtung gestützt, dass es genau dann zu Gefahren für die Menschen an Bord kam, wenn sich ein Passagier aufgrund seiner sozialen Stellung gegen die Sachkompetenz der Mannschaft durchzusetzen versuchte. So soll Iulius Caesar in Epiros inkognito an Bord eines kleinen Schiffes gegangen sein, um über die Adria zu setzen. Als der Steuermann wegen zu starker Strömungen im Mündungsgebiet des Flusses Aoos die Fahrt abbrechen wollte, gab Caesar seine Verkleidung auf und wies den Mann an weiterzufahren. Die Seeleute kämpften vergebens gegen Sturm und Wasserstrudel an, bis das Schiff voll Wasser lief und Caesar das Wendemanöver schließlich doch zulassen musste.[6] In vergleichbar unsachgemäßer Weise griff der Philosoph Seneca in die Route eines Schiffes ein, auf dem er in Kampanien mitreiste. Seekrank geworden, zwang er den Steuermann zu dem gefährlichen Manöver, im Sturm eine hafenlose Leeküste* anzufahren. Dort riskierte Seneca sein Leben, indem er in die Brandung sprang und über Felsen an Land kletterte – anstatt auf dem sicheren Schiff zu bleiben.[7] Der Rhetor Aelius Aristides berichtet im Tonfall der Empörung, wie er in einem Sturm versuchte, den seines Erachtens unfähigen Steuermann davon abzuhalten, gegen den Wind zu kreuzen. Dieser Verrückte aber hätte partout nicht auf ihn hören wollen, weshalb Aristides nach dem nächsten Zwischenhalt auf der Insel Delos das erneute Auslaufen des Schiffes verhinderte.[8]

Intervention durch Laien

Die in der Forschungsliteratur kursierenden Schätzungen, wonach 20 bis 25 Prozent der ausgelaufenen Schiffe ihr Ziel nicht erreichten,[9] sind mit Sicherheit weitaus zu hoch gegriffen. Welcher Schiffseigner hätte auch in ein Seefahrzeug investiert, das schon nach vier oder fünf Fahrten unterging? Und welcher Passagier hätte ein solches Schiff betreten, wo es doch zu jeder Seeroute auch alternative Wege an Land gab?

Schiffbruchquote

Zweifellos waren Schiffsreisen mit Gefahren und mit entsprechenden Ängsten verbunden. Es wäre jedoch irrig, das Reisen zu

---

6 Plut. Caes. 38,2–6.
7 Sen. epist. 53,2–4, siehe dazu Kirstein/Ritz/Cubasch 2018, S. 33.
8 Aristid. Or. 48,68 und Or. 50,34–36; ähnlich Versuche der Einflussnahme bereits in 48,67. Vgl. ferner Apg 27,9–11.30–32 und Rut. Nam. 1,337–344.
9 Einzelnachweise bei Kirstein/Ritz/Cubasch 2018, S. 18.

Positive Aspekte von Schiffsreisen

Schiff einseitig auf diesen Aspekt zu reduzieren. Waren die Winde günstig und die See ruhig, dann handelte es sich um eine angenehme und konkurrenzlos schnelle Art des Reisens, die bei schönem Wetter durchaus Erholungsqualität haben konnte. Eine lange Seereise galt nicht von ungefähr als Mittel der Wahl, um eine Tuberkulose auszuheilen. Der Jüngere Plinius etwa finanzierte einem Freigelassenen, der schwer daran erkrankt war, eine Genesungsreise nach Ägypten, von welcher dieser geheilt zurückkehrte.[10] Die Dichter der römischen Zeit preisen daher gelungene Schifffahrten, auf denen sich die Reisenden von den Göttern geschützt fühlten, obwohl sie sich der Zerbrechlichkeit der Planken bewusst waren.[11]

Die folgende Quelle macht die skizzierten Ambivalenzen fassbar. Sie greift die gängigen Topoi von Sturm und Schiffbruch auf, eröffnet aber auch einen Blick auf die vielfältigen positiven Assoziationen zum Reisen auf einem Schiff.

7.5 Quelle und Vertiefung

Der aus der Provinz Syria stammende Satiriker Lukian (um 120–um 190 n. Chr.) ist der Verfasser eines vielseitigen Werkes. Sein Dialog über „Das Schiff" entstand wohl um 164 bis 166 n. Chr. Es handelt sich um einen Text, der zum einen in philosophischer Tradition zum Mitdenken auffordert und in seinem Setting explizit an Platons „Staat" erinnert, der zum anderen aber auf Komik abzielt, indem Situationen und Personen grotesk überzeichnet und ins Lächerliche gezogen werden.

Die drei griechischen Gesprächspartner Lykinos, Timolaos und Samippos stehen im Hafen von Piräus, während ein vierter Gefährte, Adeimantos, ihnen im Gedränge verloren gegangen ist. Es ist ein großer ägyptischer Getreidefrachter eingelaufen – eine Sensation für die Athener, da diese Schiffe auf dem Weg von Alexandria nach Italien normalerweise nicht in die Ägäis verschlagen werden. Unter dem Eindruck des imposanten Frachters werden die Freunde sich auf dem hier nicht mit abgedruckten Heimweg in unerhörte Wunschvorstellungen hineinsteigern: Adeimantos stellt sich vor, als

---

10 Plin. epist. V 19,6, die allgemeine Empfehlung findet sich bei Celsus III 22,8.
11 Siehe dazu zum Beispiel Dunsch 2018.

Besitzer eines solchen Schiffes mit Seehandel unermesslich reich zu werden, Samippos träumt davon, das einstige Reich Alexanders des Großen bis nach Indien neu zu erobern, und Timolaos wünscht sich gar sechs Zauberringe, die ihm unter anderem Unsterblichkeit verleihen sollen und die Fähigkeiten, sich unsichtbar zu machen und zu fliegen; er phantasiert, wie er dann in Syrien frühstücken und in Italien zu Abend essen könne. Am Ende wird sich erweisen, dass das Schiff ein Symbol für die Nichtigkeit solcher Wünsche ist.[12] Der Dialog ist daher auch unter dem Doppeltitel „Das Schiff oder Die Wünsche" bekannt.

7.5.1 Lukians Dialog „Das Schiff"

Lukian Nav. (Auszug), Übersetzung: Peter von Möllendorff

> (1) Lykinos: Habe ich nicht schon immer gesagt, daß eher ein stinkender Leichnam im Freien den Geiern entgeht als ein erstaunlicher Anblick dem Timolaos, und wenn er dafür ohne Luft zu holen bis nach Korinth laufen müßte? So schaulustig bis du und so resolut, wenn es um derartige Angelegenheiten geht.
> Timolaos: Was hätte ich denn tun sollen, Lykinos, wo ich gerade nichts zu tun hatte und dann hörte, ein so gewaltiges und über die Maßen großes Schiff liege im Piräus vor Anker, einer von den Getreidetransportern, die von Ägypten nach Italien fahren? Ich glaube, auch ihr beide, du und der Samippos hier, seid zu keinem anderen Zweck aus der Stadt gekommen, als um das Schiff zu sehen.
> Lykinos: Allerdings, und Adeimantos aus Myrrhinus begleitete uns, aber ich habe keine Ahnung, wo er jetzt in der Menge der Gaffer abgeblieben ist. Bis zum Schiff waren wir noch zusammen und auch noch, als wir an Bord gingen, ich glaube, du, Samippos, gingst vorneweg, hinter dir war Adeimantos, nach ihm kam ich, mit beiden Händen an ihn geklammert, und er hat mich an der Hand über den ganzen Laufsteg geführt, weil ich Schuhe anhatte, während er barfuß war. Aber seitdem habe ich ihn nicht mehr gesehen, weder drinnen noch seit wir wieder draußen sind.
> (2) Samippos: Weißt du, Lykinos, wo er uns verlassen hat? Das war, glaube ich, als dieses hübsche Bürschchen aus dem Unterdeck spaziert kam in seinem sauberen Leinengewand, die Haare auf beiden Seiten der Stirn nach hinten zu einem Zopf gebunden. Wenn ich den Adeimantos richtig einschätze, dann hat er, glaube ich, bei diesem feinen Anblick dem ägyptischen Schiffsbauer, der uns durch das Schiff führte, die Gefolgschaft aufgekün-

---

12 Vgl. den Kommentar in der Ausgabe von Peter von Möllendorff 2006, S. 320.

digt und ist mit Tränen in den Augen stehen geblieben, wie üblich. Was Liebesdinge betrifft, hat er ja nahe am Wasser gebaut.

Lykinos: Dabei kam mir der Bursche gar nicht so schön vor, Samippos, daß er jemanden wie Adeimantos erschüttern könnte, dem in Athen so viele schöne junge Männer nachlaufen, alle von edler Geburt, die sich gefällig zu artikulieren wissen, mit dem Flair der Palaistra: Bei deren Anblick Tränen zu vergießen ist kein Zeichen von Gewöhnlichkeit. Aber der hier ist ja nicht nur schwarzhäutig, sondern er hat auch wulstige Lippen und viel zu dünne Beine, und er sprach nachlässig, hastig und flüchtig, zwar Griechisch, aber doch so, daß Akzent und Intonation sein Heimatland verrieten. Und sein Haar sowie sein nach hinten zusammengedrehter Zopf machen deutlich, daß er nicht von freier Geburt ist.

(3) Timolaos: Das Haar so zu tragen ist aber bei den Ägyptern, Lykinos, ein Zeichen edler Abkunft. Alle freigeborenen Kinder flechten sich dort bis ins Ephebenalter das Haar zum Zopf, genau andersherum als unsere Vorfahren, die es gerade für schön hielten, daß alte Männer das Haar zu einem Schopf hochbanden, der mit einer goldenen Spange in Gestalt einer Zikade zusammengehalten wurde.

Samippos: Gut, daß du uns an die Ausführungen des Thukydides im Proöm seines Werkes erinnerst, Timolaos, wo er über unser früheres Wohlleben bei den Ioniern spricht, als die Menschen damals gemeinsam zur Gründung von Kolonien auswanderten.[13]

(4) Lykinos: Aber jetzt fällt mir ein, Samippos, wo uns Adeimantos verloren gegangen ist: Als wir nämlich ewig lange beim Mast stehenblieben und hinaufschauten und die Lederschichten zählten und staunend zusahen, wie der Matrose an den Wanten hochkletterte und dann oben, ohne zu stolpern, auf der Rah entlanglief, die Hände an den Tauen.

Samippos: Du hast recht. Was sollen wir jetzt tun? Hier nach ihm Ausschau halten, oder willst du, daß ich nochmal aufs Schiff gehe?

Timolaos: Auf keinen Fall! Wir wollen losgehen! Wahrscheinlich ist er hier schon vorbei, wenn er sich schnell auf den Rückweg in die Stadt gemacht hat, als er uns nicht mehr finden konnte. Andernfalls kennt Adeimantos ja den Weg, und wir müssen uns keine Sorgen machen, daß er sich ohne uns verläuft.

Lykinos: Paßt auf, daß es nicht unhöflich wirkt, wenn wir, ohne auf unseren Freund zu warten, den Heimweg antreten! Aber wir wollen uns trotzdem auf den Weg machen, wenn Samippos das ebenfalls für richtig hält.

Samippos: Unbedingt, wenn wir die Palaistra noch offen finden wollen. (5) Aber nebenbei bemerkt: Was für ein Schiff! Der Schiffsbauer behauptete, seine Länge betrage hundertzwanzig Ellen, seine Breite mehr als ein Viertel davon, und vom Deck bis zum Kiel, an der tiefsten Stelle bei der Pumpe,

---

13 Samippos hat die literarische Anspielung des Timolaos erkannt: Die Tradition der zikadenförmigen Haarspangen wird bei Thuk. I 6,3 erwähnt.

seien es neunundzwanzig Ellen.[14] Im übrigen: Was für ein Mast, und was für eine Rah er trägt, und von was für Brassen er gehalten wird, und wie das Heck mit seiner sanften Krümmung und mit seiner goldenen Gans als Galionsfigur aufragt und ihm gegenüber ganz entsprechend der Bug hoch nach vorne auskragt, mit dem Namen der Gottheit, auf den das Schiff getauft ist, Isis, auf beiden Seiten, und der ganze übrige Schmuck, die Bilder und das feuerrote Toppsegel, und davor die Anker und Winden und Flaschenzüge und Heckkajüten – das hat auf mich alles einen unbeschreiblichen Eindruck gemacht. (6) Und die Matrosen – ganze Heerscharen! Es hieß, das Schiff habe so viel Getreide geladen, daß es ausreiche, alle Einwohner Attikas ein Jahr lang zu ernähren. Und das alles hat ein kleines, altes Männchen heil in den Hafen gebracht, das so ein großes Ruder auf einer ganz dünnen Ruderstange dreht. Man hat ihn mir nämlich gezeigt, so ein Lockenkopf mit Stirnglatze, Heron heißt er, glaube ich.

Timolaos: Er soll ein Meister seines Fachs sein, sagen die Leute von der Besatzung, und sich auf See besser auskennen als Proteus[15]. (7) Habt ihr gehört, wie sie das Schiff hierher gebracht haben, was ihnen auf der Fahrt passiert ist und wie der Stern sie gerettet hat?

Lykinos: Haben wir nicht, Timolaos, aber jetzt würden wir es gerne hören.

Timolaos: Der Kapitän hat es mir selbst erzählt, ein braver und umgänglicher Mann. Er sagte, nachdem sie von Pharos aus bei gar nicht starkem Wind in See gestochen seien, hätten sie am siebenten Tag den Akamas[16] erblickt, dann habe der Wind auf West gedreht und sie quer hinüber nach Sidon getrieben, von dort seien sie bei ziemlichem Sturm am zehnten Tag durch den Aulon[17] zu den Chelidoneai[18] gekommen, und dort wären sie dann beinahe alle ertrunken. (8) Weil ich auch selbst schon einmal an den Chelidoneai vorbeigesegelt bin, weiß ich, wie hoch das Meer dort geht, und vor allem bei Südwestwind, wenn er leicht auf Süd dreht; genau da, wo die Grenze zwischen pamphylischem und lykischem Meer verläuft und wo das Wasser, von vielen Strömungen aufgewühlt, sich an der Landspitze bricht – die Felsen sind vom Wasser rasiermesserscharf und nadelspitz geschliffen – und furchtbare Wellen macht und gewaltig donnert und die Wogen oft bis zur Klippe hochschlagen. (9) Genau so habe es sie auch erwischt, sagte der Kapitän, und das auch noch bei Nacht und völliger Dunkelheit. Aber die Götter hätten sich von ihrem Jammergeschrei erweichen lassen und ihnen an der lykischen Küste ein Feuer gezeigt, so daß sie die Gegend identifizieren

---

14 Die Maße entsprechen einer Länge von 55 Metern und einer Breite von mehr als 14 Metern, der Laderaum war 13 Meter hoch.
15 Meeresgott, der im Mythos die Robben des Poseidon weidet.
16 Das Kap an der Nordwestspitze der Insel Zypern.
17 Hier ist der kilikische Aulon gemeint, die Meerenge zwischen Zypern und Kilikien.
18 Inselgruppe an der lykischen Küste, südlich von Phaselis.

konnten, und einer der Dioskuren[19] habe einen helleuchtenden Stern auf die Mastspitze gesetzt und das Schiff nach Backbord aufs offene Meer hinaus gesteuert, als es gerade in Richtung der Klippe getragen wurde. Nachdem sie nun einmal ganz vom Kurs abgekommen waren, seien sie von dort aus durch die Agäis gesegelt und, gegen den Passatwind kreuzend, am siebzigsten Tag nach ihrer Abfahrt von Ägypten gestern im Piräus vor Anker gegangen, so weit abseits von ihrem eigentlichen Kurs. Hätten sie, wie es eigentlich richtig gewesen wäre, Kreta steuerbord liegen lassen und wären an Malea[20] vorbeigefahren, dann wären sie jetzt schon in Italien.

Lykinos: Beim Zeus, so wie du es erzählst, muß der Heron ja ein toller Steuermann sein oder besser ein Altersgenosse des Nereus,[21] wenn er so weit von seiner Route abgekommen ist. (10) Aber was ist das? Ist das da vorn nicht Adeimantos?

Timolaos: Allerdings, Adeimantos höchstpersönlich! Wir wollen nach ihm rufen!

7.5.2 Fragen und Anregungen

- Der fiktionale Frachtschiff „Isis" wird bei Lukian sehr detailreich beschrieben. Wenn Sie seemännische Begriffe wie „Brassen" oder „Wanten" nicht kennen, schlagen Sie diese nach.
- Lesen Sie noch einmal die Darstellung der Schifffahrt und des knapp vermiedenen Unglücks in §§ 7–9. Stellen Sie anhand der auf S. 10f. in Karte 1.3f. verzeichneten Handelswege fest, welche Route die Getreideschiffe von Alexandria nach Ostia üblicherweise einschlugen. Versuchen Sie, den Weg nachzuvollziehen, den das Schiff stattdessen auf seiner 70tägigen Irrfahrt bis nach Athen nahm. (Hinweis: In der Karte ist nicht Sidon, aber die Nachbarstadt Berytos verzeichnet; an der pamphylischen Küste finden Sie die Stadt Side und an der lykischen Phaselis und Patara.)
- In der Forschung wird kontrovers diskutiert, wie realitätsnah die in § 5 gemachten Größenangaben des Getreidetransporters sind. Recherchieren Sie, welche Längenmaße die größten bekannten römische Schiffswracks haben, und nehmen Sie auf dieser Grund-

---

19 Die Zwillingsbrüder Kastor und Polydeukes, zwei Söhne des Zeus, galten als Begleiter der Schiffe und Retter aus Seenot.
20 Kap Malea auf der südöstlichen Halbinsel der Peloponnes.
21 Nereus ist in der griechischen Mythologie ein Meergreis. Lykinos unterstellt also, dass der Steuermann uralt ist.

lage Stellung zu der Frage. Berücksichtigen Sie dabei auch die Angaben zur Mannschaftsstärke und Ladekapazität in § 6.
- Vergleichen Sie die Informationen, die Sie in Lukians Text über das nautische Personal erhalten, mit der von Synesios beschriebenen Mannschaft (Kapitel 3). Können Sie übereinstimmende Topoi ausfindig machen?
- Im Text kommen ferne und fremde Orte vor, es werden Gedanken an Erotik geweckt, und verschiedenartige Geräusche, Materialien und Farben spielen eine Rolle. Stellen Sie die einschlägigen Belege zusammen und überlegen Sie, was der Autor mit den hervorgerufenen Assoziationen beabsichtigt.
- Sammeln Sie alle Stellen, an denen die Akteure Emotionen erkennen lassen. Diskutieren Sie, ob die zum Ausdruck kommenden Gefühle charakteristisch dafür sind, wie die Menschen in römischer Zeit Schiffsreisen wahrnahmen und erlebten.

7.5.3 Weiterführende Literatur

Jos Bazelmans und Esther Jansma: Das Leben an Bord. Im Schiffsfund von De Meern (Niederlande) ist der Alltag auf einem römischen Frachter konserviert, in: Antike Welt 36 (2005), S. 23–29 *(die archäologischen Befunde eines kaiserzeitlichen Wracks aus dem Alten Rhein werden Stück für Stück kontextualisiert, so dass sich ein anschauliches Bild von der Ausstattung der zwei Kajüten und dem Leben an Bord eines Frachtschiffs ergibt).* — Forschung

Jens Börstinghaus: Sturmfahrt und Schiffbruch. Zur lukanischen Verwendung eines literarischen Topos in Apostelgeschichte 27,1–28,6 (Wissenschaftliche Untersuchungen zum Neuen Testament, 2. Reihe 274), Tübingen 2010 *(der Band diskutiert eingehend alle wichtigen Quellen zu Sturm und Schiffbruch in der griechischen, lateinischen, jüdischen und christlichen Literatur; zu Lukians „Schiff" S. 126–138).*

Lionel Casson: Ships and Seamanship in the Ancient World, Princeton 1971, Nachdruck 1995 *(die quellennahe, schon etwas in die Jahre gekommene Gesamtdarstellung ist nach wie vor unersetzt).*

Olaf Höckmann: Antike Seefahrt, München 1985 *(relativ knapp gehaltener Gesamtüberblick zu den wichtigsten technischen, logistischen und wirtschaftlichen Aspekten der antiken Seefahrt).*

Thomas N. Kirstein, Sebastian Ritz und Alwin Cubasch: »Schiffe, dem Tode willkommene Mittel«. Eine technikhistorische Betrachtung der Sicherheit römischer Handelsschiffe, in: Mario Baumann und Susanne Froehlich [Hrsg.]: Auf segelbeflügelten Schiffen das Meer befahren. Das Erlebnis der Schiffsreise im späten Hellenismus und in der Römischen Kaiserzeit. In Zusammenarbeit mit Jens Börstinghaus (Philippika 119), Wiesbaden 2018, S. 15–36 *(Studie über die Sicherheit der römischen Seefahrt, aus* der hervorgeht, dass seemännische Laien aufgrund der spezifischen Bewegungseigenschaften der römischen Schiffe schon bei geringem Seegang seekrank wurden).

Online-Tools Christoph Schäfer: DIMAG, Digitaler Interaktiver Maritimer Atlas zur Geschichte *(das an der Universität Trier angesiedelte Projekt entwickelt ein historisch-geographisches Informationssystem, anhand dessen Einzelrouten der antiken Handelsschifffahrt für unterschiedliche Rahmenbedingungen berechnet und visualisiert werden können).*

Walter Scheidel und Elijah Meeks: Orbis, https://orbis.stanford.edu/ *(mit diesem an der Universität Stanford entwickelten Programm können Sie sich Streckenverlauf und Dauer von Reiserouten im Römischen Reich anzeigen lassen, mit Optionen für unterschiedliche Jahreszeiten, Verkehrsmittel und Prioritäten).*

8 Erholungreisen

Abb. 8.1: Souvenir-Glasflasche mit Monumenten aus Baiae (um 300 n. Chr.)

Die filigrane grünliche Glasflasche wurde in einem Grab in Populonia an der toskanischen Küste gefunden. Sie gehört zu einer Serie ähnlicher Flaschen mit eingravierten Bildmotiven, die chiffreartig Monumente der kampanischen Städte Baiae und Puteoli zeigen.

Über den nur etwa 12 Zentimeter hohen Flaschenkörper verläuft oben ein Schriftzug *ANIMA · FELIX · VIVAS* („Glückliche Seele, mögest du leben!"). Die links abgebildete Ansicht zeigt eine Mole, zwischen deren Pfeilern ebenso wie im Bildhintergrund kurze Striche Wasser andeuten. Auf der Mole befinden sich links zwei hohe Säulen mit Standbildern, zwischen denen die Beischrift *PILAE* („Säulen") zu lesen ist. Daneben steht ein Doppelbogen, auf dessen Attika ein Pferde-Viergespann angebracht ist. Die rechte Fotografie zeigt ein aufwendig gearbeitetes Geländer zwischen zwei großen Kuppelbauten. Die Beischriften darüber lauten *STAGNV(M)* („Wasserbecken") und *PALATIV(M)* („Palast"). Unterhalb des Geländers sind Gerüste zur Austernzucht dargestellt, sogenannte *OSTRIARIA* („Austernbänke"), an denen fünf Seile ins Wasser hängen. Hier nicht abgebildet ist die dritte Ansicht der Flasche, auf der ein Bogenmonument von der Mole zum Ufer führt.

Ein Vergleich zu zwei weiteren Glasflaschen, die in Rom und Emporiae gefunden wurden und die gleichen Motive, aber eine ausführlichere Beschriftung aufweisen, ermöglicht es, die dargestellten Sehenswürdigkeiten dem Erholungsort Baiae zuzuordnen. Da die Vergleichsstücke die Struktur zwischen den Kuppelbauten als *Stagnu(m) Neronis* bezeichnen, lässt sich zudem präzisieren, dass es sich dabei um einen zur Ausführung gelangten Teil des Schwimmbeckens handeln muss, das Kaiser Nero in Baiae anlegen lassen wollte.[1] Geplant war ein mehrere Kilometer langes Wasserbecken, das aus den warmen Thermalquellen von Baiae befüllt werden sollte. Unsere Flasche zeigt nicht das Wasserbecken selbst, sondern den unteren Teil des Säulenganges, der es auf ganzer Länge rahmte; die hier als Geländer angesprochene Struktur ist auf dem detaillierter gearbeiteten Vergleichsstück aus Emporiae als Fundament eines überdachten Kolonnadenweges dargestellt.

Kuraufenthalt in Kampanien

Die Flasche aus Populonia mochte ihren Besitzer an eine Reise nach Baiae erinnern. Ein Aufenthalt am Golf von Neapel, im milden Klima Kampaniens, könnte mit einer Kur an den mineralhaltigen Quellen des Städtchens verbunden worden sein. Die monumentalen Kuppelbauten, die für die Heilbäder genutzt wurden, waren Pionierwerke der Gusszementtechnik und haben sich in Baiae bis heute erhalten. Die abgebildeten Austernbänke verweisen auf die Zucht edler Meeresfrüchte und Fische, für die der nahegelegene Lukrinersee seit Jahrhunderten berühmt war.

Das vorliegende Kapitel beleuchtet einführend verschiedene Arten von Erholungs- und Gesundheitsreisen (8.1), um dann näher auf die römische Villenkultur und ihren gesellschaftlichen Stellenwert einzugehen. Gerade Kampanien hatte hier als Reiseziel eine herausragende Bedeutung (8.2). In einem kurzen Ausblick wird der Frage nachgegangen, was für die Römer einen erholsamen Ort auszeichnete (8.3).

---

[1] Suet. Nero 31,3.

8.1 Erholung und Gesundheit

Angesichts der Strapazen längerer Land- und Seereisen wurden Erholungsreisen bevorzugt in die nähere Umgebung des Wohnortes unternommen. Während es sich einfache Handwerker oder Händler gewiss nicht leisten konnten, in die Sommerfrische zu fahren, war es für die römischen Senatoren und ihre Familien ein fester Bestandteil ihrer Jahresplanung, gelegentlich für einige Wochen dem Betrieb der Großstadt zu entfliehen und in ländlich gelegenen Villen* Erholung von der feuchten Hitze und der als ungesund geltenden Luft Roms zu suchen. In vergleichbarer Weise verbrachte die Oberschicht von Antiochia den Sommer im quellenreichen Vorort Daphne, und von Alexandria aus reiste man zur Erholung nach Kanobos.

<small>Sommerfrische</small>

Dieses Phänomen verband sich in der Kaiserzeit mit dem immer beliebter werdenden Bädertourismus. Der Kurort Baiae am Golf von Neapel lockte die Frauen und Männer der stadtrömischen Oberschicht mit Bädern in mineralienhaltigem Quellwasser, aber auch mit einem mondänen Lebensstil, wie er in Rom selbst aufgrund gesellschaftlicher Konventionen kaum möglich war. Auch die Provinzen verfügten über Heilbäder – bei einigen davon wie Aquae Calidae (Vichy), Aquae Mattiacae (Wiesbaden) oder Aquae Sulis (Bath) wurde im 19. Jahrhundert wieder an die Tradition eines Bäderbetriebes angeknüpft.

<small>Bädertourismus</small>

Reisen an Kurorte hatten die Menschen in der Antike freilich schon immer unternommen, und Quellen wie die massenhaft überlieferten Votivinschriften geheilter Patienten belegen, dass diese Art von Gesundheitsreisen kein Privileg der Reichen war. Die großen und renommierten Kultstätten des Heilgottes Asklepios – zum Beispiel in Epidauros, auf der Insel Kos und in Pergamon – zogen Kranke aus dem gesamten Reich an, die hier Erholung und Heilung erhofften. Häufig waren es chronisch Kranke, aber auch Personen mit akuten Erkrankungen sind belegt, ferner gesunde Frauen, die für eine Schwangerschaft oder für eine gute Geburt beteten.

<small>Kurorte</small>

<small>Heilkult</small>

In den Asklepiosheiligtümern wurden religiöse und medizinische Dienstleistungen miteinander verbunden. Die Kranken legten sich nach einem rituellen Reinigungsbad und Gebeten in einem eigenen Raum zum Inkubationsschlaf* nieder. Sie erhofften, dass Asklepios ihnen im Traum erscheinen und ihnen ärztliche Anweisungen geben oder sie direkt heilen würde. Die örtlichen Priester halfen bei der Auslegung der Träume, und die Ärzte, Ernährungsexperten und Masseure des Heiligtums sorgten für die korrekte Umsetzung.

8.2 Villenkultur und *otium*

Seit dem zweiten Jahrhundert v. Chr. war es in der römischen Oberschicht üblich, in den Senatsferien zur Ruhe, Erholung und Muße aufs Land zu fahren; ein Phänomen, das in der Forschungsliteratur mit dem Begriff Villeggiatur* bezeichnet wird. Ausschlaggebend für die Wahl des Reiseziels war vor allem das milde und zuträgliche Klima der jeweiligen Gegend. Bevorzugte Rückzugsorte waren die unmittelbare Umgebung Roms, das sogenannte Suburbium, außerdem die latische Küste sowie die Albaner und Sabiner Berge im östlichen Latium (Abb. 8.2f.), und in weiterer Entfernung von Rom die oberitalischen Seen und der Golf von Neapel. Für die Klienten war man dort nicht erreichbar, wohl aber für Verwandte, Freunde und Kollegen. Neben eigenen Besitztümern besuchte man auch die Villen* von Bekannten. Bei ausgedehnten gemeinsamen Spaziergängen und Tischgesprächen wurden Beziehungen vernetzt, politische Einigungen erzielt und Geschäfte angebahnt.

Die bequem eingerichtete Erholungsvilla (*villa urbana*) unterschied sich vom agrarisch produzierenden Landwirtschaftsbetrieb (*villa rustica*) dadurch, dass sie vor allem der Repräsentation und Freizeit ihrer Besitzer diente. Sie verfügte idealerweise über aufwendig gestaltete Empfangsräume, Gästezimmer, Wandelhallen, Sportanlagen, Kalt- und Warmbäder, Schwimmbecken, eine Sammlung griechischer Kunstwerke, eine gut sortierte Bibliothek und nicht zuletzt über prachtvolle Gärten. Mischformen zwischen beiden Villentypen waren üblich; so dienten Wildgehege, Fischteiche und Vogelhäuser sowohl dem Ausstattungsluxus als auch ganz praktisch der Versorgung der Besitzer mit exquisiten Nahrungsmitteln.

Abseits des politischen Tagesgeschäfts, der juristischen Aufgaben und der sozialen Verpflichtungen in Rom war es den Senatoren auf dem Land möglich, in Ruhe Tätigkeiten nachzugehen, die stark von Einflüssen der hellenistischen Kultur geprägt waren. Gerade Kampanien, das zum früheren griechischen Siedlungsgebiet gehörte, bot entsprechende Anregungen: Cumae war die älteste griechische Kolonie auf dem italischen Festland, Puteoli und Neapolis ihre Tochterstädte. In Neapel wurden in hellenistischer Tradition noch immer philosophische Lesungen, Vorträge, Konzerte sowie Kultur- und Sportwettkämpfe (Agone) veranstaltet. Inspiriert von dieser Umgebung, pflegte man in den Villen die Muße (*otium*),[2] deren Reiz gerade in dem Kontrast zu den üblichen öffentlichen Aufgaben (*negotium*) lag. So las man Literatur, verfasste Verse oder Abhandlungen, widmete sich der Geschichte, der Musik und dem Ballspiel, ausführlichen Bädern und Wasseranwendungen, man ließ seine Dienerschaft Theaterstücke einstudieren und führte mit Freunden oder griechischen Freigelassenen philosophische Gespräche.

otium

Dem eigentlichen Erholungsgedanken zuwiderlaufend, konnte die Villeggiatur durchaus mit negativen Aspekten verbunden sein. An- und Abreise waren unter antiken Reisebedingungen immer anstrengend. Die Inspektion der Landgüter und ihrer Verwaltung konfrontierte den Besitzer mit einer Fülle praktischer Fragen und hielt bisweilen unerfreuliche Überraschungen bereit. Auch mit der Abgeschiedenheit war es nicht immer weit her. Statt der Klienten aus Rom konnten solche aus dem nächsten Landstädtchen dem Herrn ihre Aufwartung machen, so dass sich dieser gezwungen sah, in seinem Habitus als offizielle Person aufzutreten und zur Wahrung der Rangunterschiede die unbequeme Toga anzulegen. Auch innerhalb des eigenen Standes soziale Beziehungen zu pflegen und Besuche zu absolvieren, war nicht jedermanns Sache.

Anstrengung und soziale Pflichten

Beispielhaft nachvollziehen lassen sich einschlägige Reisen für Cicero, der sich im Frühling des Jahres 45 v. Chr. mehrere Wochen in Latium aufhielt, wo er seine Villen in Astura, Lanuvium und Tusculum ansteuerte. Ausweislich der dort verfassten Briefe suchte Cicero einen Rückzugsort, um mit der Trauer um seine verstorbene Tochter allein zu sein. Dabei bleibt er der Stadt viel länger fern als üblich; es treffen bereits Beschwerden aus Rom ein, die seine Rückkehr zu den politischen Pflichten einfordern. Mehrfach kommen Besucher, die über Tage bei ihm verweilen und ihn in seiner Trauer stören. Üblicherweise verbringt er seine Zeit jedoch mit Lektüre und Schreiben.[3]

Cicero in Latium

Der Aufenthalt in eigenen Landhäusern bot also nicht nur Erholung, Muße und eine Abwechslung vom Leben in der Großstadt. Die Villa stellte einen wichtigen persönlichen Rückzugsort dar, an

Die Villa als Rückzugsort

---

[2] Zum *otium*-Begriff und seinem Wandel seit dem ersten Jahrhundert v. Chr. siehe Mayer 2005, S. 25–30.
[3] Cic. Att. XII 10–15.

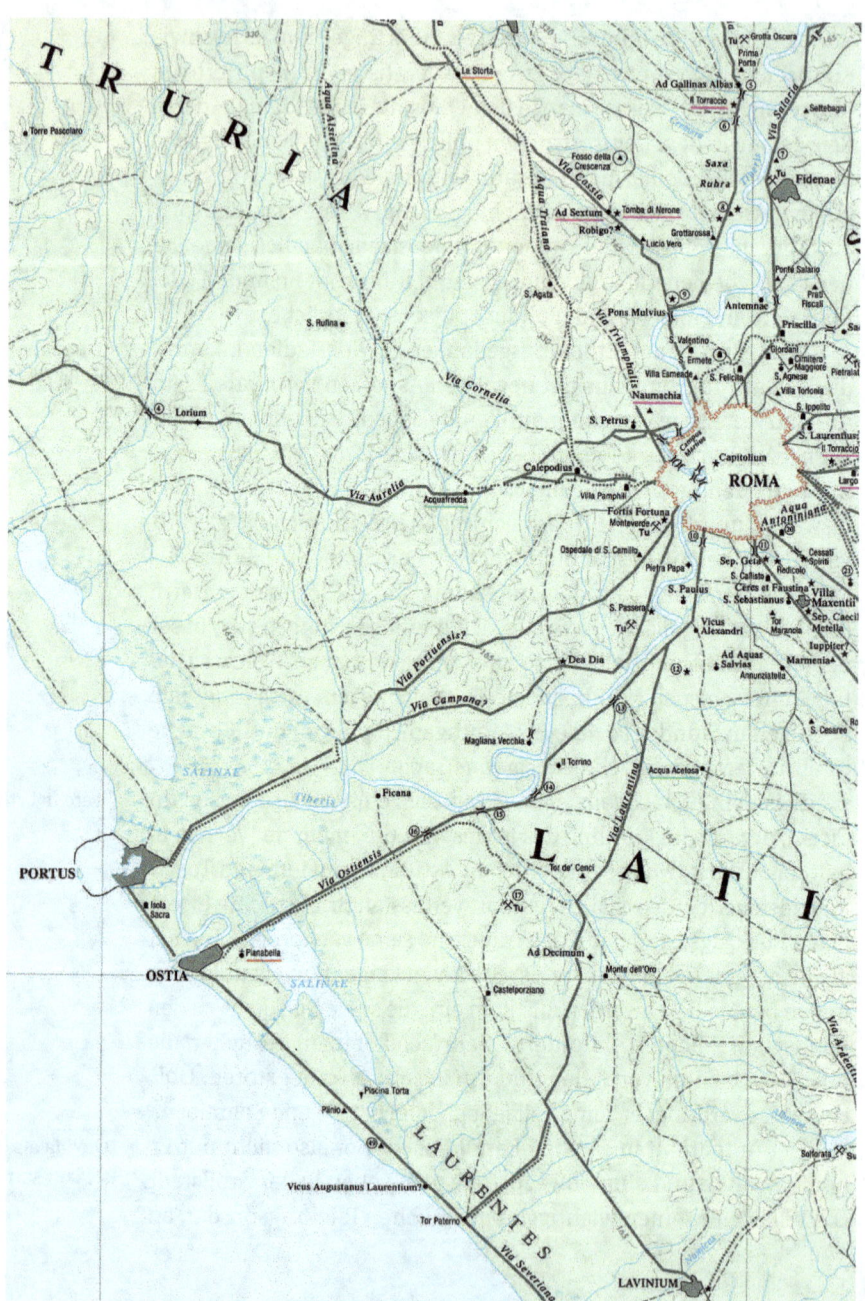

Abb. 8.2: Latium, westlicher Teil: Rom mit seinem Suburbium. Archäologisch nachgewiesene Villen sind durch ein Dreieck gekennzeichnet. An der Küste südöstlich von Ostia ist das Laurentinum des Plinius (Quelle 8.4.1) lokalisiert

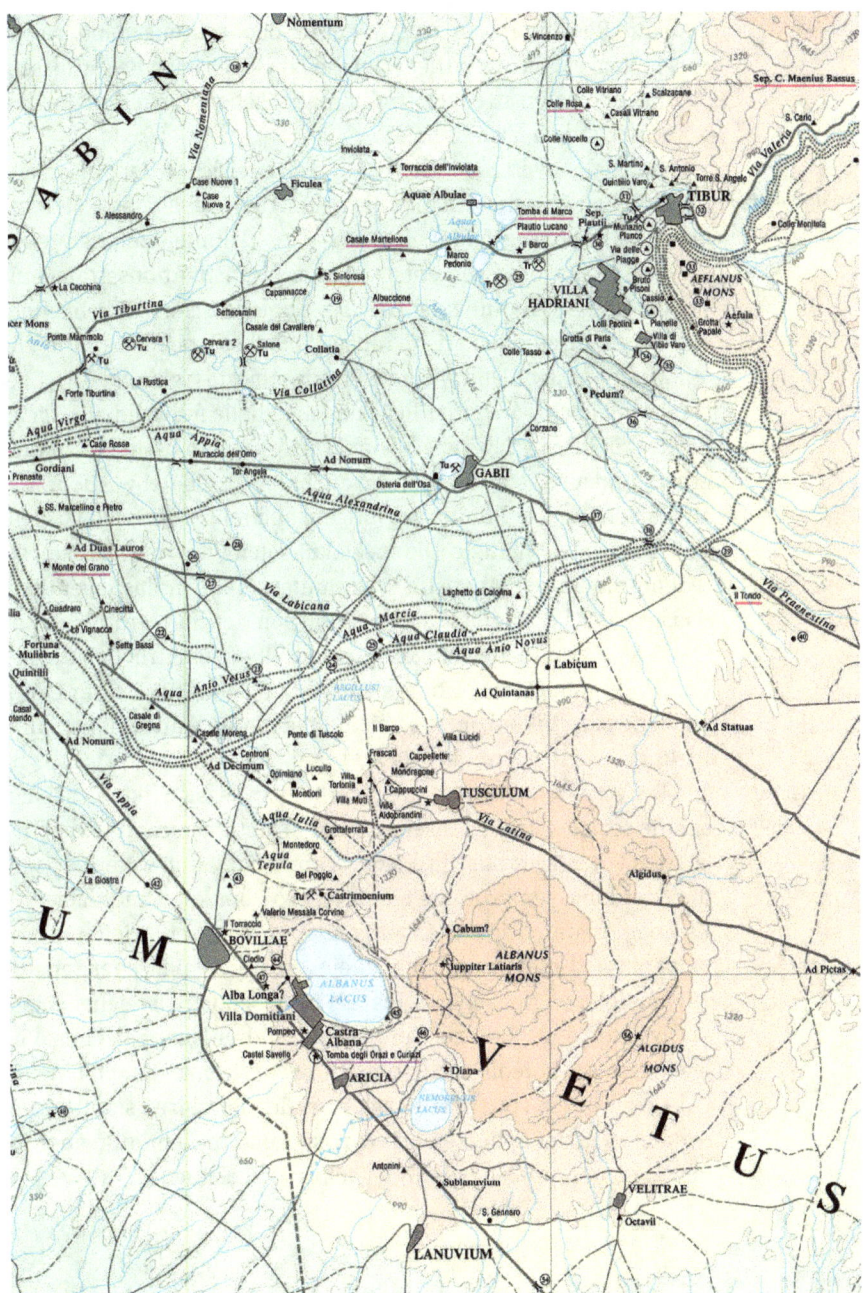

Abb. 8.3: Latium, östlicher Teil: Das östliche Suburbium Roms, im Norden die Sabiner Berge und im Süden die Albaner Berge

dem ihre Bewohner weniger stark unter Beobachtung standen, als dies in Rom der Fall war. Hier war es möglich, all jenen Bedürfnissen zu folgen, die den strengen traditionalistischen Vorstellungen der Römer eigentlich zuwiderliefen.

Aristokratische Selbstdarstellung

Der Stellenwert der Villenkultur steigerte sich in der Kaiserzeit, als sich die römische Aristokratie neben dem Gebiet der Politik alternative Handlungsfelder einer sozial anerkannten Betätigung erschloss. Im Zuge dessen entstanden neue Distinktionsstrategien. Erwerb und Ausstattung der Landsitze boten reiche Möglichkeiten einer konkurrierenden aristokratischen Selbstdarstellung.[4] Die Villen wurden zunehmend wichtige Prestigeobjekte (vgl. Abb. 8.4). Entsprechend hoch war der zeitliche und materielle Aufwand, den viele Besitzer in ihre Landgüter steckten. Die Anlagen mussten nicht nur erbaut und ausgestattet, sondern auch bewirtschaftet werden, wozu ein Senator wie Plinius der Jüngere allein über 500 Sklavinnen und Sklaven beschäftigte. Die spektakulärsten Villen besaßen selbstredend die Kaiser: Augustus hatte unter anderem das legendäre Pausilypon („Villa Sorgenfrei") am Golf von Neapel geerbt, Tiberius besaß auf Capri nicht weniger als zwölf Villen in herrlichster Lage, und Hadrian legte bei Tibur (siehe Abb. 8.3) auf 125 Hektar Land einen riesigen Villenkomplex mit ausgedehnten Wandelhallen und Parks an, die sogenannte Villa Hadriani.

Gesellschaftlicher Wandel

Der gesellschaftliche Wandel der Prinzipatszeit wirkte sich auch auf die soziale Zusammensetzung der Eigentümerschaft in den begehrten Villenlagen aus. Im ersten Jahrhundert v. Chr. waren es noch in erster Linie senatorische Familien aus Rom, die Landhäuser in Kampanien unterhielten. Cicero benennt in seinen Briefen allein mehr als 40 dieser Besitztümer alteingesessener römischer Senatoren am Golf von Neapel; er selbst als nicht sonderlich reicher *homo novus** stellte als Besitzer von immerhin drei kampanischen Villen in Cumae, Puteoli und Pompeji eine Ausnahme dar. Erst in der Kaiserzeit waren zunehmend auch aus den Provinzen stammende Senatoren in der beliebten Erholungsgegend präsent, und ebenso immer mehr Neureiche, darunter selbst Freigelassene.

---

4 Weiterführend dazu: Elke Stein-Hölkeskamp: Die feinen Unterschiede. Kultur, Kunst und Konsum im antiken Rom (Münchner Vorlesungen zu Antiken Welten 5), Boston/Berlin 2019.

Abb. 8.4: Villa im Meer, Wandmalerei aus dem Haus des M. Lucretius Fronto in Pompeji (1. Jh. n. Chr.). Das Fresko imitiert ein gerahmtes Tafelgemälde. Abgebildet ist ein luxuriöser mehrstöckiger Villenkomplex mit langen Wandelhallen

Ende des ersten Jahrhunderts n. Chr. beschreibt Statius in einem Gedicht die Villa eines solchen Aufsteigers, des millionenschweren Kulturförderers Pollius Felix: Das luxuriöse Anwesen, für dessen Anlage aufwendige Sprengungen und Rodungen notwendig waren, besticht durch eine großartige Lage an der Küste der sorrentinischen Halbinsel mit Meerblick und herrlichen Aussichten von allen Zimmern. Die Villa ist lichtdurchflutet und wird von lauen Winden umschmeichelt. Sie ist mit den kostbarsten Statuen, Kunstgegenständen und Mosaiken ausgestattet. Der Villenbesitzer selbst kann sich aufs Angenehmste den Künsten, dem Dichten, der Musik hingeben.[5]

---

5 Stat. Silv. II 2.

Abb. 8.5: Die Clitumnus-Quellen in Umbrien, die Plinius als *locus amoenus* beschreibt

8.3 Was macht einen „schönen" Ort aus?

locus amoenus   Das römische Ideal eines Erholungszieles war der *locus amoenus*, wörtlich ein lieblicher Ort. Ein solcher Ort war frei von Gefahren wie wilden Tieren oder Räubern. Er lag im Grünen, war von Bäumen beschattet und um eine klare Quelle oder einen anmutigen Bach herum angelegt (vgl. Abb. 8.5). In der Beschreibung eines *locus amoenus*, wie sie der unten zitierte Plinius-Brief bietet (8.4.2), sind das Spiel von Licht und Schatten unter dem Blätterdach sowie das Plätschern des kühlen Wassers zentrale Topoi. Als „schön" in diesem Sinne galt keineswegs die unberührte Natur – etwa ein urwüchsiger Wald, steile Klippen oder ein unzugängliches Gebirge –, sondern eine kulturell erschlossene und eingehegte Natur: eine wohlgeordnete Kulturlandschaft, in der zierlich angelegte Wege, alte Kultschreine und lauschige Ruheplätze zu finden waren.

Erholung als Privileg   Zugleich war ein solcher Idealort durch die Abwesenheit bäuerlicher Tätigkeiten gekennzeichnet, was von den Römern in falscher Etymologie von *a-munus* („frei von Arbeit") abgeleitet wurde. Sich an einem liebreizenden Ort aufzuhalten, ohne körperlich arbeiten zu müssen und ohne durch die Geräuschkulisse solcher Arbeiten gestört zu werden, war das Privileg einer bestimmten Schicht: Seit der ausgehenden Republik war es ein Statussymbol römischer Aristokraten, es sich leisten zu können, auf den eigenen Ländereien idyllische und geschmackvolle Gartenanlagen zu erschaffen. Zu einer *villa urbana* gehörten daher immer auch ausgedehnte Parks mit eingefassten Quellen, künstlichen Bächen und eigens angepflanzten Laubbäumen sowie ferner aufwendig angelegte Spazierwege in lichtem Gehölz.

Parkanlagen und Promenaden

8.4 Quelle und Vertiefung

Der Schriftsteller, Redner und Beamte Caius Plinius Caecilius Secundus (61/2–vor 117 n. Chr.) hat seine Briefe zu kunstvollen Essays überarbeitet und in mehreren Büchern veröffentlicht. Mehrfach schildert er seinen Briefpartnern wunderschöne Erholungsorte, die er in Italien kennenlernt. Andere Briefe behandeln in großer Ausführlichkeit die Anlage und Einrichtung seiner Villen.

8.4.1 Plinius der Jüngere über sein laurentinisches Landgut

Im folgenden Brief beschreibt Plinius einem Freund eine seiner Villen, die in geringer Entfernung zu Rom an der Küste lag. Archäologische Reste der Anlange sind nicht vorhanden, siehe aber zur Lokalisierung Abb. 8.2 auf S. 116.

Plin. Ep. II 17 (Auszüge), Übersetzung: Helmut Kasten

> C. Plinius grüßt seinen Gallus.
>
> (1) Du wunderst Dich, warum mein Laurentinum oder, wenn es Dir so lieber ist, mein Laurens mir so viel Freude macht. Du wirst Dich nicht weiter wundern, wenn Du von der Anmut dieses Landsitzes hörst, von der günstigen Lage, von dem ausgedehnten Strande.
>
> (2) Er ist nur 17 Meilen von der Stadt entfernt, so daß man nach Erledigung seiner Obliegenheiten, wenn des Tages Mühe und Arbeit hinter einem liegt, dort übernachten kann. Man ist nicht auf einen Weg angewiesen; sowohl die Via Laurentina wie auch die Ostiensis führt dorthin, aber die Laurentina muß man beim 14., die Ostiensis beim 11. Meilenstein verlassen. In beiden Fällen kommt man dann auf einen teilweise sandigen Weg, zu Wagen ziemlich beschwerlich und langweilig, für den Reiter kurz und angenehm. Links und rechts ein wechselndes Panorama, (3) denn bald wird

der Weg durch vorspringende Waldungen eingeengt, bald verbreitert und weitet er sich zu ausgedehnten Weiden; dort sieht man viele Schafherden, viele Pferdekoppeln und Rinderpferche; die Tiere, durch den Winter von den Bergen herabgetrieben, gedeihen in dem fetten Gras und der lauen Frühlingsluft.

(4) Das Landhaus ist für seinen Zweck ziemlich geräumig und in der Unterhaltung nicht kostspielig. Zunächst betritt man eine einfache, doch nicht ärmliche Halle, dann kommen in Form eines D gebogene Arkaden, die einen kleinen, hübschen Hofraum einfassen. Sie bilden einen vortrefflichen Zufluchtsort bei schlechtem Wetter, denn sie sind durch Glasfenster und mehr noch durch das vorspringende Dach geschützt. (5) Mitten gegenüber befindet sich ein freundliches Empfangszimmer, anschließend ein recht hübscher Speiseraum, der bis an den Strand vorspringt, und wenn der Südwest das Meer aufwühlt, wird er von den Ausläufern der bereits gebrochenen Wogen bespült. Ringsum hat er Flügeltüren oder ebenso hohe Fenster und gewährt somit nach links und rechts und vorn Ausblick sozusagen auf drei Meere; nach hinten blickt er auf das Empfangszimmer, Arkaden, Hofraum, wieder Arkaden, dann auf die Vorhalle, auf Wälder und die Berge in der Ferne.

(6) Links von diesem Speiseraum, ein wenig zurücktretend, ist ein geräumiges Wohnzimmer, daran anschließend ein zweites kleineres, das durch das eine Fenster die Morgensonne hereinläßt, mit dem andern das Abendrot festhält. Auf dieser Seite schaut man auch auf das Meer zu seinen Füßen, zwar aus größerer Entfernung, dafür aber ungestörter. (7) Dieses Wohnzimmer bildet mit dem vorspringenden Speiseraum einen Winkel, der die direkten Sonnenstrahlen wie in einem Brennspiegel auffängt. Dies ist der Winteraufenthalt, dies auch der Turnplatz für meine Leute[6]; hier schweigen alle Winde außer denen, die Regenwolken heraufführen und den heiteren Himmel beziehen, ehe sie dem Aufenthalt dort ein Ende machen. (8) An diesen Winkel grenzt ein Zimmer in Form einer Apsis, das mit allen seinen Fenstern dem Lauf der Sonne folgt. In seine Wand ist ein Schrank, eine Art Bücherregal eingelassen, das Bücher enthält, die nicht oberflächlicher Lektüre, sondern ernstem Studium dienen sollen. (9) Diesem Zimmer ist eine Schlafkammer angegliedert, durch einen Korridor von ihm getrennt, der, unterkellert und mit Heizraum versehen, die zuströmende Heißluft wohltemperiert hierhin und dorthin verteilt und weiterleitet. Die übrigen Räume dieses Traktes sind der Benutzung durch die Sklaven und Freigelassenen vorbehalten, meist so sauber gehalten, daß man dort Gäste empfangen könnte. [...]

(11) Es folgt das weite, geräumige Kaltwasserbad, aus dessen einander gegenüberliegenden Wänden zwei Becken im Bogen herausspringen, völlig ausreichend, wenn man bedenkt, daß das Meer in der Nähe ist. Anschließend das Salbzimmer, die Zentralheizung, der Heizraum für das Bad, dann zwei Kabinen, eher geschmackvoll als luxuriös eingerichtet; damit

---

6 Als „meine Leute" *(mei)* bezeichnet Plinius seine Sklavinnen und Sklaven.

verbunden ein herrliches Warmbad, aus dem man beim Baden aufs Meer blickt; (12) nicht weit davon ein Ballspielplatz, der im Hochsommer erst Sonne erhält, wenn der Tag schon zur Neige geht. Hier erhebt sich ein Turmbau, mit zwei Zimmern im Erdgeschoß und ebenso vielen im Obergeschoß; außerdem birgt er ein Speisezimmer mit Ausblick auf das weite Meer, den langgestreckten Strand und reizende Landhäuser.

(13) Da ist auch noch ein zweiter Turmbau. Darin befindet sich ein Wohnzimmer, in welchem die Sonne auf- und untergeht, dahinter eine geräumige Weinkammer und ein Speicher, darunter ein Speisezimmer, das, auch wenn das Meer außer Rand und Band ist, nur sein Tosen und Brausen hören läßt, und auch dies nur gedämpft und sich verlierend. Es blickt auf einen Garten und eine diesen Garten begrenzende Promenade. [...] (15) Längs der Innenseite der Promenade läuft ein junger, schattiger Weinlaubengang, auch für bloße Füße weich und nachgebend. Der Garten ist dicht bepflanzt mit Maulbeerbäumen und Feigen, Gewächse, die auf dem Boden dort besonders gut gedeihen, während er andern ziemlich mißgünstig ist. Dies Panorama, das das dem Meere abgewandte Speisezimmer genießt, ist nicht weniger reizvoll als der Blick auf das Meer. Nach hinten schließen sich zwei Gemächer an, unter deren Fenstern die Vorhalle des Landhauses und ein weiterer üppiger Küchengarten liegt.

(16) Von diesem Gebäudekomplex ausgehend, erstreckt sich eine gedeckte Wandelhalle, die beinahe die Ausmaße eines städtischen Bauwerks hat. Fenster auf beiden Seiten, nach dem Meere hin mehr, auf der Gartenseite weniger, immer eins gegenüber zweien. Diese stehen bei heiterem, windstillem Wetter ohne Schaden offen, wenn es von links oder rechts weht, nur auf der windgeschützten Seite.

(17) Vor der Wandelhalle ist eine veilchenüberduftete Terrasse. [...] (20) Am oberen Ende der Terrasse und weiterhin der Wandelhalle und des Gartens steht ein Gartenpavillon, meine stille Liebe, ja, wirklich Liebe! Ich selbst habe ihn gebaut. In ihm befindet sich ein Sonnenbad mit Ausblick hier auf die Terrasse, dort aufs Meer und beiderseits auf die Sonne, sodann ein Wohnraum, aus dem man durch die Flügeltüren in die Wandelhalle, durchs Fenster aufs Meer blickt. (21) In der Mitte der gegenüberliegenden Wand springt sehr hübsch eine Veranda vor, die sich durch Vor- und Zurückschieben von Glaswänden und Vorhängen mit dem Wohnraum verbinden oder sich von ihm trennen läßt. [...] (22) Anstoßend ein Raum für die Nacht und den Schlaf. Hier merkt man nichts von den Stimmen der Dienerschaft, nichts vom Rauschen des Meeres, nichts vom Toben der Stürme [...]. (23) Angefügt an den Schlafraum ist ein winziger Heizraum, der vermittels einer schmalen Klappe die aufsteigende Wärme je nach Bedarf ausstrahlt oder zurückhält. Dahinter ein Zimmer mit einem Vorraum, das nach der Sonne zu liegt und diese gleich bei ihrem Aufgang einfängt und über den Mittag hinaus zwar schräg einfallend, aber eben doch behält. (24) Wenn ich mich in diesen Pavillon zurückgezogen habe, meine ich sogar von meinem Land-

haus weit entfernt zu sein, und habe besonders während der Saturnalien[7] rechte Freude an ihm, wenn die übrigen Teile des Hauses von der Ungebundenheit der Tage und dem Festtrubel widerhallen, denn weder störe ich die Belustigungen meiner Leute noch sie meine Studien.

(25) All diesen Vorzügen, diesen Annehmlichkeiten fehlt nur eins: ein Springbrunnen. Brunnen oder vielmehr Quellen gibt es, denn das Grundwasser steht sehr hoch. Überhaupt ist es sonderbar mit der Beschaffenheit dieser Uferlandschaft: wo immer man den Boden aufgräbt, steht das Wasser bereit und quillt einem entgegen, und zwar reines, trotz der Nähe des Meeres nicht einmal leicht brackiges Wasser. (26) Holz liefern die nahen Waldungen in hinlänglicher Menge, den sonstigen Bedarf deckt die Kolonie Ostia. Einem anspruchslosen Manne genügt auch das Dorf, von dem mich nur ein Landsitz trennt. Dort gibt es drei öffentliche Badeanstalten, eine große Annehmlichkeit, falls etwa überraschendes Eintreffen oder nur kurzes Verweilen das Anheizen des Bades im Hause widerrät.

(27) Die Küste schmücken in lieblicher Abwechslung die Baulichkeiten von Landhäusern, hier zusammenhängend, dort einzeln stehend, die wie viele Städte aussehen, magst Du Dich auf dem Meere oder unmittelbar am Ufer befinden. Am Strande ist es bei anhaltender Windstille bisweilen ganz angenehm, öfter aber bei starker Brandung auch recht ungemütlich. (28) Das Meer ist nicht eben reich an kostbaren Fischen, wirft aber immerhin Schollen und vorzügliche Krabben aus. Mein Gut liefert jedoch auch binnenländische Erzeugnisse, besonders Milch, denn dort sammelt sich das Vieh von den Weiden, wenn es Wasser und Schatten sucht.

(29) Glaubst Du jetzt, daß ich guten Grund habe, diese Abgeschiedenheit zu hegen, zu pflegen und zu lieben? Du bist und bleibst ein unverbesserlicher Städter, wenn Dich jetzt nicht danach verlangt. Ach, wäre es doch so, damit all diesen schönen Gaben meines Gütchens das Zusammensein mit Dir den größten Reiz verliehe! Leb' wohl!

8.4.2 Plinius über die Quellen des Clitumnus

Als ein besonders attraktives Reiseziel preist Plinius im folgenden Brief einem anderen Freund die Quellen des Flusses Clitumnus (Abb. 8.5) in Umbrien an. Sie lagen an der Via Flaminia, der wichtigsten Verkehrsverbindung von Rom nach Norden.

---

[7] Das ausgelassene Fest des Gottes Saturnus am 17. Dezember.

Plin. Ep. VIII 8, Übersetzung: Helmut Kasten

C. Plinius grüßt seinen Romanus.

(1) Hast Du schon einmal die Clitumnus-Quelle gesehen? Wenn noch nicht – und wahrscheinlich noch nicht, sonst hättest Du mir davon erzählt –, sieh sie Dir an; ich habe sie mir kürzlich angesehen, und es reut mich, daß es erst jetzt geschehen ist.

(2) Da erhebt sich ein Hügel von mäßiger Höhe, von einem Hain alter Zypressen beschattet. An seinem Fuße entspringt eine Quelle und sprudelt in mehreren ungleich starken Adern aus dem Boden, und nachdem sie den Strudel, den sie bildet, überwunden hat, verbreitet sie sich zu einem weiten Becken, rein und kristallklar, so daß man die hineingeworfenen Geldstücke und glitzernden Kieselsteine zählen kann. (3) Von dort fließt sie weiter, nicht durch das Gefälle des Bodens, sondern durch ihren Wasserreichtum, sozusagen ihr Eigengewicht getrieben, eben noch ein Bach und schon bald ein bedeutender Fluß, der sogar Schiffe trägt, die er, auch wenn sie einander begegnen und nach entgegengesetzten Richtungen fahren, durchläßt und ans Ziel bringt, mit so starker Strömung, daß man flußabwärts, obwohl es durch ebenes Gelände geht, der Hilfe der Ruder nicht bedarf, andrerseits aber gegen den Strom nur mühsam mit Ruder und Stangen vorankommt. (4) Beides macht Spaß, wenn man zu Scherz und Spiel hin- und hergondelt, je nachdem man die Fahrtrichtung nimmt, Anstrengung mit Ausruhen und Ausruhen mit Anstrengung wechseln zu lassen. Die Ufer sind mit zahllosen Eschen, zahllosen Pappeln bestanden, die der klare Wasserspiegel gleichsam in der Versenkung an ihrem grünen Spiegelbild abzuzählen gestattet. Die Kühle des Wassers dürfte mit der des Schnees wetteifern, und auch in der Farbe gibt es ihm nichts nach.

(5) Ganz in der Nähe ist ein altehrwürdiger Tempel. Da steht Clitumnus in höchsteigener Person, bekleidet und geschmückt mit der Prätexta;[8] Lose weisen darauf hin, daß die Gottheit zugegen ist und Orakel erteilt. Ringsherum stehen mehrere Kapellen[9] verstreut, jede mit einer besonderen Gottheit. Jede hat ihren eigenen Kult, ihren eigenen Namen, manche auch ihren eigenen Wasserlauf. Denn außer dem einen, gleichsam dem Vater aller übrigen, sind noch kleinere mit eigener Quelle vorhanden, aber sie ergießen sich in den Fluß, den man auf einer Brücke überschreitet. (6) Sie bildet die Grenze zwischen dem geweihten und dem profanen Gelände; oberhalb darf man nur mit dem Boot fahren, unterhalb auch schwimmen. Die Hispellaten[10], denen der verewigte Augustus diese Stätte zum Geschenk gemacht hat, stellen dort Bad und auch Herberge unentgeltlich zur Verfügung. Auch fehlt es

---

8 Das Kultbild des Clitumnus, einer Personifikation des Flusses, war wie ein hoher Magistrat* oder Priester mit der Purpurstreifentoga bekleidet.
9 Eines dieser Tempelchen ist in seinem späteren Zustand als christliche Kirche bis heute erhalten.
10 Die Bewohner der nächstgelegenen Stadt Hispellum.

nicht an Landhäusern, die, angezogen durch die Lieblichkeit des Flusses, an seinem Ufer stehen.

(7) Kurz und gut, Du wirst nichts finden, was Dir nicht Vergnügen bereiten würde. Denn Du wirst dort auch Studien machen können; an allen Pfeilern, allen Wänden wirst Du viele Weihinschriften lesen von mancherlei Volk, in denen die Quelle und der Gott gepriesen wird. Vieles wirst Du hübsch finden, manches belächeln – aber nein, Du bist ein gebildeter Mann und wirst nichts belächeln. Leb wohl!

8.4.3 Fragen und Anregungen

- Stellen Sie zusammen, welche Annehmlichkeiten seiner laurentinischen Villa (8.4.1) Plinius benennt. Welche Aspekte tragen zum Erholungswert bei? Geht Plinius auch auf Nachteile ein?
- Analysieren Sie, in welcher Weise Plinius in der Villenbeschreibung Wohnkultur und Natur in Bezug zueinander setzt.
- Ein Haus verrät viel über seinen Besitzer. Diskutieren Sie, welches Bild von sich selbst Plinius mit der Darstellung seiner Villa vermitteln will.
- Überlegen Sie, was die Clitumnusquellen (8.4.2) für unterschiedliche Zielgruppen touristisch attraktiv machte.
- Benennen Sie mögliche Gründe, warum die Stadt Hispellum auf eigene Kosten die Herbergen an den Clitumnusquellen betrieb. Inwiefern profitierten die Stadtbewohner von den Reisenden?
- Arbeiten Sie heraus, auf welche Weise Plinius den beschriebenen Ort zum *locus amoenus* stilisiert. Sehen Sie nach, welche Schlüsselbegriffe im Lateinischen verwendet werden:

    (2) modicus collis adsurgit antiqua cupresso nemorosus et opacus. hunc subter exit fons et exprimitur pluribus venis, sed imparibus, eluctatusque, quem facit gurgitem, lato gremio patescit purus et vitreus, ut numerare iactas stipes et relucentis calculos possis. [...] (4) iucundum utrumque per iocum ludumque fluitantibus, ut flexerint cursum, laborem otio, otium labore variare. ripae fraxino multa, multa populo vestiuntur, quas perspicuus amnis velut mersas viridi imagine adnumerat. rigor aquae certaverit nivibus, nec color cedit. (5) adiacet templum priscum et religiosum [...]. (6) [...] nec desunt villae, quae secutae fluminis amoenitatem margini insistunt.

8.4.4 Weiterführende Literatur

Reinhard Förtsch: Archäologischer Kommentar zu den Villenbriefen des jüngeren Plinius, Mainz 1993 *(ein nützliches Hilfsmittel zur Lektüre der Quelle 8.4.1)*.

Jochen Werner Mayer: Imus ad villam. Studien zur Villeggiatur im stadtrömischen Suburbium in der späten Republik und frühen Kaiserzeit (Geographica Historica 20), Stuttgart 2005 *(Darstellung der Villeggiatur im römischen Suburbium anhand der literarischen Quellen)*.

Christoff Neumeister: Der Golf von Neapel in der Antike. Ein literarischer Reiseführer, München 2005 *(die Publikation richtet sich an ein breiteres Publikum und bietet eine gut lesbare und vielseitige Darstellung der wichtigsten Orte, in die ausführliche Quellenzitate eingearbeitet sind)*.

K. S. Painter: Roman Flasks with Scenes of Baiae and Puteoli, in: Journal of Glass Studies 17 (1975), S. 54–67 *(beschreibt, vergleicht und diskutiert die spätantiken Souvenirflaschen aus Baiae und Puteoli)*.

Katja Schneider: Villa und Natur. Eine Studie zur römischen Oberschichtkultur im letzten vor- und ersten nachchristlichen Jahrhundert, München 1995 *(kulturgeschichtliche Monographie zur römischen Villenkultur, die viele in diesem Kapitel nur kurz angeschnittene Fragen vertieft)*.

Florian Steger: Asklepiosmedizin. Medizinischer Alltag in der römischen Kaiserzeit, Stuttgart 2004 *(die Monographie beleuchtet die Protagonisten und Ziele von Gesundheitsreisen sowie die Praktiken in wichtigen Heilkultstätten)*.

Mantha Zarmakoupi: Designing for Luxury on the Bay of Naples. Villas and Landscapes (c. 100 BCE–79 CE), Oxford 2014 *(die Archäologin Zarmakoupi untersucht anhand von gründlichen Fallstudien die soziale Funktion der römischen Villen am Golf von Neapel)*.

9 Bildungs- und Kulturreisen

Abb. 9.1: Die Überreste des spätklassischen Apollontempels in Delphi

Den Apollontempel in Delphi (Abb. 9.1) beschreibt der griechischsprachige Reiseschriftsteller Pausanias wie folgt:

> Die Giebelfiguren stellen Artemis und Leto und Apollon und die Musen und den Untergang des Sonnengottes und Dionysos und die Frauen, die seinen Kult versehen, dar. [...] Von den goldenen Waffen am Gebälk weihten die Athener die Schilde aus der Beute der Schlacht von Marathon, die Aitoler diejenigen rückwärts und links, Waffen von Galatern; ihre Form kommt den persischen Flechtschilden am nächsten. [...] In das Innerste des Tempels dürfen nur wenige eintreten, und es ist dort eine [...] goldene Statue des Apollon aufgestellt.[1]

In diesen wenigen Zeilen liefert er seinen Lesern bereits eine Deutung dessen, was vor Ort zu sehen ist: Die in den Giebelfeldern des Tempels abgebildeten Figuren sind der Gott Apollon mit Schwester, Mutter und den von ihm angeführten Musen, außerdem Helios mit seinem Wagen sowie Dionysos mit den Thyiaden, seinem weiblichen

---

[1] Paus. X 19,4 und 24,5 (Übersetzung modifiziert nach Ernst Meyer).

Kultpersonal. In seiner Beschreibung erinnert Pausanias zudem an den Mythos vom Sturz des Helios und an zwei einschneidende historische Ereignisse, die Perserkriege mit der Schlacht von Marathon im Jahr 490 v. Chr. und den Einfall der keltischen Galater 279 v. Chr.

Die Periegesis des Pausanias

Der aus Kleinasien stammende Pausanias hat im dritten Viertel des zweiten Jahrhunderts n. Chr. ein Werk verfasst, das sich als Anweisung für eine Bildungsreise durch das griechische Festland lesen lässt. Formell handelt es sich um eine zehnbändige Periegesis*, in der Landschaften, Städte und Sehenswürdigkeiten beschrieben werden. Dabei interessiert Pausanias vor allem die große Vergangenheit Griechenlands, ehe es römische Provinz wurde. Bauwerke und Ereignisse jüngeren Datums werden fast durchgängig ausgespart. Der Autor konzentriert sich auf die Beschreibung ausgewählter Monumente vor allem der archaischen und klassischen Epoche (achtes bis viertes Jahrhundert v. Chr.), wobei er in ausgedehnten Exkursen reiche Bezüge zum griechischen Mythos herstellt. Sein besonderes Augenmerk gilt dem Kult, so dass man vermutet hat, Pausanias sei vielleicht als Pilger durch Griechenland gereist. Die archäologischen Ausgrabungen an den wichtigen in der Periegesis beschriebenen Stätten zeigen, dass seine Ausführungen auf genauer Autopsie beruhen und er die aus Denkmälern, Inschriften, Texten und von Gewährsleuten erfahrenen Informationen kritisch ausgewertet hat.

Kein „antiker Baedeker"

Pausanias wird daher gern als ein „antiker Baedeker" in Anspruch genommen. Im Vergleich zu einem modernen Reiseführer fällt jedoch auf, dass viele Informationen fehlen, die man als heutiger Benutzer erwarten würde: eine allgemeine Einführung und aktuelles Hintergrundwissen zum jeweiligen Ort und seiner Bevölkerung, aber auch konkrete Hinweise und Ratschläge zur Anreise, zu Unterkünften, Kosten, Einkaufsmöglichkeiten usw. Nicht alle diese Informationen wären für einen antiken Reisenden relevant gewesen, aber das Werk ist in seiner gesamten Anlage in keinster Weise auf praktische Aspekte ausgerichtet. Hinzu kommt, dass zehn antike Buchrollen ein durchaus sperriges und zudem sehr witterungsanfälliges Gepäck dargestellt hätten. Auch wenn es Gelehrte gab, die auf Reisen ostentativ Buchrollen mit sich führten, spricht doch alles dafür, dass die Periegesis nicht in erster Linie dafür gedacht war, von realen Reisenden mit an die beschriebenen Stätten transportiert und bei Stadtrundgängen konsultiert zu werden. Sie ermöglichte gebildeten Lesern vielmehr eine imaginäre Bildungsreise zu den griechischen Altertümern, die diese zumindest teilweise selbst schon besucht hatten und aus eigener Anschauung kannten.

In diesem Kapitel soll zunächst eine kurze Einführung zum römischen Bildungswesen gegeben werden. Bereits Ausbildung und Studium erforderten eine große Mobilität (9.1). In späteren Lebensabschnitten verknüpften die Mitglieder der Oberschicht ihre umfangreichen Reisen als Amtsträger mit dem Besuch von Erinnerungsorten, die einen Bezug zur griechisch-römischen Identität hatten (9.2). Als anschauliches Fallbeispiel dient der Bildungstourismus in Ilion/Troja, einer der meistbesuchten Stätten der antiken Welt überhaupt (9.3).

9.1 Bildungswesen und Mobilität

Das griechische Bildungsideal der παιδεία *(paideía)* wurde in der römischen Elite bereits im dritten und zweiten Jahrhundert v. Chr. rezipiert. In der Folgezeit wurde ein gewisser Bildungsstand zum Statusmerkmal. Mitglieder der Oberschicht waren perfekt zweisprachig, da als Ammen und Kinderbetreuer *(paedagogi)* griechische Muttersprachler gewählt wurden. Nach dem Besuch der Elementarschule, in der Lesen und Schreiben gelehrt wurde, erhielten die Kinder – auch die Mädchen – im Alter von etwa elf Jahren lateinischen und griechischen Grammatikunterricht, der auch die Lektüre von literarischen Werken des Bildungskanons umfasste. Etwa mit 14 oder 15 Jahren folgte der Rhetorikunterricht, den üblicherweise nur die Jungen besuchten. Eine entsprechende Ausbildung wurde nur in größeren Städten angeboten und konnte daher mit einer ersten Bildungsreise innerhalb der Heimatregion einhergehen, auf welcher der Schüler von einem Hausklaven – dem erwähnten *paedagogus* – und häufig auch von gleichaltrigen Verwandten begleitet wurde.

Sollte das junge Mitglied der Oberschicht anschließend spezifischere Kenntnisse erwerben und waren die finanziellen Mittel dafür vorhanden, schlossen sich vertiefte Rhetorikstudien bei berühmten Lehrern oder ein Studium der Philosophie, Jura oder Medizin an. Die Wahl des Studienortes hing nicht zuletzt davon ab, ob dort besonders einflussreiche und bekannte Lehrer unterrichteten. Wechsel zwischen verschiedenen Standorten waren nicht die Ausnahme, sondern die Regel. Für Studenten der Rhetorik und der Philosophie war das traditionsreiche Athen das Ziel der Wahl, aber auch die Bil-

paideía

Grammatikschule

Rhetorikunterricht

Weiterführende Studien

Wahl des Studienortes

dungszentren Kleinasiens wie Ephesos oder Smyrna kamen in Frage sowie ab dem dritten Jahrhundert n. Chr. das syrische Antiochia. Rom selbst verfügte seit vespasianischer Zeit über die beiden ersten durch den Kaiser finanzierten Lehrstühle für lateinische und griechische Rhetorik. Unter angehenden Ärzten genoss Alexandria einen exzellenten Ruf, da hier mit einer Sammlung menschlicher Knochen exklusives anatomisches Anschauungsmaterial geboten wurde. Pergamon, Knidos und die Ägäisinseln Kos und Rhodos waren ebenfalls prestigeträchtige Adressen für ein Medizinstudium. Als Zentren der Juristenausbildung galten Rom und daneben Berytos (Beirut), wo eine Sammlung kaiserlicher Edikte für Studienzwecke zur Verfügung stand. Fächer wie Mathematik, Astronomie und Musik wurden etwa in der Bildungsmetropole Alexandria angeboten.[2]

Studentenleben

Am Studienort kamen die Schüler idealerweise bei Verwandten oder Freunden der Familie unter. Andernfalls mieteten sie sich ein Gastzimmer oder eine Wohnung, die mit Kommilitonen geteilt werden konnte. Die Assoziation zu heutigen Wohngemeinschaften[3] ist freilich irreführend, da jeder Student einen vertrauten Sklaven bei sich hatte, der selbstverständlich eng mit dem Elternhaus in Kontakt stand und über den Lebenswandel seines Zöglings Rechenschaft abzulegen hatte. Auf jeden Fall aber sammelten die jungen Erwachsenen auf diese Weise erste Erfahrungen außerhalb des elterlichen Haushalts, sie lernten fremde Städte kennen und knüpften Freundschaften, die ihnen später sehr nützlich sein konnten.[4]

Kulturelles Umfeld

Gleichzeitig boten ihnen die genannten Städte mit einem reichen intellektuellen Leben, mit Bibliotheken, Kunstsammlungen und Tempeln ein anregendes und vielseitiges Umfeld. Eine besondere Rolle spielten die Museia*, Heiligtümer für die neun Musen als Patroninnen der Künste und Wissenschaften. Das bekannteste Museion war das in Alexandria, eine Gründung des Ptolemaios im dritten Jahrhundert v. Chr. Es verfügte nicht nur über die größte Bibliothek der antiken Welt, sondern auch über ein Observatorium sowie zoologische und botanische Sammlungen; auch das erwähnte medizinische Institut mit der anatomischen Sammlung hatte hier seinen Sitz. In anderen Bildungszentren wie Athen, Ephesos und An-

---

[2] Siehe im einzelnen Fron 2021, S. 135–215.
[3] Ebd., S. 89.
[4] Ebd., S. 90f.

tiochia fungierten ebenfalls Museia als Lehr- und Unterrichtsstätten, in Smyrna ein Homereion, in Pergamon oder Kos die Asklepiosheiligtümer und in Rom ein von Kaiser Hadrian eingerichtetes Athenaeum.

Neben Schülern und Studenten waren auch die akademischen Lehrer eine hochmobile Bevölkerungsgruppe. Die Konkurrenz zwischen ihnen war schon seit der frühen Kaiserzeit sehr groß. Wandernde Gelehrte zogen mit einer kleinen Schar von Anhängern von Stadt zu Stadt, und diejenigen, die durch eine Polis fest besoldet wurden, versuchten ihre Situation durch Wechsel an eine prestigereichere Wirkungsstätte zu optimieren. Wer freilich erst einmal einen städtischen oder staatlichen Lehrstuhl innehatte, war an den Ort gebunden und musste die lange unterrichtsfreie Zeit im Sommer nutzen, um seinen Heimatort, Verwandte und Freunde zu besuchen[5] – oder um klassische Bildungsreisen zu unternehmen.

Mobilität der akademischen Lehrer

9.2 Reisen an Erinnerungsorte

Die für Bildungsreisen zentrale Kategorie war die der Erinnerung. Eine typische Bildungs- und Kulturreise führte an historische Schauplätze, oder präziser: an Erinnerungsorte, die mit mythischen, legendenhaften oder historischen Narrativen verbunden waren. Unabhängig von der Historizität der erinnerten Ereignisse hatte man an diesen Orten das Gefühl, den Protagonisten der Vergangenheit nahe zu sein.

Relevant waren dabei solche Denkmäler, die einen Bezug zur eigenen, griechisch-römisch geprägten Identität hatten. Keltische Siedlungen oder hethitische Kultplätze interessierten die Römer nicht.[6] Sie reisten an die Schauplätze der archaischen, klassischen und hellenistischen Geschichte, an die Stätten, an denen Heroen der Vorzeit oder historische Persönlichkeiten gewirkt haben sollten, und sie betrachteten Denkmäler, die an wichtige Schlachten der griechischen und römischen Geschichte erinnerten. Ziele wie Athen, Delphi oder Ilion/Troja hatten für die Reisenden deswegen einen so hohen Stellenwert, weil sie der Selbstverortung und Selbstvergewisserung in einer von Mythen und Geschichten geprägten Welt dienten.

Erinnerung und Identität

---

5 Vgl. Fron 2021, S. 218–235.
6 Anders verhielt es sich nur mit Relikten der ägyptischen Kultur (Kapitel 10).

Ziele von Bildungsreisen

Die wichtigsten Ziele von Bildungs- und Kulturreisen in römischer Zeit lagen im östlichen Mittelmeerraum. Griechenland mit seiner klassischen Vergangenheit war sicherlich die prominenteste Destination, wobei neben dem griechischen Festland auch die Ägäisinseln und der griechische Siedlungsraum in Süditalien, auf Sizilien sowie im westlichen und südlichen Kleinasien bis hin zur syrischen Levante von Bildungsreisenden besucht wurden. Eine besondere Strahlkraft hatte außerdem Alexandria in Ägypten, eine ebenfalls griechisch geprägte Stadt mit einer beispiellosen Bildungsinfrastruktur, die noch auf die Ptolemäer zurückging.

Akteure und Motive

Auf römischen Straßen und Schiffen waren Bildungsreisende allenthalben anzutreffen: Studenten reisten an renommierte Studienorte oder waren gemeinsam mit ihren Lehrern unterwegs, junge Aristokraten vervollständigten ihre Ausbildung, indem sie in Griechenland oder Kleinasien historische Stätten besuchten, Gelehrte stellten auf ihren Reisen Forschungen an, und Amtspersonen oder Pilgerinnen nutzten jede sich bietende Gelegenheit, um berühmte Sehenswürdigkeiten kennenzulernen. Die Motive für Bildungs- und Kulturreisen waren vielfältig und der Übergang zu touristischer Neugier fließend. Reisende wollten Bildung erwerben und ihr Wissen vergrößern, vom geistigen Austausch mit anderen profitieren, sie interessierten sich für Erinnerungsorte und Denkmäler, sie begeisterten sich für die eigene und für die griechische Geschichte.

Gesellschaftlicher Stellenwert

Nicht zuletzt förderte es auch schlicht das Prestige, bestimmte Orte gesehen zu haben und „mitreden" zu können. Die Ausstattung von kaiserzeitlichen Stadthäusern und Villen* (Kapitel 8) spielte beziehungsreich auf tatsächliche und imaginäre Bildungsreisen an und bot den Bewohnern und ihren Gästen entsprechende Gesprächsanlässe. In den Gärten und Parks angelegte Wasserspiele und Bachläufe wurden von ihren stolzen Besitzern großspurig „Euripos*" oder gar „Nil" genannt.[7] Kaiser Hadrian ließ in seiner Villa bei Tibur unter anderem berühmte Bauwerke Athens wie das Lykeion, die Akademie und das Prytaneion nachbilden – und sogar das griechische Tempetal, eine Schlucht, die Schauplatz griechischer, makedonischer und römischer Geschichte war und die der Kaiser auf einer Reise im Jahr 125 n. Chr. besucht hatte.

---

7 Cic. leg. 2,2.

Im Idealfall korrespondierten auf einer Reise äußerliche Bildungsanstöße und innere Einstellung. Eine wahrhaft gebildete Person widmete sich geistiger Arbeit, wo immer sie saß oder stand, auch auf Reisen. Ermüdende Partien, die im Wagen zurückgelegt wurden, eigneten sich aus Sicht gelehrter Römer ausgezeichnet dazu, Konzentration und Gedankenschärfe zu trainieren. So ist überliefert, Plinius der Ältere habe sich auf Reisen energisch seinen Studien gewidmet. Neben ihm im Wagen oder in der Sänfte saß stets sein Sekretär, damit beschäftigt, ihm vorzulesen oder Diktate entgegenzunehmen. Seinen Neffen stellte Plinius zur Rede, warum er zu Fuß ginge, anstatt die Zeit in der Sänfte zum Arbeiten zu nutzen.[8] Aber auch ein Intellektueller bescheideneren Zuschnitts wie Aulus Gellius berichtet, er und seine Reisegefährten hätten sich im Wagen damit die Zeit vertrieben, aus dem Gedächtnis möglichst viele Bezeichnungen für Waffen und für Schiffstypen hervorzukramen, um ihre Gedanken nicht unnütz abschweifen zu lassen.[9] Caesar schrieb auf einer Reise über die Alpen ein zweibändiges Werk über die Grammatik, und Aelius Aristides verfasste bei einer überstürzten Fahrt nach Kyzikos unterwegs die Rede, die er am Zielort halten wollte.[10]

Geistige Arbeit auf Reisen

9.3 Bildungstourismus in Ilion/Troja

Ein Bildungsreiseziel reinster Ausprägung war die griechisch-römische Stadt Ilion (Hisarlık) im nordwestlichen Kleinasien, die mit dem homerischen Troja identifiziert wurde. Sie galt somit als Schauplatz der Ilias und gehörte zu den meistbesuchten Orten der antiken Welt.[11] Schon in vorrömischer Zeit hatte Ilion Reisende angelockt, was aufgrund der Quellenlage vor allem für Feldherren nachgewiesen werden kann, die den geschichtsträchtigen Ort für ihre Selbstinszenierung nutzten. Der persische König Xerxes (480 v. Chr.), Alexander der Große (334 v. Chr.) und als erste Römer die Scipionen (190 v. Chr.) sind nur einige der prominenten Persönlichkeiten, die die Stätte besuchten; später folgten Caesar, Augustus, seine Tochter Iulia, Germanicus, Hadrian, Caracalla und im Jahr

Schauplatz der Ilias

Alexander der Große

---

8 Plin. Ep. III 5,15f.
9 Gell. X 25,1–5.
10 Suet. Iul. 65,5; Aristid. Or. 51,16.
11 Angaben zu Ilion als Reiseziel im Folgenden nach Zwingmann 2012, S. 31–106.

354 n. Chr. Kaiser Iulian, der einen persönlichen Bericht über seinen Aufenthalt hinterließ.[12]

Die Mythen, Sagen und Epen, die sich mit Troja verbanden, gehörten in der Antike zur Allgemeinbildung. Im Grammatikunterricht der römischen Zeit lernten die Kinder der Oberschicht die Ilias auswendig, so dass selbst Details jedem gebildeten Menschen präsent waren. Für die Römer begründete sich der einmalige Rang Trojas nicht zuletzt darin, dass sie sich selbst als Nachkommen der Trojaner verstanden: Aeneas, der Stammvater der Römer, war einst mit Vater, Söhnen und Götterbildern aus der brennenden Stadt geflüchtet – eine Geschichte, die Vergil mit der Aeneis kanonisch gemacht hat.

Aeneas

Aus heutiger Sicht müssen wir uns klarmachen, dass die Historizität des Trojanischen Krieges in der Antike nicht hinterfragt wurde. Zwar gab es Kritik an Einzelheiten und Streit über die Lokalisierung der bei Homer benannten Orte, aber keinen grundsätzlichen Zweifel daran, dass es sich um ein tatsächliches Ereignis der frühen griechischen Geschichte handelte.

72 Stätten und Relikte

Für den Fremdenverkehrsbetrieb vor Ort macht Nicola Zwingmann die Beobachtung, dass die Anzahl der nachweisbaren Sehenswürdigkeiten im Lauf der Jahrzehnte immer größer wurde: Ihr Katalog umfasst 72 Stätten und Antiquaria in und bei Ilion, die literarisch erwähnt werden. Üblicherweise machten die Besucher einen Rundgang, wofür in der Kaiserzeit lokale Fremdenführer zur Verfügung standen. Neben den bronzezeitlichen Siedlungsresten und uralten, angeblich schon in der Ilias erwähnten Bäumen wurden der Hafen und das Schiffslager der Achaier, die Schlachtfelder am Fluss Skamandros sowie die Gräber der Heroinnen und Heroen als Sehenswürdigkeiten gezeigt. Der in hellenistischer Zeit neu aufgebaute Athenatempel diente der Ausstellung angeblicher Relikte aus dem Trojanischen Krieg. Darunter waren vor allem Waffen und Schilde, aber auch Einzelstücke wie die Lyra des Paris. Auch die Rüstung, die Alexander der Große der Athena geweiht hatte, als er im Gegenzug einen der alten Schilde mitnahm, war hier zu sehen. Einige Touristen stiegen außerdem auf den Burgberg, um den Palast des Priamos zu besichtigen. Dort hatten sie die Möglichkeit, wie einst Alexander auf dem Hausaltar des Priamos dem Zeus Herkeios ein Opfer darzubringen. Auch die Gemächer des Urgroßvaters des Aeneas wurden

---

12 Iulian Ep. 79 (Bidez-Cumont) = 19 (Wright) = 35 (Weis).

gezeigt. Bereits diese knappe Zusammenstellung macht deutlich, warum es hieß, in Troja sei kein Stein ohne Namen ... [13]

Brachte ein Reisender viel Zeit mit, konnte er in weiterer Entfernung von der Stadt noch eine große Anzahl von Mythenschauplätzen besuchen, die meist mit dem Trojanischen Krieg in Zusammenhang standen. Dazu gehörten zum Beispiel im Idagebirge der Ort, an dem Zeus Ganymed entführt hatte, ferner der Felsen, von dem Herakles die schöne Hesione befreit hatte, die Höhle oder Schlucht, in der Paris sein Urteil gesprochen hatte, und das Liebeslager, auf dem Anchises mit Aphrodite den Aeneas gezeugt hatte.

Mythenschauplätze im Idagebirge

Bezeichnend für das durchaus touristische Interesse antiker Bildungsreisender ist der Umstand, dass eine der Hauptattraktionen Ilions in römischer Zeit eher kuriosen Charakter hatte. Es handelte sich um eine Statue des entgegen der homerischen Beschreibung kahlköpfig dargestellten Trojahelden Hektor, von der es hieß, sie könne Schweiß ausströmen. Dass Kleingeister wie Cicero das Phänomen auf natürliche Ursachen zurückführten, tat der Neugier der Besucher, die „schwitzende" Statue zu sehen, keinen Abbruch.[14]

Eine Kuriosität als Attraktion

Trotz der Vielzahl und Prominenz von Sehenswürdigkeiten zeigte sich manch Reisender enttäuscht: Der Schild des Aias sei kleiner als bei Homer beschrieben, der Fluss Skamandros nur ein Rinnsal, die Gräber der Heroen kümmerlich.[15] Für viele war der Besuch Ilions dennoch ein bewegendes Erlebnis. Sie waren emotional berührt, die Schauplätze der Ilias und Aeneis mit eigenen Augen zu sehen und selbst an der Stätte zu stehen, an der die homerischen Helden und der römische Stammvater Aeneas gelebt hatten. Als symbolisch hochbedeutsamer Ort eröffnete Ilion seinen Besuchern eine große Fülle von Denkanstößen.

Emotionale Reaktionen

9.4 Quelle und Vertiefung

Der Feldherr Lucius Aemilius Paullus (um 228–160 v. Chr.) hielt sich im Spätsommer 168 v. Chr. in Griechenland auf, wo das römische Heer unter seinem Oberkommando am 22. Juni in der Schlacht bei

---

13 Lucan. 9,973: *nullum est sine nomine saxum*.
14 Auch dazu Zwingmann 2012, S. 56–59.
15 Belege ebd., S. 81. Die Enttäuschung können moderne Besucher angesichts der wenig spektakulären bronzezeitlichen Reste gut nachvollziehen.

Pydna die Makedonen besiegt hatte. Der Geschichtsschreiber Titus Livius (59 v. Chr.–17 n. Chr.) berichtet in seinem 142-bändigen Werk, dass Paullus die Gelegenheit nutzte, um eine Bildungsreise durch Griechenland zu unternehmen. In zwei kürzeren Darstellungen überliefern vor Livius schon der Historiker Polybios und nach ihm der Biograph Plutarch weitere Details dieser denkwürdigen Reise.[16]

9.4.1 Aemilius Paullus in Griechenland

Liv. XLV 27,5–28,6, Übersetzung: Hans Jürgen Hillen (leicht modifiziert)

(**27**,5) Es war beinahe Herbst. Paullus beschloss, den Anfang dieser Jahreszeit zu einer Rundreise durch Griechenland und zur Besichtigung der berühmten Stätten zu benutzen, von denen man Größeres gehört hat, als man dort sehen kann. (6) Den Befehl über das Lager übertrug er dem C. Sulpicius Gallus.

Er brach ohne großes Gefolge auf, seinen Sohn Scipio[17] und Athenaios, den Bruder des Königs Eumenes,[18] an der Seite, und zog durch Thessalien nach Delphi, dem berühmten Orakel. (7) Dort brachte er dem Apollon ein Opfer dar. Im Vorhof des Heiligtums fand er Pfeiler, an denen man zu arbeiten angefangen hatte und auf die man Standbilder des Königs Perseus[19] hatte setzen wollen; als Sieger bestimmte er diese für *seine* Standbilder.[20]

(8) Er besuchte auch in Lebadeia das Heiligtum des Zeus Trophonios[21]; als er dort die Öffnung der Höhle gesehen hatte, durch die die Benutzer des Orakels hinabsteigen, um die Götter zu befragen, brachte er dem Zeus und der Herkynna[22], denen das Heiligtum dort gehört, ein Opfer dar und zog dann nach Chalkis hinab, um den Euripos* und Euboia zu sehen, diese große Insel, die durch eine Brücke mit dem Festland verbunden ist. (9) Von Chalkis fuhr er nach Aulis hinüber, das nur drei Meilen entfernt ist, dem Hafen, der berühmt ist durch den einstigen Aufenthalt der tausend Schiffe

---

16 Pol. XXX 10,3–6 (die ursprünglich längere Darstellung ist nur fragmentarisch erhalten); Plut. Aem. Paul. 28,1f.
17 P. Cornelius Scipio Aemilianus Africanus, der 146 v. Chr. Karthago zerstörte.
18 Der Attalide Athenaios; sein Bruder Eumenes war von 197 bis 159 v. Chr. König des Pergamenischen Reiches.
19 Perseus (212–165 v. Chr.) war eben jener letzte Makedonenkönig, den Paullus zuvor vernichtend geschlagen hatte.
20 Die ursprünglichen Pläne waren durch die militärischen Ereignisse überholt. Reste des letztendlich an dieser Stelle errichteten Siegesdenkmals des Paullus mit Szenen aus der Schlacht bei Pydna und mit der Inschrift CIL I 2,622 sind erhalten.
21 Trophonios ist der Name eines lokalen Heros.
22 Herkynna war eine örtliche Quellnymphe.

der Flotte des Agamemnon,[23] und zu dem Heiligtum der Artemis, wo jener König der Könige seine Tochter als Opfer an den Altar führte und dadurch zu erreichen suchte, dass seine Schiffe nach Troja fahren konnten.[24] (10) Von dort kam man nach Oropos in Attika, wo ein Seher aus alter Zeit als Gott verehrt wird und wo sich ein altes Heiligtum befindet, das in einer schönen Gegend mit Quellen und Bächen ringsum liegt.[25]

(11) Von dort ging er nach Athen, das zwar auch voll ist von seinem alten Ruhm, aber auch viel Sehenswertes besitzt: die Akropolis, die Häfen, die Mauern, die den Piräus mit der Stadt verbinden, die Werften, die Denkmäler seiner großen Feldherrn, die Bildnisse von Göttern und Menschen, ausgezeichnet durch jede Art von Material und künstlerische Fertigkeit. (28,1) Er brachte der Athena, der Herrin der Burg, in der Stadt ein Opfer dar, zog weiter und gelangte am nächsten Tag nach Korinth. (2) Damals, vor ihrer Zerstörung,[26] war die Stadt sehr berühmt; auch die Burg und der Isthmos* stellten eine Sehenswürdigkeit dar: die Burg, die innerhalb der Stadtmauern zu gewaltiger Höhe aufragt und von Quellen sprudelt; der Isthmos, der die beiden benachbarten Meere im Westen und Osten durch eine schmale Landenge trennt.

(3) Von dort aus besuchte er die berühmten Städte Sikyon und Argos, dann Epidauros, das nicht gleich an Macht ist, aber berühmt durch das bekannte Heiligtum des Asklepios, das fünf Meilen von der Stadt entfernt ist und jetzt an Spuren abgerissener Geschenke, damals an Geschenken reich war,[27] die die Kranken zum Dank für wirksame Heilmittel dem Gott geweiht hatten.

(4) Von dort aus besuchte er Sparta, das nicht durch die Großartigkeit seiner Kunstwerke, sondern durch seine strenge Zucht und seine Verfassung denkwürdig ist. Weiter zog er über Megalopolis nach Olympia hinauf. (5) Dort besichtigte er auch andere Sehenswürdigkeiten; als er den Zeus[28] betrachtete, wurde er im Innersten bewegt, als wenn er den Gott selbst vor sich hätte; er ließ deshalb ein ungewöhnlich reiches Opfer zurüsten, nicht anders, als wenn er auf dem Kapitol hätte opfern wollen. (6) So durchzog er Griechenland.

---

23 Die Flotte der Griechen im Trojanischen Krieg sammelte sich Hom. Ilias II 303 zufolge in Aulis; bei Homer sind es genau 1 186 Schiffe.
24 Livius bezieht sich auf den Mythos, demzufolge Agamemnon der Artemis seine älteste Tochter Iphigenia opferte, weil die erzürnte Göttin durch eine Windstille die Abfahrt der griechischen Flotte verhinderte.
25 Gemeint ist das Heiligtum des Sehers Amphiaraos.
26 Die Römer unter L. Mummius hatten Korinth nach der Einnahme der Stadt im Jahr 146 v. Chr. zerstört und geplündert. Zur Zeit des Paullus dürfte sie noch durch zahlreiche Bauten aus archaisch-klassischer Zeit geprägt gewesen sein.
27 Das Heiligtum von Epidauros war 87 v. Chr. von Sulla geplündert worden.
28 Gemeint ist das Kultbild im Tempel. Die durch den Künstler Phidias geschaffene Gold-Elfenbein-Statue galt als eines der Sieben Weltwunder*.

9.4.2 Fragen und Anregungen

- Schreiben Sie sich die einzelnen Stationen von Paullus' Bildungsreise heraus und vollziehen Sie seine Route auf einer Karte nach.
- Welche Arten von Sehenswürdigkeiten interessieren Paullus?
- Livius schreibt im ersten Satz über die Reiseziele des Paullus, man habe von ihnen mit den Ohren größeres gehört, als man mit den Augen erkennen könne (*nobilitata fama maiora auribus accepta sunt quam oculis noscuntur, uti statuit*). Erläutern Sie diese Aussage eines Römers.
- Ulrich Eigler zufolge inszeniert Livius die Reise als einen Akt der ideellen Besitzergreifung.[29] Diskutieren Sie diese Interpretation.
- Welche Orte würden Sie selbst heute auf einer Bildungsreise durch Griechenland ansteuern? Gestalten Sie eine eigene Reiseroute und begründen Sie die Auswahl der einzelnen Stationen.

9.4.3 Weiterführende Literatur

Quelle Felix Eckstein und Peter C. Bol [Hrsg.]: Pausanias: Reisen in Griechenland. Gesamtausgabe in drei Bänden, auf Grund der kommentierten Übersetzung von Ernst Meyer, Zürich 1986, 1987, 1989 *(in seiner Beschreibung Griechenlands verwebt der Perieget kunstvoll die Beschreibung klassischer Denkmäler mit griechischen Mythen und historischen Ereignissen)*.

Forschung Ulrich Eigler: Aemilius Paullus. Ein Feldherr auf Bildungsreise? Liv. 45,27–28, in: Ulrich Eigler, Ulrich Gotter, Nino Luraghi und Uwe Walter [Hrsg.]: Formen römischer Geschichtsschreibung von den Anfängen bis Livius. Gattungen, Autoren, Kontexte, Darmstadt 2003, S. 250–267 *(der Beitrag beleuchtet die Ambivalenz der antiken Berichte über die Reise des Aemilius Paullus und hinterfragt kritisch dessen Motive)*.
Christian Fron: Bildung und Reisen in der römischen Kaiserzeit. Pepaideumenoi und Mobilität zwischen dem 1. und 4. Jh. n. Chr. (Untersuchungen zur antiken Literatur und Geschichte 146), Berlin/Boston 2021 *(aktuelles Standardwerk zu Reisen von Studenten und Gelehrten in römischer Zeit)*.
Maria Pretzler: Pausanias. Travel Writing in Ancient Greece, London/New York 2011 *(relativ knapp gehaltene Einführung zum Werk des Pausanias, die den Aspekt des Reisens in den Vordergrund rückt)*.
Nicola Zwingmann: Antiker Tourismus in Kleinasien und auf den vorgelagerten Inseln. Selbstvergewisserung in der Fremde (Antiquitas 59), Bonn 2012 *(umfassendes Kapitel über Ilion/Troja als Destination antiker Bildungsreisender auf S. 31–106)*.

---

29 Eigler 2003, S. 262.

10 Touristisches Reisen

Abb. 10.1: Die Statuen des Pharao Amenophis III. bei Theben (Aquarell von Jean-Claude Golvin, 1998). Die Rekonstruktion zeigt die Anlage des zweiten Jahrtausends v. Chr. In der Kaiserzeit wurde die rechte Statue als Memnonkoloss zur touristischen Attraktion

Bei ihrer dritten Reise hatte Funisulana Vettulla endlich Glück: Eineinhalb Stunden nach Sonnenaufgang ließ Memnon seine Stimme ertönen. Um an diesen denkwürdigen Tag zu erinnern, den 12. Februar 82 n. Chr., ließ Funisulana auf dem rechten Unterschenkel der Kolossalstatue folgenden Text anbringen:

> *Funisulana Vettulla / C(aii) Tetti(i) Africani praef(ecti) Aeg(ypti) / uxor. audi Memnonem / pr(idei) Id(us) Febr(uariae) hora I s(emis) / anno I Imp(eratoris) Domitiani Aug(usti) / cum iam tertio venissem.*

> Funisulana Vettulla, Ehefrau des Caius Tettius, des Präfekten von Ägypten. Ich habe Memnon gehört am Tag vor den Iden des Februar, in der ersten und einer halben Stunde, im ersten Regierungsjahr des Kaisers Domitian Augustus, nachdem ich nun zum dritten Mal hergekommen bin.[1]

Berühmteste Sehenswürdigkeit Ägyptens

Der Memnonkoloss, auf dessen Bein die vornehme Römerin diese Inschrift hinterließ, war zu dieser Zeit die berühmteste Sehenswürdigkeit Ägyptens. Es handelte sich um eine von zwei Sitzstatuen, die eigentlich Pharao Amenophis III. darstellten und um 1400 v. Chr. vor dessen Totentempel im Westen von Theben errichtet worden waren (Abb. 10.1). Berühmtheit erlangten die knapp 15 Meter hohen Monolithe* jedoch erst in römischer Zeit, als die nördliche Statue bei einem Erdbeben im Jahr 27 v. Chr. so schwer beschädigt wurde, dass Kopf und Oberkörper herabstürzten. Ein Riss im Inneren des Torsos führte dazu, dass der Koloss in der ersten oder zweiten Morgenstunde laut zu tönen begann; ein akustisches Phänomen, das von antiken Gelehrten kontrovers diskutiert wurde.[2] Der Dargestellte wurde nun mit dem Aithioperkönig Memnon identifiziert und sein Tönen als Klagelaut gedeutet, mit dem der im Trojanischen Krieg gefallene Memnon dem Mythos zufolge allmorgendlich bei Sonnenaufgang seine Mutter Eos, die Morgenröte, begrüßte. Diese Neuinterpretation knüpfte daran an, dass schon in vorrömischer Zeit diverse pharaonische Grabanlagen aufgrund der Ähnlichkeit mit den Thronnamen der Bestatteten von den Griechen als Memnoneia angesprochen wurden.

Memnon und Eos

Kultbild und Naturschauspiel

Der Koloss wurde von nun an als Kultbild behandelt, vor dem man dem Memnon Opfer darbrachte. Als Sehenswürdigkeit zog er Scharen von Besuchern an, von denen sich einige wie Funisulana mit Inschriften verewigen ließen (weitere Beispiele unten, 10.5). Das Monument vereinigte beispielhaft all das in sich, was die Aufmerksamkeit der römischen Reisenden weckte: Es war ersichtlich uralt, bot ein einmaliges, unerklärliches Naturschauspiel, hatte religiöse Bedeutung und ließ sich schließlich mit einem bekannten Mythos verbinden und damit in die griechische Frühgeschichte einordnen.

Event-Charakter

Besonders reizvoll war die Tatsache, dass das Tönen keineswegs zuverlässig jeden Tag erklang, was der Sache einen gewissen Event-

---

[1] CIL III 35 = Memnoninschriften Nr. 8 (eigene Übersetzung).
[2] Die antiken Beschreibungen versammelt Rosenmeyer 2018, S. 9–20.

Charakter verlieh. Einige Besucher waren gar der Auffassung, dass Memnon seine Stimme für sie persönlich erhob und zu ihnen sprach. Doch um die Wende zum dritten Jahrhundert verstummte die Statue, mutmaßlich aufgrund von Restaurierungsarbeiten, bei denen Schultern und Kopf wieder angefügt wurden. Die späteren Autoren berichten jedenfalls nur noch vom Schweigen des Memnon.

Dieses Kapitel ist dem touristischen Reisen gewidmet. Dabei handelte es sich meist um kleinere Reiseabschnitte und gezielte Abstecher zu einzelnen Sehenswürdigkeiten, die bei passender Gelegenheit, etwa im Rahmen von Amtsreisen, unternommen wurden. Ein erster Abschnitt stellt die touristischen Dienstleistungen vor, die Reisende an vielbesuchten Orten vorfanden (10.1). Als die bis heute berühmtesten Bauwerke der Antike dürfen in diesem Zusammenhang die Sieben Weltwunder* nicht fehlen, zu denen auch Stätten des Alten Orients gehörten (10.2). Im Mittelmeerraum waren es die Provinzen Achaia, Asia und Ägypten, die als besonders reich an Naturwundern und kulturellen Attraktionen galten.[3] Da Griechenland und Kleinasien bereits als Bildungsreiseziele gewürdigt wurden (Kapitel 9), soll hier Ägypten im Mittelpunkt stehen – jene Destination, die die römischen Reisenden wohl wie keine zweite touristisch faszinierte (10.3). Ein letzter Abschnitt widmet sich der Bedeutung Ägyptens als Sehnsuchtsort im kaiserzeitlichen Diskurs (10.4).

<small>Achaia, Asia und Ägypten</small>

10.1 Infrastruktur und Dienstleistungen an touristischen Orten

An vielbesuchten Orten bildete sich in der Kaiserzeit eine eigene Infrastruktur heraus, um den Bedürfnissen der Reisenden gerecht zu werden.[4] Dies gilt in erster Linie für Unterkünfte und Verpflegungsmöglichkeiten, die dauerhaft oder saisonal zur Verfügung stehen mussten. Es gab städtische Herbergen und solche, die von Privatpersonen betrieben wurden. Gasthausschilder und Werbetafeln wiesen Besucher auf günstige Preise hin. Pagane* und später christliche Wallfahrtszentren verfügten über Gebäude zur Unterbringung von Pilgern (Kapitel 12).

<small>Unterkünfte</small>

---

3 Explizit formuliert bei Plin. Ep. VIII 20,2.
4 Siehe dazu Zwingmann 2012, S. 374–391.

Denkmalpflege   Touristenattraktionen wie Bauwerke, Statuen und Gemälde wurden in vielen Fällen sorgsam geschützt, instand gehalten und bei Bedarf renoviert, rekonstruiert oder ersetzt – dies freilich keineswegs nach heutigen Standards von Authentizität, sondern „um die Bedeutung des Erinnerungsortes durch einen repräsentativeren Neubau besser herauszustellen"[5]. Eintrittsgelder oder Kurabgaben wurden in der Antike nicht erhoben, wohl aber Opfergebühren, die auch für diejenigen fällig wurden, welche eine Orakelstätte aufsuchten. Ein Teil des Erlöses wurde für die Instandhaltung des jeweiligen Heiligtums verwendet.

Fremdenführer   Unter den touristischen Dienstleistern sind quellenmäßig am besten die Fremdenführer belegt, die vor Ort ihre Dienste anboten, um den Reisenden die Sehenswürdigkeiten zu zeigen und zu erklären. An vielbereisten Orten wie Delphi oder Rhodos waren das hauptberufliche Guides, anderswo Ortsansässige, die sich bei Gelegenheit etwas Geld dazuverdienten. An den paganen und christlichen Kult- und Pilgerstätten waren es häufig Priesterinnen und Priester, die interessierte Besucher herumführten.

Vorführungen   Es scheint außerdem an manchen Orten touristische Vorführungen gegen Geld gegeben zu haben, was aber nur in wenigen Fällen konkret belegt ist. Im phrygischen Hierapolis wurden den Reisenden Spatzen verkauft, an denen die Wirksamkeit der tödlichen Dämpfe veranschaulicht werden konnte, die aus dem als Unterweltseingang betrachteten Charonion entwichen: Die Neugierigen warfen die Vögel in die Höhle, um zuzusehen, wie sie dort tot zu Boden fielen.[6] Bei Memphis kletterten Bewohner des benachbarten Dorfes Busiris als Showdarbietung auf die drei großen Pyramiden;[7] eine „sportliche Höchstleistung" angesichts der Höhe von ca. 65 respektive 145 Metern und der damals glatt verkleideten Oberfläche der Pyramiden.[8]

Souvenirhandel   Die antiken Reisenden erwarben gerne lokale Handwerksprodukte, Textilien und touristische Souvenirs. Typische Reiseandenken, die in großen Stückzahlen hergestellt wurden, waren mit Bilddarstellungen verzierte Öllampen, Teller, Becher und Gläser, kleinformatige Nachbildungen berühmter Statuen oder Tempel und in der

---

[5] Zwingmann 2012, S. 383.
[6] Strab. XIII 4,14.
[7] Plin. nat. XXXVI 76.
[8] Zwingmann 2012, S. 386.

Spätantike die sogenannten Pilgerampullen.⁹ Die einzelnen Fundorte touristischer Andenken im ganzen Reich geben Aufschluss darüber, von woher die Reisenden stammten, die bestimmte Stätten besuchten.

Schließlich ist im Zusammenhang mit einem großen Aufkommen von Reisenden auch an Prostitution zu denken. In Rom waren im Vorstadtbereich und an den alten Stadttoren, wo Fremde zunächst Quartier suchten, Bordelle angesiedelt. Ephesos, Rhodos und Mytilene auf Lesbos galten als Zentren der Prostitution; das mondäne Kanobos im Nildelta war bekannt für sein Nachtleben.

Prostitution

10.2 Die Sieben Weltwunder

Die Liste der Sieben Weltwunder* *(miracula)* war in der Antike nicht unumstritten. Seit dem dritten Jahrhundert v. Chr. wurde sie immer wieder umgeschrieben oder sogar um ein achtes Weltwunder ergänzt. Die erste überlieferte Zusammenstellung, die ein Gelehrter namens Antipatros verfasst hat, beinhaltete 1. die ägyptischen Pyramiden, 2. die Stadtmauern von Babylon, 3. die Hängenden Gärten von Babylon, eine kunstvoll bewässerte terrassierte Parkanlage, 4. das Maussoleion (lat. Mausoleum), den Grabbau des Maussollos in Halikarnassos an der kleinasiatischen Westküste, 5. den Tempel der Artemis in Ephesos, 6. die Gold-Elfenbein-Statue des Zeus in Olympia und 7. den Koloss von Rhodos, eine mehr als 30 Meter hohe Statue des Gottes Helios.¹⁰ Bemerkenswert ist, dass gleich mehrere dieser illustren Sehenswürdigkeiten der Urheberschaft von Frauen zugeschrieben wurden: Die Mauern Babylons galten, ebenso wie später die Hängenden Gärten, als Werk der Assyrerin Semiramis,

---

9 Vgl. die bereits besprochene Glasflasche aus Baiae (Kapitel 8), die Artemis-Statuette aus Ephesos (Kapitel 11) sowie die ägyptische Menas-Ampulle (Kapitel 12). Die Funktion der Pilgerflaschen war primär religiös, da sie dem Transport von Kontaktreliquien dienten; doch spricht die Gestaltung mit Motiven von der jeweiligen Pilgerstätte dafür, dass sie zugleich Erinnerungsstücke waren.

10 Heute sind einzig die Pyramiden weitgehend erhalten. Teile der Mauern von Babylon wurden im 19. Jahrhundert ergraben; in Berlin kann das mit originalen Ziegeln rekonstruierte Ischtartor besichtigt werden. Überreste des Maussoleions sind im türkischen Bodrum erhalten; die großartigen hellenistischen Bildfriese des Monuments befinden sich im Britischen Museum in London. Vom Artemision in Ephesos zeugen noch einige Säulenfragmente und Grundmauern.

und das Maussolleion hatte Artemisia, die Gattin und Schwester des darin bestatteten karischen Dynasten, errichten lassen.

Varianten — In anderen Varianten waren auch die Euphratbrücke in Babylon, der auf die Meder zurückgehende Palast des Perserkönigs Kyros in Ekbatana, die Stadtmauern des ägyptischen Theben, der Artemis-Altar auf Delos, der Leuchtturm von Alexandria oder später das Kolosseum in Rom enthalten. Christliche Autoren ergänzten die Arche Noah, den Tempel Salomons in Jerusalem und die Hagia Sophia in Konstantinopel (Istanbul).

Besichtigung der Weltwunder — Eine Tour zur Besichtigung der Sieben Weltwunder war praktisch nicht durchführbar, da einige der Sehenswürdigkeiten in römischer Zeit nicht mehr existierten und zudem Babylon viel zu entlegen war.[11] Autoren wie der spätantike Rhetor Philon von Byzanz nahmen daher ihre Leser mit auf eine virtuelle Reise zu den einzelnen Weltwundern, die bequem im heimischen Studiensessel absolviert werden konnte. Wer aber tatsächlich einmal nach Olympia, Ephesos oder Memphis kam, ließ es sich selbstverständlich nicht entgehen, die dort vorhandenen *miracula* zu besichtigen.

10.3 Reiseland Ägypten

Ägypten war schon in der Antike alt. Es hatte eine Jahrtausende zurückreichende Geschichte zu bieten, die Griechen wie Römer faszinierte. *Herodot* — Bereits im fünften Jahrhundert v. Chr. hatte der aus Kleinasien stammende Geschichtsschreiber Herodot in seinem Ägyptenlogos[12] ein beeindruckendes Bild des Landes am Nil gezeichnet, das die Phantasie der Leser beflügelte und für die gesamte Antike prägend wurde. Während die materiellen Hinterlassenschaften anderer nichtgriechischer Kulturen, etwa der Hethiter, Lyder oder Perser, ausgesprochen selten das Interesse der griechisch-römischen Reisenden weckten,[13] galten die ägyptische Religion, Kultur und Kunst als vorbildlich und damit als sehenswert.[14]

---

11 Selbst Pausanias hatte auf seinen weiten Reisen nie jemanden persönlich kennengelernt, der schon in Babylon gewesen war (Paus. IV 31,5).
12 Dieser umfasste ein ganzes Buch der Historien, Hdt. II.
13 Dies hat Zwingmann 2012, S. 235–309 in Bezug auf Kleinasien für die Relikte von sechs nichtgriechischen Kulturen nachgewiesen.
14 Siehe weiterführend die in Kapitel 13 zitierten Ausführungen Friedländers.

Als Reiseland stellte Ägypten eine besondere Herausforderung dar. Die Hauptverkehrsachse bildete der Nil, der mit Schiffen befahren wurde. Das große Mündungsdelta im Norden mit seinen zahlreichen Siedlungen war durch Kanäle erschlossen. Wer abseits davon reiste, etwa um ans Rote Meer zu gelangen, war auf Wüstenpisten angewiesen, die in römischer Zeit durch patrouillierendes Sicherheitspersonal geschützt wurden. Reisende taten gut daran, sich auf diesen Wegen einer Karawane anzuschließen, um im größeren Verbund unterwegs zu sein. Die meisten Straßen in Ägypten waren nicht für Fuhrverkehr ausgebaut, so dass für den Personen- und Warentransport vornehmlich Esel und Kamele zum Einsatz kamen. Die touristisch frequentierten Orte lagen freilich alle am Nil oder an den wenigen größeren Oasen der westlich angrenzenden Sahara und konnten so vergleichsweise bequem erreicht werden. Während der Zeit der jährlichen Nilschwemme im Sommer waren Schiffsreisen jedoch kaum möglich, und die parallel zum Nil verlaufenden Wege waren überflutet. Die beste Reisezeit für Ägypten fiel daher – wie noch heute – in die Monate Oktober bis April.

Verkehr und Infrastruktur

Nilschwemme

Es sei erwähnt, dass wir aufgrund der speziellen Überlieferungssituation in Ägypten auch über die Reisen der lokalen Bevölkerung einschließlich der unteren Schichten besser informiert sind als in jeder anderen Provinz des Reiches. Zahlreiche Papyri dokumentieren alltägliche Reisen auf kürzeren Strecken, um Güter zu transportieren, Verwandte zu besuchen oder an Geburtstagsfeiern teilzunehmen, besonders häufig zum ersten Geburtstag eines Kindes. Auch Briefe von Soldaten, die zu ihren Einheiten reisen, sind erhalten. Andere Dokumente wiederum halten Raubüberfälle auf den ägyptischen Straßen fest oder Unfälle mit Lasttieren.[15] Eine systematische Auswertung der erhaltenen Papyri als Quellen zum Reisen in römischer Zeit liegt bedauerlicherweise nicht vor.

Papyri zum Reisealltag

Den römischen Reisegepflogenheiten entsprechend wurden die Naturdenkmäler und Sehenswürdigkeiten Ägyptens üblicherweise nicht im Zuge touristischer Rundreisen besichtigt. Die Besucher der Stätten waren zum weitaus größten Teil Beamte und Militärs mit ihren Angehörigen, die gerade in der jeweiligen Region stationiert waren. Die folgende Übersicht über die wichtigsten Attraktionen der Provinz ist daher nicht als Plan einer typischen Reise zu verstehen.

Naturdenkmäler und Sehenswürdigkeiten Ägyptens

---

15 Siehe die bei Adams 2001 besprochenen Beispiele.

Alexandria   Bei der Einreise nach Alexandria sah man schon aus großer Entfernung den berühmten Leuchtturm Pharos, ehe man in den großen Hafen einlief. In der Stadt konnte man berühmte Tempel wie das Museion* und das Serapeion mit ihren Bibliotheken und Sammlungen besichtigen.[16] Eine weitere Hauptattraktion war das *Kanobos* Grab des Stadtgründers, Alexanders des Großen. Über einen von zahlreichen Ausflugslokalen flankierten Kanal gelangte man in das anmutige Hafenstädtchen Kanobos, das in der Kaiserzeit als Vergnügungsort sprichwörtlich bekannt war. Von Kanobos fuhr man *Der Nil* nilaufwärts aus dem Delta heraus. Der Nil selbst stand im Rang eines Naturwunders, zum einen wegen der jährlichen Flut, zum anderen wegen seines rätselhaften Ursprungs – die Quellen des Stroms sind erst im 19. Jahrhundert erforscht worden. Eine Schiffsreise bot reichlich Gelegenheit, die exotische Tier- und Pflanzenwelt Ägyptens zu beobachten.

Memphis   In Memphis (zur Lage siehe Abb. 1.4 auf S. 11) machte man Station, um die drei Pyramiden zu besuchen, die damals noch ihre vielbewunderte nahtlos glatte Außenverkleidung hatten, so dass es aussah, als seien sie aus einem einzigen Stück gefertigt. In Mittelägypten war die Oase Fayum einen Abstecher wert, wo Touristen *Arsinoë* in der Stadt Arsinoë das heilige Krokodil füttern konnten, das als Inkarnation des Gottes Sobek galt. Das sogenannte Labyrinth am Ufer des künstlich angelegten Moiris-Sees, eine monumentale Tempelanlage Amenemhets III. (um 1850 v. Chr.), wurde von antiken Reisenden schon allein deshalb angesteuert, weil bereits Herodot den Bau besichtigt und über die Maßen bewundert hatte: Alle griechischen Bauwerke zusammengenommen und selbst die Pyramiden könnten sich nicht mit dieser einzigartigen Anlage messen, urteilte der Geschichtsschreiber.[17]

Theben   Das „hunderttorige" Theben mit seinen Mauern wurden von einigen Autoren in den Rang eines Weltwunders* erhoben. Wer im ersten und zweiten Jahrhundert n. Chr. die weite Reise den Strom hinauf bis nach Theben unternahm (Karte Abb. 1.4), wollte jedoch in erster Linie den Memnonkoloss hören. Auch das vermeintliche Grab des Memnon – tatsächlich handelte es sich um das Ramses des VI. – konnte im nur wenige Kilometer entfernten Tal der Könige

---

[16] Siehe dazu schon Kapitel 9.
[17] Hdt. II 148.

besucht werden. In den Kammern dieses und weiterer Pharaonengräber haben antike Besucher von hellenistischer Zeit bis in die Spätantike über 2100 Graffiti* in die Wände geritzt oder sich mit Tinte darauf verewigt; sie stammten aus Italien und Sizilien, Griechenland, Kleinasien und der Levante, zwei sogar aus dem fernen Massalia (Marseille). Ein römischer Zenturio etwa vermerkte gleich in vier Gräbern, wie er gestaunt habe: „Ich, der erste Zenturio Ianuarius, habe den Ort zusammen mit meiner Tochter Ianuaria gesehen und bestaunt. Grüße an alle!"[18]

Eine Attraktion ganz im Süden der Provinz war schließlich der erste Nilkatarakt bei Syene (Assuan), der von Schiffen nicht passiert werden konnte. Die antiken Besucher besichtigten das Schauspiel der Stromschnellen und liefen anschließend an Land weiter, um sich oberhalb des Katarakts mit einem kleinen Boot auf die Insel Philai rudern zu lassen. Unter den dortigen Tempelanlagen zog besonders das Isisheiligtum das Interesse der Reisenden auf sich; dort lebte ein heiliger Falke, der die Seele des Sonnengottes Re verkörperte. Erst um 535 n. Chr. wurde das hochberühmte Iseion als pagane* Kultstätte von Kaiser Iustinian geschlossen.

<small>Syene</small>

<small>Philai</small>

10.4 Ägypten als Sehnsuchtsort

Ägypten nahm unter den touristischen Destinationen der römischen Zeit zweifellos eine Sonderstellung ein. Die Beliebtheit der Provinz als Reiseland korrespondierte mit dem Phänomen, sie zum exotischen Sehnsuchtsort zu stilisieren. Eine entsprechende Ägyptenmode ist im kaiserzeitlichen Diskurs in verschiedenen Medien fassbar, in der Literatur ebenso wie in der bildenden Kunst.

Die Bilderwelt der römischen Städte war voll von ägyptisierenden Bildern und Bildelementen. Ein beliebtes Sujet waren die sogenannten nilotischen Wandmalereien und Mosaiken. Sie stellen Phantasielandschaften am Nil dar, und zwar zum Zeitpunkt der Nilflut, wenn die Grenzen zwischen Natur- und Kulturraum verschwammen. Wasserlandschaften mit Inseln, ägyptisierenden Tempeln, Lotusblü-

<small>Nilotische Motive</small>

---

18 CIL III 70 (eigene Übersetzung): *Ianuarius p(rimi)p(ilaris) vidi et miravi / locu(m) cum filia mea Ianuaria. / valete omnes.* Die weiteren Inschriften lauten in variierender Schreibweise: *Ianuarius p(rimi)p(ilaris) vidi et miravi locum.*

Abb. 10.2: Vignette mit Nillandschaft, Ausschnitt aus einer Wandmalerei in der Säulenhalle des Isistempels (Pompeji, zwischen 62 und 79 n. Chr.). Vor einer aus Schilfrohr gefertigten Hütte mit einem üppigen Garten sind Ibisse und zwei kleinwüchsige Figuren in Lendenschurzen zu sehen, rechts lauert ein Krokodil

ten und Seepflanzen werden auf diesen Bildern von Enten, Ibissen, Nilpferden und Krokodilen bevölkert (Abb. 10.2). Groteske kleinwüchsige Gestalten – in der Forschungsliteratur häufig als Pygmäen* bezeichnet – werden dabei gezeigt, wie sie täppisch in Booten und ägyptischen Papyruskähnen hantieren, fischen, gegen Krokodile kämpfen, ausgelassen trinken oder obszöne Tänze aufführen.[19]

Ägyptische Kulte

Auch die exotische religiöse Welt Ägyptens mit den Kulten der Gottheiten Isis, Osiris und Serapis erfreute sich bei den Römern großer Beliebtheit. Im ersten Jahrhundert v. Chr. war der Isiskult mehrfach durch den römischen Senat verboten worden; noch unter Augustus war er zumindest im Gebiet der Stadt Rom untersagt, und dessen Nachfolger Tiberius wies Isisanhänger aus Rom aus. In den 40er Jahren des ersten Jahrhunderts n. Chr. wurde in Stadtrom ein öffentlicher Isiskult eingesetzt, wie er in vielen italischen Hafenstädten längst bestand. So ist der Isistempel in Pompeji seit dem zweiten Jahrhundert v. Chr. nachgewiesen. Die Wandmalereien, mit denen die Säulenhallen dieses kleinen Heiligtums in ihrer letzten Bauphase ausgestattet wurden, liefern faszinierende Einblicke in die ägyptisierenden Bilderwelten der Kaiserzeit (Abb. 10.2).

---

[19] Die in der Forschung übliche Deutung als Pygmäen wurde jüngst von Volker Michael Strocka mit überzeugenden Argumenten in Frage gestellt (Strocka 2021).

In diesem Zusammenhang sei zumindest ausblickartig auch auf die Ägyptenbegeisterung der Neuzeit verwiesen, die sich in mehreren Wellen an der Erforschung der ägyptischen Antike und ihrer Relikte entzündete. Wegweisend war dabei Napoleons Feldzug nach Ägypten (1798–1801), auf dem die Truppen von 167 Wissenschaftlern, Ingenieuren, Architekten und Künstlern begleitet wurden. Die anschließende Publikation einer reich illustrierten *Description de l'Égypte* (Beschreibung Ägyptens) löste einen Ägyptentrend unter anderem in der Architektur, Inneneinrichtung, Kleidung und bildenden Kunst aus (Neuägyptischer Stil). Später wurden die Entzifferung der Hieroglyphenschrift (1822) und der Sensationsfund des unberührten Tutenchamun-Grabes (1922) von einer breiten Öffentlichkeit begeistert aufgenommen.

Ägyptenrezeption im 19. Jahrhundert

10.5 Quelle und Vertiefung

Auf dem Memnonkoloss von Theben, der in der Einleitung zu diesem Kapitel vorgestellt wurde, haben sich 107 kaiserzeitliche Inschriften faszinierter Besucherinnen und Besucher erhalten. Sie bedecken die monumentalen Füße und Unterschenkel der Statue (Abb. 10.3). Die Größe des Monuments im Verhältnis zu lebenden Personen wird in Abb. 10.1 deutlich.

Anders als die Graffiti* in den nahegelegenen Pharaonengräbern im Tal der Könige weisen die Besucherinschriften auf dem Koloss sorgfältig gemeißelte Buchstaben auf. Offenbar wurden sie nicht von den Touristen selbst angebracht, sondern auf deren Bestellung hin von professionellen Steinmetzen. Die ältesten Inschriften stammen aus augusteischer Zeit, die jüngsten wurden um das Jahr 200 n. Chr. herum verfasst.

Es handelt sich bei den erhaltenen Inschriften um 61 griechische und 45 lateinische Texte sowie eine Bilingue*. Viele sind in Versen geschrieben; andere beschränken sich auf die knappe Notiz *Memnonem audivi*, „Ich habe Memnon gehört".

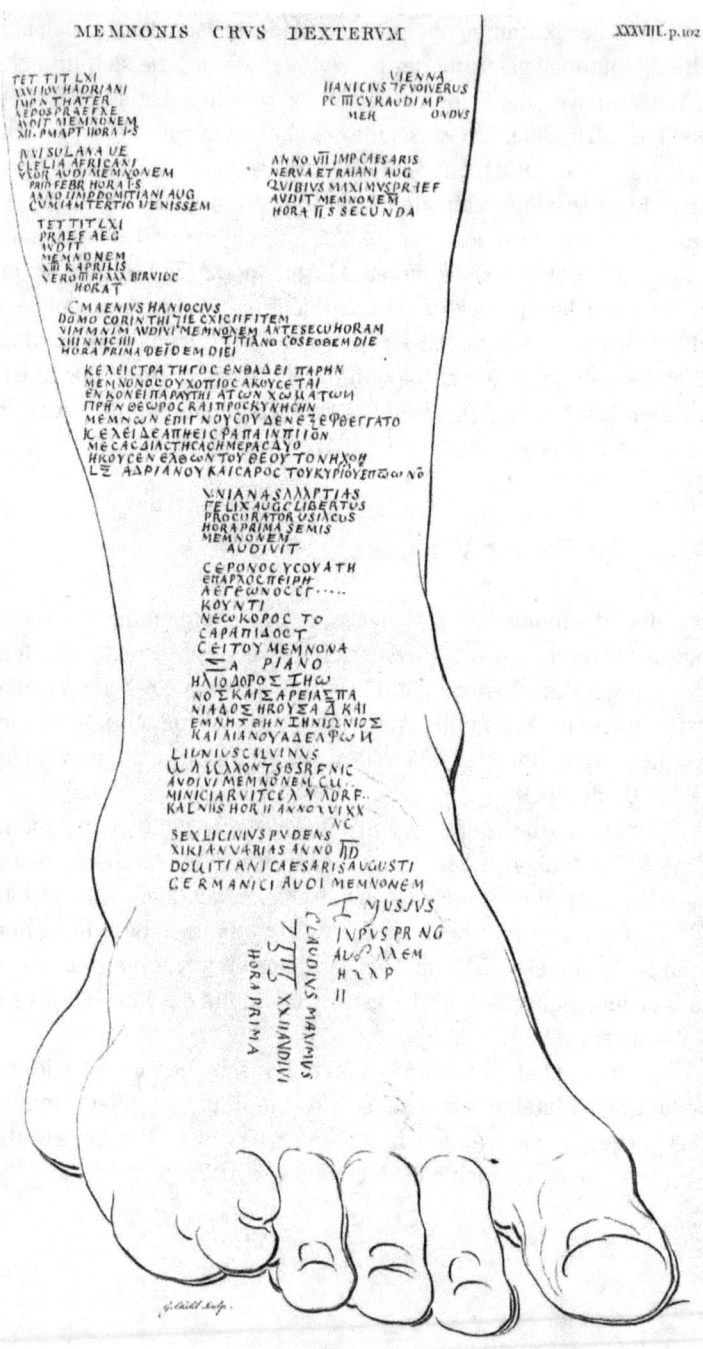

Abb. 10.3: Der rechte Fuß des Memnon mit griechischen und lateinischen Besucherinschriften, Umzeichnung Richard Pocockes aus dem Jahr 1743

10.5.1 Besucherinschriften auf dem Memnonkoloss

Memnon-Inschriften Nr. 4, 7, 11, 12, 16, 21, 28, 30, 34, 37, 42, 57, 58, 73, 86, 92 in der Edition von Rosenmeyer 2018, Übersetzung: Katharina Blaas und Susanne Froehlich

4. Iunius Calvinus und Minicia Rustica (lat.)

Lucius Iunius Calvinus, / Präfekt des Mons Berenicidis[20]. / Ich habe Memnon gehört / mit meiner Frau Minicia Rustica am 15. Tag / vor den Kalenden des April, in der zweiten Stunde, im vierten Jahr unseres Kaisers / Vespasian Augustus.

7. Tanicius Verus (lat.)

Lucius Tanicius Verus, Sohn des Lucius, aus der Tribus Voltinia, der aus Vienne stammt, / Zenturio der dritten Legion Cyrenaica[21], hörte Memnon am siebten Tag vor den Iden / des November, im dritten Jahr unseres Kaisers Titus, und am siebten Tag vor den Kalenden des Januar / und am 18. Tag vor den Kalenden des Februar und am vierten vor den Nonen desselben Monats und am fünften Tag vor den Iden / desselben und am 13. Tag vor den Kalenden des März und am achten Tag vor den Kalenden des März und am siebten Tag vor den Iden des März / und zweimal am siebten Tag vor den Iden des Januar, im dritten Jahr des Kaisers Titus Augustus, / und am 15. Tag vor den Kalenden des März und am siebten Tag vor den Iden desselben in der zweiten Stunde / und am achten Tag vor den Iden des April desselben Jahres in der ersten Stunde / und genauso am vierten Tag vor den Nonen des Juni desselben Jahres in der vierten Stunde.

11. Mettius (griech.)

Auch wenn Banditen deine Haut verletzen / sprichst du trotzdem, wie ich, Mettius, es selbst gehört habe, / o Memnon. Paion von Side hat dies geschrieben.[22]

12. Paion von Side (griech.)

Dass du sprichst, Memnon, habe ich, Paion von Side, / zuerst aus Gerüchten erfahren, nun aber, da ich hier bin, selbst wahrgenommen.

---

[20] Verwaltungsbezirk nahe des Roten Meeres; am namengebenden Berg wurde Smaragd abgebaut.
[21] Die Legion war in Ägypten stationiert.
[22] Der Dichter verfasste die Verse im Auftrag von Mettius Rufus, Präfekt Ägyptens in den Jahren 89 bis 91 n. Chr., welcher hier in der „Ich"-Form den Memnon anspricht. Die folgende Inschrift Nr. 12 ließ Paion im eigenen Namen anbringen.

16. Haterius Nepos (lat.)

Im fünften Jahr Hadrians, / unseres Kaisers. Titus Haterius / Nepos, Präfekt von Ägypten, / hört Memnon / am zwölften Tag vor den Kalenden des März in der ersten und einer halben Stunde.

21. Catulus (lat.)

Wegen der Stimme kam ich des nachts zum göttlichsten Memnon, / und ich, Catulus, Kommandeur der Thebais[23], habe sie gehört.

28. Kaiser Hadrian und Iulia Balbilla (griech. in äolischem Dialekt)

Von Iulia Balbilla [verfasst], / als den Memnon hörte / der erhabene Hadrian. /

Ich[24] habe gehört, dass der Ägypter Memnon, erwärmt durch die Strahlen der Sonne, / eine Stimme aus dem thebaischen Stein erklingen lässt. / Doch als er Hadrian, den Allherrscher, erblickte, begann er, / noch vor den Strahlen der Sonne *ihn* zu grüßen,[25] wie er es vermochte. / Doch sobald der Titan[26], mit den weißen Pferden über den Himmel fahrend, / die zweite Markierung der Sonnenuhr im Schatten liegen ließ, / ließ Memnon erneut den hellen Ton erklingen, wie von angeschlagenem Kupfer; / sogar einen dritten Ruf stieß er aus als Gruß. / Der Herrscher Hadrian grüßte auch selbst, wie es sich gehörte, / den Memnon und hinterließ für die Nachkommenden auf dem Denkmal / Verse, die zeigen, was er alles gesehen und was er gehört hat. / Und es wurde allen klar, dass die Götter ihm freundlich gesonnen sind.

30. Kaiserin Sabina und Iulia Balbilla[27] (griech. in äolischem Dialekt)

Als wir am ersten Tag / Memnon nicht hörten. /

Gestern [empfingst[28] du,] Memnon, mit Schweigen die Gattin[29], / damit sie erneut hierher komme, die schöne Sabina. / Denn es erfreut dich die liebliche Gestalt unserer Königin. / Wenn sie kommt, lass einen göttlichen

---

23 Name des Verwaltungsbezirks von Theben, in dem die Stätte lag.
24 Es ist die Dichterin Iulia Balbilla, die hier in der „Ich"-Form spricht.
25 Hier ist vermutlich nicht gemeint, dass der Koloss schon vor Sonnenaufgang ertönte, sondern dass Memnon zuerst den Kaiser begrüßte und dann erst seine Mutter, die Morgenröte.
26 Gemeint ist Helios, der Sonnengott.
27 Zweifellos wurden auch diese Verse von Iulia Balbilla verfasst. Wie aus den hier nicht abgedruckten Gedichten Nr. 29 und 31 ersichtlich ist, war sie zweimal gemeinsam mit der Kaiserin vor Ort, nachdem Memnon beim ersten Besuch der beiden geschwiegen hatte.
28 Da die Zeile beschädigt ist, kann das Prädikat hier nicht sicher ergänzt werden.
29 Gemeint ist Sabina (um 85–um 137 n. Chr.), die Ehefrau Hadrians.

Ruf für sie ertönen, / damit dir der König nicht zürnt, dass du furchtlos / zu lange hingehalten hast seine erhabene Gemahlin. /
Und Memnon, die große Macht Hadrians fürchtend, / sprach plötzlich, und sie hörte es erfreut.

34. Artemidor, Arsinoë, Ailurionos Quadratus und Ptolemaios (griech.)

Artemidor, Sohn des Ptolemaios, königlicher[30] / Schreiber des Hermonthites und Latopo/lites[31]. Ich habe Memnon gehört, den göttlich/sten, zusammen mit meiner Frau Arsinoë und / den Kindern Ailurionos, auch genannt Qua/dratus, und Ptolemaios, im fünften Jahr des Kaisers Hadrian, / des Herren, am elften Tag des (Monats) Choiak.[32]

37. Arios (griech.)

Oh, welch großes Wunder sehe ich mit (meinen) Augen! / Bestimmt ist irgendein Gott darin, (von denen,) die den weiten Himmel bewohnen, / und lässt die Stimme ertönen, die alle Menschen erfüllt. / Kein sterblicher Mann nämlich könnte irgendwie solches ersinnen. / Von Arios, einem homerischen Dichter aus dem Museion*, nachdem er (die Stimme) gehört hat.

42. Fidus und Galla (griech.)

Bereitwillig hat Memnon Fidus und Galla angesprochen, / weil er die zwei Beschützer der Thebais schon kannte.[33]

57. Marcus Ulpius Primianus (lat.)

Marcus Ulpius Primianus, / Präfekt von Ägypten. / Am sechsten Tag vor den Kalenden des März in dem Jahr, als Dex/ter zum zweiten Mal Konsul war, in der zweiten Stunde / des Tages, habe ich / Memnon gehört, / zweimal.

58. Flavius Origenes (lat.)

Glücklich / grüße ich den Primianus. Der vom Glück begünstigte / Flavius Origenes, sein Beneficiarier[34].

---

30 Das Amt des obersten Bezirksschreibers, des Basilikós Grammateús, ging auf ptolemäische Zeit zurück und hieß daher unter römischer Verwaltung weiterhin „königlich".
31 Verwaltungsbezirke südlich von Theben.
32 Die Familie besuchte am selben Tag auch die Pharaonengräber, wie aus einer dort erhaltenen Inschrift ersichtlich ist.
33 Fidus Aquila, der leitende Magistrat der Thebais, und seine Frau Asidonia Galla hatten den Ort bereits besucht, wie aus der hier nicht aufgeführten Nr. 41 hervorgeht.
34 Elitesoldat im Stab eines Offiziers, hier dem des aus Nr. 57 bekannten Präfekten.

73. Balbinianos (griech.)
Balbinianos, amtierender Oberster Richter, staunte.

86. Basilides, Faustus und Primitivus (lat.)
Basilides, Faustus, Primitivus. / Wir haben die Stimme des Memnon gehört.

92. Trebulla (griech.)
Von Trebulla. / Als ich die heilige Stimme des Memnon hörte, / sehnte ich mich nach dir, Mutter, und betete, dass auch du (sie) hören könntest.

10.5.2 Fragen und Anregungen

- Die Besucherinschriften auf den Beinen der Memnonstatue sind teilweise sehr elaboriert. Wenn es Ihnen schwerfällt, den Inhalt beim ersten Lesen aufzufassen, paraphrasieren Sie die einzelnen Texte zunächst mit eigenen Worten.
- Setzen Sie sich mit den Angaben zum jeweiligen Urheber auseinander, die viele der Quellen bieten. Was finden Sie über Herkunft, soziale Stellung und Berufe der Touristen heraus? Werten Sie aus, was Sie über reisende Frauen und Kinder erfahren.
- Begründen Sie, warum keine Inschriften von Angehörigen unterer sozialer Schichten vertreten sind.
- Die Inschriften Nr. 11, 12, 21, 28, 30, 37, 42 und 92 wurden in Versen verfasst. Vergleichen Sie diese mit den Prosatexten. Welche Informationen bieten letztere, die sich in den Versinschriften nicht finden, und umgekehrt? Können Sie auch Unterschiede in Bezug auf Sprachregister und Emotionalität feststellen?

10.5.3 Weiterführende Literatur

Colin Adams: „There and Back Again". Getting Around in Roman Egypt, in: Colin Adams und Ray Laurence [Hrsg.]: Travel and Geography in the Roman Empire, London/New York 2001, S. 138–166 *(der Beitrag über das Reisen in Ägypten ist anhand von Papyri erarbeitet und bietet Einblicke in den Reisealltag der römischen Zeit).*

Kai Brodersen: Die sieben Weltwunder. Legendäre Kunst- und Bauwerke der Antike, München [7]2007 *(kompakte Überblicksdarstellung zu den antiken Weltwundern und ihrer Rezeptionsgeschichte).*

Monika Fraß: Reiselustige Frauen im römischen Ägypten, in: Robert Rollinger und Brigitte Truschnegg [Hrsg.]: Altertum und Mittelmeerraum. Die antike Welt diesseits und jenseits der Levante, Stuttgart 2006, S. 485–497 *(der Beitrag wertet die Inschriften am Memnonkoloss als Quellen zu reisenden Frauen aus)*.

Ernst Künzl und Gerhard Koeppel: Souvenirs und Devotionalien. Zeugnisse des geschäftlichen, religiösen und kulturellen Tourismus im antiken Römerreich, Mainz 2002 *(instruktive Überblicksdarstellung mit zahlreichen Abbildungen, die allerdings die vermeintlichen Parallelen zu modernen Souvenirs zu stark herausstellt)*.

Patricia A. Rosenmeyer: The Language of Ruins. Greek and Latin Inscriptions on the Memnon Colossus, Oxford 2018 *(der Band enthält sämtliche Memnoninschriften mit englischer Übersetzung und liefert im monographischen Teil eine lesenswerte kulturhistorische Auseinandersetzung mit dem Monument und seinen Besuchern)*.

Volker Michael Strocka: Pygmäen in Ägypten? Die Widerlegung eines alten Irrtums. Bevölkerte Nillandschaften in der antiken Kunst, Darmstadt 2021 *(der Freiburger Archäologe hinterfragt kritisch die seit fast 300 Jahren übliche Interpretation der Darstellung kleinwüchsiger Ägypter als Pygmäen* und setzt eine überzeugende eigene Deutung dagegen)*.

11 Missionsreisen

Abb. 11.1: Kaiserzeitliche Bronzestatuette der Artemis Ephesia mit Schleier und Knotenbinde. Ursprünglich hielt auch die rechte Hand eine Binde. Der Fundort der 10 Zentimeter großen Figur ist unbekannt

An verschiedenen Orten im Römischen Reich wurden Statuetten gefunden, die hand- oder nur fingergroß das Kultbild der Artemis von Ephesos nachbilden (Abb. 11.1). Reisende, die in der Provinzhauptstadt der Asia das als Weltwunder* bekannte Artemision besuchten, konnten solche aus Stein, Metall oder Keramik gefertigten Figuren erwerben, um sie als Votive im Heiligtum zu weihen oder um sie als Amulette oder zum Andenken mit nach Hause zu nehmen. Auch Nachbildungen des Tempels gab es zu kaufen.

Als Missionsreisender geriet der Apostel Paulus Mitte des ersten Jahrhunderts n. Chr. in Ephesos mit den Herstellern dieser Devotionalien* in Konflikt:

> (23) Und es entstand zu der Zeit nicht unerheblicher Aufruhr wegen der Christen. (24) Denn ein gewisser Demetrios, ein Silberschmied, der silberne Tempel der Artemis herstellte und den Handwerkern nicht wenig Arbeit verschaffte, (25) versammelte diese und sprach zu den Beschäftigten dieser Branche: „Männer! Ihr wißt, daß unser Wohlstand aus dieser Arbeit herrührt; (26) und ihr seht und hört, daß nicht nur in Ephesos selbst, sondern so ziemlich in der gesamten Asia dieser Paulus eine hinreichende Menge zum Abfall überredet, indem er behauptet: ‚Götter sind die nicht, die von Händen gemacht werden.' (27) Nicht nur dieses droht uns in Verruf zu geraten, sondern (es droht) auch das Heiligtum der Artemis für nichts geachtet zu werden, und sogar diejenige (droht) von ihrer Majestät herabgestürzt zu werden, die von ganz Asien und der Oikumene* verehrt wird." (28) Als sie das hörten, wurden sie voll Zorn und schrien: „Groß ist die Artemis von Ephesos!" (29) In der Stadt verbreitete sich dieses Durcheinander, und alle liefen sie zusammen in das Theater und zerrten den Gaius und den Aristarch aus Makedonien mit sich, Mitreisende des Paulus.[1]

Interessenkonflikte Die Mission des Paulus berührt die ökonomischen Interessen der Devotionalienhersteller. Wenn er in der ganzen Provinz umherzieht und predigt, dass von Menschenhand gemachte Götter keine Götter sind (Vers 26), stellt dies nicht nur religiöse Überzeugungen, sondern auch die Erwerbsgrundlage der Silberschmiede in Frage. Nicht zuletzt provoziert es den Lokalpatriotismus der Einwohner: Zwei Stunden lang brüllen sie in Sprechchören „Groß ist die Artemis von Ephesos!", ehe die Versammlung aufgelöst werden kann.[2]

Die Missionare Paulus, Gaius und Aristarch treffen in Ephesos auf eine etablierte Tourismus-Infrastruktur. Die Silberschmiede der Stadt sind inschriftlich belegt; sie waren in einer Art Zunft organisiert und hatten im Theater eigene Plätze.[3] Sie fertigten, wie in Vers 24 erwähnt wird, silberne Tempel der Artemis an – wohl nicht als Architekturmodelle, sondern als einfache Silberblechvotive. Gewiss hatte ein Unternehmer wie Demetrios auch Artemisfiguren im Ange-

---

[1] Apg 19,23–29 (Übersetzung Peter Pilhofer).
[2] Ebd., V. 32–40.
[3] IEph 425; 547,1.2 (Sitzplatzinschriften im Theater); 586; 636; 2212 (Vereinigung der Silberschmiede); 2441.

bot, die in der belebten Hafenstraße oder direkt vor dem Heiligtum verkauft wurden, das einige Kilometer außerhalb der Siedlung lag.[4]

Missionsreisen waren im ersten Jahrhundert n. Chr. ein neuartiges Phänomen. Welche Agenda verfolgten Paulus und seine Kollegen? Wo waren sie unterwegs, und unter welchen Bedingungen reisten sie?

Im folgenden Abschnitt 11.1 wird der Missionsgedanke als ein christliches Spezifikum charakterisiert. Abschnitt 11.2 stellt die Person des Paulus und die Quellen zu seiner Reisetätigkeit vor. Es schließt sich mit Abschnitt 11.3 ein Überblick über die paulinischen Missionsunternehmungen an, um auf dieser Grundlage Besonderheiten der Mobilität als Missionar gegenüber den bisher behandelten Formen des Reisens herauszuarbeiten. Abschnitt 11.4 schließlich nimmt die kaiserzeitlichen Missionsreisenden allgemein in den Blick.

11.1 Christliche Religion und Mission

Die paganen* Religionen der Antike missionierten nicht. Das Bestreben, den eigenen Glauben weiterzugeben und zu verbreiten, war eine Besonderheit des Christentums. Die zentrale Begründung der Mission findet sich im sogenannten Missionsbefehl in Mt 28,19f., mit dem der auferstandene Christus seine Anhänger auffordert, alle Völker zu unterweisen und zu taufen. Auf eine Beauftragung durch Christus beriefen sich die meisten Apostel. Sie verstanden sich als seine Gesandten *(apóstoloi)*.

Mission als christliches Spezifikum

In der Antike sollten einzig die Manichäer im dritten Jahrhundert n. Chr. den Missionsgedanken aufgreifen, um ihre durch das Christentum und den iranischen Zoroastrismus beeinflusste Religion zu verbreiten. Mani (216–276 n. Chr.), der christlich sozialisierte Stifter des Kultes, soll selbst Missionsreisen nach Mesopotamien und bis nach Indien unternommen haben. Er entsandte Apostel, die in Ägypten, Syrien und Parthien Gemeinden gründeten.

Missionsreisen der Manichäer

---

[4] Zum historischen Kontext vgl. Zwingmann 2012, S. 170–174. Siehe ferner ebd., 174–176, zum archäologisch nachweisbaren Import von Devotionalien aus Athen nach Ionien.

Frühe christliche Missionsreisen

Was nun die christlichen Missionsreisen betrifft, so sind wir über deren frühe Protagonisten ausgesprochen schlecht informiert. Am Ergebnis der Mission – der Christianisierung der römischen Provinzen – ist ablesbar, dass Mobilität in diesem Prozess eine große Rolle gespielt hat. Dabei waren diejenigen, die den christlichen Glauben verbreiteten, wohl in den wenigsten Fällen zum ausdrücklichen Zweck der Mission auf Reisen, sondern betrieben »Gelegenheitsmission«.

»Gelegenheitsmission«

Paulus

Anders als die vorangehenden Kapitel befasst sich das vorliegende aufgrund dieser Quellensituation im wesentlichen mit einer einzigen Person, dem Apostel Paulus, dessen Reisen als Missionar dank einer einzigartig detailreichen Überlieferung vergleichsweise gut rekonstruiert werden können.

11.2 Paulus aus Tarsos, Zeltmacher und Apostel

Paulus war griechischsprachiger Jude und stammte aus der hellenistisch geprägten Stadt Tarsos in Kilikien. Nach seiner Bekehrung zum Christentum bereiste er als Missionar in den 40er und 50er Jahren des ersten Jahrhunderts Syrien bis in die Arabia, Kleinasien und Griechenland, um neue Gemeinden zu gründen und diese bei späteren Besuchen zu stärken. Als Gefangener gelangte er um 59 n. Chr. nach Rom, wo er wohl im Jahr 60 oder 64 hingerichtet wurde.[5]

Der Apostel

Quellen

Die Reisen des Paulus sind durch seine eigenen Briefe und die Apostelgeschichte ausgesprochen dicht dokumentiert, wenngleich beide als historische Quellen nicht unproblematisch sind. Unter den Briefen, die im Neuen Testament dem Paulus zugeschrieben werden, sind nur der Römerbrief, die beiden Korintherbriefe, der Galaterbrief, der Philipperbrief, der erste Thessalonicherbrief und der Brief an Philemon auf den Apostel zurückzuführen. Die anderen unter seinem Namen überlieferten neutestamentlichen Schreiben, die sogenannten Deuteropaulinen, wurden nicht von ihm selbst verfasst.

Briefe

Die Briefe sind in Bezug auf Informationen über ihren Autor und dessen Lebensumstände sehr lückenhaft und werden daher in der neutestamentlichen Forschung anhand der zusammenhängen-

---

[5] Zur Biographie siehe Ebel 2021a.

den Darstellung der um 90 n. Chr. entstandenen Apostelgeschichte kontextualisiert, welche die etwa 30 Jahre seit dem Tod Jesu um 30 n. Chr. bis zum Aufenthalt des Paulus in Rom behandelt. Der Verfasser hat Paulus nicht mehr persönlich gekannt (was aus der passagenweise verwendeten „Wir"-Form mitunter fälschlich abgeleitet wird). Als Geschichtsschreiber des frühen Christentums hat er einerseits intensiv recherchiert und präsentiert seine Ergebnisse den Gattungsgepflogenheiten entsprechend. Andererseits verfolgt er ein klares Darstellungsinteresse, wenn er etwa Paulus stets in betonter Nähe zu den römischen Behörden und im besten Einverständnis mit ihnen agieren lässt. „Die Apostelgeschichte erhält somit apologetischen* Charakter: Christinnen und Christen sollten ohne staatliche Repressionen im Imperium Romanum leben können, gerade sie erweisen sich ganz wie der Apostel Paulus als vorbildliche Staatsbürger."[6]

Apostelgeschichte

Beim Abgleich der Briefe mit der Apostelgeschichte ergeben sich daher nicht auflösbare Widersprüche, die beispielsweise die Reiserouten des Apostels betreffen. Hier ist in jedem einzelnen Fall argumentativ auszuloten, welche Darstellung aus historischer Sicht den Vorzug verdient. Ein pauschales Urteil, wonach etwa die Briefe im Zweifelsfall „authentischer" wären oder umgekehrt die nicht von Paulus selbst verfasste Apostelgeschichte „objektiver", ist nicht sinnvoll möglich.

Um die Missionsreisen des Paulus sozialgeschichtlich zu verorten, ist ein Hinweis in der Apostelgeschichte von Interesse, wonach er von Haus aus Handwerker war, ein Zeltmacher.[7] Es ist nicht ganz deutlich, was genau sich hinter dieser Berufsangabe verbirgt: War Paulus auf Lederarbeiten spezialisiert oder verarbeitete er Segeltuch aus Leinen, für dessen Herstellung seine Heimatstadt Tarsos bekannt war? Seinen Selbstaussagen zufolge erlaubte ihm jedenfalls sein Handwerk, unterwegs für den eigenen Unterhalt zu sorgen; offenbar machte er seine Sache geschickt und gut. Stets habe er mit eigenen Händen gearbeitet, um niemandem zur Last zu fallen, betont

Der Zeltmacher

---

6 Ebel 2021a, S. 165.
7 Apg 18,3: σκηνοποιός. Zur Interpretation der Angabe siehe Rohde 2017, S. 94f., und Huttner 2017, S. 132–135.

er in seinen Briefen.[8] In Korinth lebte und arbeitete er einmal über ein Jahr lang mit den Zeltmachern Aquila und Priscilla zusammen.[9] In Rom konnte er zwei Jahre lang eine eigene Mietswohnung unterhalten.[10] Anders als reisende Sophisten, Philosophen oder Wunderheiler musste Paulus daher für seine religiösen Unterweisungen kein Geld verlangen, sondern konnte unabhängig agieren, was seine Glaubwürdigkeit und soziale Reichweite erhöht haben dürfte.

Erfahrung und Netzwerk

In jedem Fall war er als Handwerker ein erfahrener Reisender, der wusste, wie man am besten von einem Ort zum anderen kam und wie man in einer neuen Stadt Kontakte knüpfte. Ökonomisch bedingte Mobilität beschränkte sich in der römischen Antike sonst meist auf die eigene Region. Nur eine kleine Minderheit antiker Handwerker reiste über so weite Strecken wie Paulus – besonders gut ausgebildete, überdurchschnittlich gesunde Männer oder solche, die wie der Apostel zur Unterstützung auf soziale Netzwerke zurückgreifen konnten.[11] Paulus hatte in den Städten, in die er kam, sogar gleich zwei Anknüpfungspunkte: Zum einen stellte er berufliche Kontakte zu potentiellen Auftraggebern her und, wie im Fall von Priscilla und Aquila belegt, auch zu Kolleginnen und Kollegen. Zum anderen suchte er in fremden Städten stets die Synagoge auf, um als erstes mit den Juden ins Gespräch zu kommen.

11.3 Die Missionsreisen des Paulus

Eine globale Perspektive

Die Missionstätigkeit des Paulus begann ganz im Osten des Römischen Reiches, in Palästina und Syrien. Wie wir aus seinem Schreiben an die Gemeinde in Rom wissen, plante er jedoch, das Evangelium bis nach Spanien zu bringen,[12] mithin in die westlichste der römischen Provinzen. Diese „globale Perspektive"[13] des Paulus beinhaltete ein unerhörtes Programm: Nicht ein paar Städte oder ein,

---

[8] 1Kor 4,12a; 1Thess 2,9. Vgl. auch Apg. 20,33f. Die einzige Ausnahme bildete die ihm besonders eng verbundene Gemeinde in Philippi, deren materielle Unterstützung Paulus annahm (Phil 4,10.15f., vgl. 2Kor 11,7–9).
[9] Apg 18,1–3.
[10] Apg 28,30.
[11] Rohde 2017, S. 111.
[12] Röm 15,24.28.
[13] P. Pilhofer 2018, S. 114.

zwei Provinzen wollte er mit der christlichen Botschaft erreichen, sondern *alle* Provinzen bis in den fernsten Westen.[14]

Bei seinen Missionsreisen profitierte Paulus selbstverständlich von der Infrastruktur des Reiches und den Sicherheitsmaßnahmen, die die Kaiser seit Augustus und Tiberius etabliert hatten.[15] Ohne das dichte Straßennetzwerk in den Provinzen, die Schiffsverbindungen im gesamten Mittelmeerraum und die Möglichkeit, über private Kuriere mit seinen Gemeinden in Kontakt zu bleiben, wäre das Vorhaben des Paulus nicht denkbar gewesen.

Bedeutung der Infrastruktur

Tab. 11.1: Die Reisen des Paulus mit den wichtigsten in der Apostelgeschichte genannten Stationen. Historisch sind viele Punkte umstritten, so zum Beispiel die angebliche Rückkehr nach Jerusalem und Antiochia am Ende der zweiten Reise.

Erste Reise	Zweite Reise	Dritte Reise	Als Gefangener
Antiochia	Antiochia	Antiochia	Jerusalem
Zypern	Syrien	Galatien	Caesarea
Perge	Kilikien	Phrygien	Sidon
Antiochia ad Pisid.	Derbe	Ephesos	Myra
Ikonion	Lystra	Makedonien	Kreta
Lystra	Phrygien	Griechenland	Malta
Derbe	Galatien	Philippi	Syrakus
Attalia	Mysien	Alexandria Troas	Rhegion
Antiochia	Alexandria Troas	Assos	Puteoli
	Samothrake	Mytilene	Rom
	Philippi	Samos	
	Amphipolis	Milet	
	Apollonia	Kos	
	Thessalonike	Rhodos	
	Beroia	Patara	
	Athen	Tyros	
	Korinth	Ptolemaïs	
	Ephesos	Caesarea	
	Caesarea	Jerusalem	
	Jerusalem		
	Antiochia		

---

14 Das Vorhaben implizierte zugleich, dass Paulus Latein lernen musste (vgl. P. Pilhofer 2010, S. 116).
15 Siehe dazu Kapitel 4.

Erste Reise Seine erste Missionsreise, die etwa in die Jahre 44 bis 47 n. Chr. fällt, unternahm Paulus zusammen mit dem erfahreneren Kollegen Barnabas. Sie führte die beiden von Antiochia am Orontes, der Hauptstadt der Provinz Syrien, nach Zypern und Kleinasien (die einzelnen Stationen sind in Tab. 11.1 aufgeführt).[16]

Zweite Reise Eine zweite, eigenständige Missionsreise unternahm Paulus etwa in den Jahren 49 bis 52 n. Chr. Er wurde dabei von seinem Mitarbeiter Silas und später auch von Timotheos begleitet, den er auf seiner Reise bekehrt hatte. Die Missionare wanderten erneut nach Kleinasien und fuhren von dort mit dem Schiff weiter nach Makedonien, wo Paulus die Gemeinde in Philippi gründete. In der Provinz Achaia besuchte er Athen und hielt dort der Apostelgeschichte zufolge auf dem Areopag eine Rede, die zahlreiche Zuhörerinnen und Zuhörer von der christlichen Botschaft überzeugte. Nach einem 18-monatigen Aufenthalt in der Provinzhauptstadt Korinth reiste er zu Schiff weiter nach Ephesos.[17]

Dritte Reise Auf einer dritten Reise in den Jahren um 52 bis 57 n. Chr. besuchte Paulus vor allem Orte, an denen er bereits christliche Gemeinden gegründet hatte. Zunächst verbrachte er mehr als zwei Jahre in Ephesos, der Hauptstadt der Provinz Asia, um dann erneut nach Makedonien und Griechenland zu reisen. Mit Zwischenstationen in Alexandria Troas und Assos segelte Paulus anschließend nach Milet, dann an der kleinasiatischen Südküste entlang bis Tyros und Caesarea Maritima. Von dort wanderte er zurück nach Jerusalem.[18]

Reise als Gefangener Eine vierte, unfreiwillige Reise führte Paulus als römischen Gefangenen von Jerusalem nach Caesarea und von dort aus mit dem Schiff nach Rom, wohl in den Jahren 57 bis 59 n. Chr. Auf dieser Reise kam es zu Beginn des Winters auf der Höhe von Kreta zu dem vielzitierten Schiffbruch, in dessen Folge das Schiff 14 Tage lang auf dem offenen Meer trieb, ehe die Passagiere in Malta an Land gehen konnten, um dort zu überwintern.[19]

Ein ungewöhnlicher Reisender In der hochgradig urbanisierten Welt des östlichen Mittelmeerraums reiste Paulus also unter anderem genau in jene Städte, die auch besonders viele Bildungsreisende und Touristen anzogen. Seine Interessen als Missionar waren freilich grundsätzlich anders ge-

---

[16] Apg 13,1–14,28.
[17] Apg 15,36–18,22.
[18] Apg 18,23–21,17.
[19] Apg 23,25–35 und 27f.

lagert, wie schon eingangs am Beispiel von Ephesos deutlich wurde: Anstatt wie jeder andere Besucher den berühmten Tempel der Stadtgöttin Artemis zu besichtigen und ihr zu opfern, hatte er die Chuzpe, sich öffentlich hinzustellen und ihren göttlichen Charakter zu bestreiten. Auch in Athen fiel es ihm nicht ein, die Akropolis zu besuchen und eine Miniatur der Athena Parthenos zu erstehen, im Gegenteil: Es versetzte ihn in Zorn, die Stadt voll von heidnischen Götterbildern zu sehen,[20] und so nutzte er seinen Aufenthalt dazu, in der Synagoge und auf der Agora mit Athenern kontrovers über religiöse und philosophische Fragen zu diskutieren.[21]

Auch Logistik und Modalitäten seiner Reisen waren deutlich von denjenigen zu unterscheiden, die wir im Zusammenhang mit reisenden Senatoren und anderen Angehörigen der Elite kennengelernt haben. Paulus reiste mit einigen wenigen Begleitern statt mit einem Tross von Sklaven und Freigelassenen. Er führte nicht sieben unterschiedliche Mantelmodelle mit sich, sondern ein einziges Exemplar.[22] Auf dem Straßenweg ging er generell zu Fuß,[23] und bei Schiffsreisen gehörte er als Handwerker gewiss nicht zu denjenigen Passagieren, die eine der wenigen Kajüten zugestanden bekamen.

Dennoch schildert der Verfasser der Apostelgeschichte Szenen, die an den Adventus* hochstehender Persönlichkeiten erinnern: Als Paulus – wohlbemerkt als Gefangener – nach Rom kommt, gehen ihm die römischen Christen bis nach Forum Appii und Tres Tabernae entgegen,[24] also 68 bzw. 50 Kilometer, zwei volle Tagesreisen weit. Das stellt jede historisch bekannte Einholung eines Amtsträgers oder Kaisers bei weitem in den Schatten.[25] Vergleichbar eindrucksvoll ist die Verabschiedung des Paulus und seiner Reisegefährten in Tyros geschildert. Nachdem sie sich eine Woche in der syrischen Hafenstadt aufgehalten haben, werden sie bei der Abreise von sämtlichen Christinnen und Christen einschließlich der Kinder aus der Stadt hin-

Stilisierung des Einzugs in Rom

---

20 Apg 17,16: θεωροῦντος κατείδωλον οὖσαν τὴν πόλιν.
21 Ebd., V. 17f.
22 Das setzt der deuteropaulinische Brief 2Tim 4,13 voraus. Der Beamte Theophanes dagegen hatte sieben oder acht Mäntel auf der Gepäckliste (Kapitel 5).
23 Vgl. etwa Apg 20,13.
24 Apg 28,15.
25 Die weiteste dokumentierte Strecke sind die gut fünf Kilometer, die die Bevölkerung Antiochias dem siegreichen Titus nach der Eroberung Jerusalems (70 n. Chr.) entgegen kam, als er ihre Stadt besuchte (Ios. bell. Iud. 7,100–102).

aus zum Schiff begleitet und am Strand unter gemeinsamen Gebeten verabschiedet.[26]

Konflikte und Sanktionen

Wie unten zu sehen sein wird (11.5.2), zeichnet Paulus in seinen Briefen ein abweichendes Bild von seinen Erfahrungen als reisender Missionar. Er betont die widrigen Umstände, Konflikte und Sanktionen, denen er sich fortwährend ausgesetzt sah; bedroht, verfolgt, misshandelt und ins Gefängnis gesperrt. Umherziehende Philosophen oder Scharlatane mochten gelegentlich vergleichbare Erfahrungen machen. Die eminente Häufung solcher Erlebnisse auf Reisen erscheint jedoch einigermaßen außergewöhnlich, wie Paulus auch explizit herausstellt. Als Missionar durch die Provinzen des Imperium zu reisen, brachte ganz besondere Herausforderungen mit sich.

11.4 Missionsreisende in der römischen Kaiserzeit

Paulus war nicht der einzige weitgereiste Missionar des ersten Jahrhunderts. Auf seinen Wanderungen und Fahrten war er stets in Begleitung, und im wachsenden Netzwerk der entstehenden Gemeinden hatte er an vielen Orten Unterstützer. Zunächst war Paulus im Auftrag der Gemeinde im syrischen Antiochia tätig, jener Großstadt, die als Zentrum der christlichen Welt bald wesentlich bedeutender werden sollte als Jerusalem. Hier wurden erstmals nicht nur Juden für das Christentum geworben, sondern auch pagane* Griechen, und von Antiochia aus nahm die Heidenmission* in den Provinzen ihren Ausgang.[27] Die Gemeinde entsandte zwei ihrer fünf Propheten und Lehrer als Missionare nach Kleinasien, den aus Zypern stammenden Barnabas und eben Paulus.[28] Wie bereits erwähnt, begleiteten ihn später Silas und Timotheos; ein weiterer enger Mitarbeiter war der Heidenchrist Titus. Das Paulus eng verbundene Missionarsehepaar Priscilla und Aquila lebte jeweils längere Zeit an einem Ort, um dort eine Hausgemeinde aufzubauen;[29] zuerst in Rom, dann in Korinth und schließlich in Ephesos.[30] Aus den neutestamentlichen

Mission im Auftrag von Antiochia

Mitarbeiterinnen und Mitarbeiter des Paulus

---

26 Apg 21,5f.
27 Vgl. P. Pilhofer 2010, S. 112–114.
28 Apg 13,1–3.
29 Ebel 2021b, S. 181f.
30 Apg 18,3; 1Kor 16,19.

Texten sind darüber hinaus die Namen von etwa 50 Personen – Männern wie Frauen – bekannt, die in der einen oder anderen Weise die Missionstätigkeit des Paulus unterstützten oder selbst mit auf Reisen gingen.[31] Sie stellten unter anderem als Boten die Kommunikation unter den Missionaren und zwischen den verschiedenen Gemeinden sicher.

Die im Neuen Testament mehrfach ausdrücklich bezeugte Aussendung der Jünger bzw. Apostel durch Jesus und die spätere Berufung von Gemeinden auf ihre apostolische Gründung lassen vermuten, dass es noch sehr viel mehr Missionare gab. Namentlich sind der Apostel Petrus zu benennen, der zunächst mit seinen Mitarbeitern nur unter den Juden in Palästina tätig war, später aber auch nach Antiochia, Korinth und schließlich Rom gelangte, sowie Philippus und der aus Alexandria stammende Apollos.

Jünger/Apostel

Das Vorbild des Paulus ist stilbildend geworden für die Erwartungen an das Auftreten späterer Missionare. Die früheste erhaltene christliche Kirchenordnung, ein Lehrbuch namens Didaché ("Lehre"), hält im zweiten Jahrhundert n. Chr. Verhaltensregeln fest, die sich an wandernde Lehrer, Prediger und Missionare richten. Demzufolge waren die christlichen Gemeinden dazu verpflichtet, reisende Apostel aufzunehmen. Um Missbrauch vorzubeugen, war der Aufenthalt jedoch auf einen einzigen, maximal zwei Tage beschränkt. Bei der Abreise sollte der Missionar nur Brot als Verpflegung für unterwegs mitnehmen, also in einer Menge, die bis zur nächsten Etappe der Reise ausreichen würde. Geld oder jede andere Form der Unterstützung waren abzulehnen. Allenfalls für bedürftige Dritte durfte der Missionar Gaben erbitten und annehmen.[32]

Verhaltensregeln für reisende Missionare

11.5 Quelle und Vertiefung

11.5.1 Paulus und Barnabas in Lystra

Auf ihrer ersten Missionsreise in den 40er Jahren des ersten Jahrhunderts n. Chr. steuerten Paulus und Barnabas der Apostelgeschichte zufolge mehrere Städte im anatolischen Hochland an. Nachdem sie aus dem pisidischen Antiochia und aus Ikonion vertrieben worden

---

31 Zahlenangabe nach Ebel 2021b, S. 180.
32 Did 11,4–6.12.

waren, schildert der folgende Abschnitt ihren Aufenthalt in Lystra, einem kleinen Städtchen etwa 30 Kilometer südlich von Ikonion (siehe Abb. 1.4 auf S. 11).

Die römische Kolonie Lystra lag in Lykaonien, das zu dieser Zeit Teil der Provinz Galatien war. Anders als in den zuvor besuchten Städten gab es in Lystra keine jüdische Gemeinde, an die die beiden Missionare sich hätten wenden können, so dass sie erstmals mit einer rein paganen* Bevölkerung konfrontiert waren.

Apg 14,6b–20a, Übersetzung: Peter Pilhofer (leicht modifiziert)

> (6b) Sie flohen in die Städte Lykaoniens, Lystra und Derbe und die Umgebung, (7) und dort predigten sie das Evangelium.
>
> (8) Und in Lystra saß ein Mann, der war an den Beinen erkrankt, er war nämlich vom Mutterleib an lahm und hatte noch nie laufen können. (9) Dieser hörte den Paulus reden. Als Paulus ihn ins Auge faßte und sah, daß er den Glauben besaß, gerettet zu werden, (10) sagte er mit lauter Stimme: „Stelle dich aufrecht auf deine Füße!" Und er stand auf und ging umher.
>
> (11) Als aber die Menschenmengen sahen, was Paulus getan hatte, erhoben sie ihre Stimmen und schrien auf lykaonisch[33]: „Die Götter sind in Menschengestalt zu uns herabgestiegen!" (12) Sie nannten den Barnabas Zeus, den Paulus aber Hermes, denn er führte das Wort.[34] (13) Die Priester des lokalen »Zeus vor der Stadt« aber brachten ihnen Stiere und Kränze zu den Toren und wollten zusammen mit den Menschenmengen ein Opfer darbringen.
>
> (14) Als die Apostel Barnabas und Paulus das hörten, zerrissen sie ihre Kleider,[35] sprangen auf die Menschenmenge los (15) und schrien: „Ihr Männer, warum tut ihr das? Auch wir sind Menschen – euch gleichgeartet –, und wir bringen euch die frohe Botschaft, damit ihr euch abwendet von diesen Nichtsen hin zum lebendigen Gott, der den Himmel und die Erde und das Meer und alles, was darin ist, gemacht hat.[36] (16) Er hat in den vergangenen Geschlechtern alle Völker ihrer Wege gehen lassen. (17) Allerdings hat er sich [auch damals] als Wohltäter nicht unbezeugt gelassen, hat er euch doch vom Himmel her Regen gegeben und fruchtbringende Zeiten und eure Herzen

---

[33] In dieser entlegenen Gegend des Taurosgebirges wurde noch eine vorrömische anatolische Sprache gesprochen.

[34] Sie betrachteten Paulus demnach gleichsam als Sprecher des Barnabas. Die enge Verbindung von Zeus und Hermes ist in der Gegend von Lystra auch inschriftlich belegt (das Material bei Cilliers Breytenbach: Paulus und Barnabas in der Provinz Galatien. Studien zu Apostelgeschichte 13f.; 16,6; 18,23 und den Adressaten des Galaterbriefes, Leiden/New York/Köln 1996, S. 176–179).

[35] Hier ein Gestus der Verzweiflung.

[36] Die Missionare zitieren das Alte Testament; vgl. Ex 20,11 und Ps 146,6.

mit Speise und Frohsinn erfüllt." (18) Dieses sagten sie und konnten die Menschenmengen kaum davon abhalten, ihnen Opfer darzubringen.

(19) Es kamen aber aus Antiochia und Ikonion Juden und überredeten die Menschenmengen und steinigten den Paulus. Sie schleiften ihn aus der Stadt in der Meinung, er sei gestorben. (20a) Aber die Jünger umringten ihn, und er stand auf und ging in die Stadt.

11.5.2 Eine paulinische Liste widriger Umstände auf Reisen

Gleich mehrfach führt Paulus in seinen Briefen ganze Listen widriger Umstände auf, denen er bei seinen Reisen als Missionar ausgesetzt war, sogenannte Peristasenkataloge.[37] In einem Schreiben an die christliche Gemeinde von Korinth erinnert er in der nachstehend abgedruckten Passage daran, dass er mehr als alle „falschen" Apostel im Auftrag Christi unterwegs sei, und verweist auf die vielen Leiden, denen er auf seinen Missionsreisen ausgesetzt war.

Der Zweite Korintherbrief ist in seiner kanonischen Form, also so, wie er im Neuen Testament überliefert wurde, wohl aus verschiedenen Briefen des Paulus an die Korinther zusammengestellt. Der folgende Abschnitt gehört zu dem Teilstück 2Kor 10–13, das Paulus vermutlich Mitte der 50er Jahre des ersten Jahrhunderts in Ephesos verfasste, ehe er im Rahmen seiner sogenannten dritten Missionsreise erneut nach Korinth aufbrach.[38]

2Kor 11,21b–29.32, Übersetzung: Peter Pilhofer (leicht modifiziert)

> (21b) Worin aber jemand den Mut aufbringt – ich rede unvernünftig – bringe auch ich den Mut auf: (22) Sie sind Hebräer? Ich bin es auch! Sie sind Israeliten? Ich bin es auch! Sie sind Same Abrahams? Ich bin es auch! (23) Sie sind Beauftragte Christi? Ich rede im Wahnsinn: Ich bin es noch mehr! Öfter in Mühen, öfter in Gefängnissen, viel öfter verprügelt, oft in Todesgefahr.
>
> (24) Von Juden habe ich fünfmal die 39 Schläge bekommen,[39] (25) dreimal bin ich gegeißelt worden,[40] einmal bin ich gesteinigt worden,[41] dreimal

---

[37] Röm 8,35; 1Kor 4,11–13; 2Kor 4,8f.; 6,4–10; 11,23–29; 12,10; Phil 4,12.
[38] Einführend zu 2Kor siehe P. Pilhofer 2010, S. 238–249 mit weiterführenden Literaturangaben.
[39] Paulus hat die jüdische Synagogenstrafe erhalten.
[40] Hier ist die Züchtigung mittels einer Geißel gemeint, die auf Anordnung der römischen Autoritäten durchgeführt wurde.
[41] Vgl. den Quellentext 11.5.1.

habe ich Schiffbruch erlitten, einen ganzen Tag verbrachte ich über der Meerestiefe; (26) viel unterwegs, in Gefahren in den Flüssen, in Gefahren durch Räuber, in Gefahren durch Juden, in Gefahren durch Heiden, in Gefahren in der Stadt, in Gefahren in der Einsamkeit, in Gefahren auf dem Meer, in Gefahren unter falschen Aposteln, (27) in Mühe und Plage, oftmals ohne Schlaf, in Hunger und Durst, oft fastend, in Kälte und Nacktheit. (28) Von dem allen abgesehen: Meine tägliche Sorge um alle die Gemeinden.

(29) Wer ist krank und ich bin es nicht auch? Wer hat Probleme und ich verzehre mich nicht? (30) Wenn denn gerühmt werden muß, so will ich mich meiner Schwachheit rühmen. (31) Der Gott und Vater des Herrn Jesus Christus – er sei gelobt in Ewigkeit – weiß, daß ich nicht lüge. (32) In Damaskus hat der Ethnarch des Königs Aretas[42] versucht, die Stadt der Damaskener zu bewachen, um mich zu fangen; und ich bin durch ein Fenster in der Stadtmauer in einem Korb heruntergelassen worden und seinen Nachstellungen entkommen.

11.5.3 Fragen und Anregungen

– Beschreiben Sie die Verwicklungen, die sich in 11.5.1 aus dem Umstand ergeben, dass Paulus und Barnabas die lykaonische Sprache nicht verstehen.
– Untersuchen Sie, in welchen Rollen die beiden Missionsreisenden in Lystra auftreten und welche Rollen ihnen von anderen Akteuren zugeschrieben werden.
– Die Rede der beiden Missionare in den Versen 15–17 ist der Apostelgeschichte zufolge ihre erste (Kurz-)Predigt, die sich an pagane* Zuhörerinnen und Zuhörer richtet. Beurteilen Sie, inwiefern es Paulus und Barnabas gelingt, ihre Ausführungen auf dieses Publikum zuzuschneiden und ihr Anliegen zu vermitteln.
– Analysieren Sie die einzelnen Probleme und Gefahren auf Reisen, die Paulus in 11.5.2 benennt. Welche betrafen antike Reisende generell? Welche Erfahrungen teilte Paulus mit reisenden Handwerkern und anderen einfachen Leuten? Welche waren spezifisch für die Tätigkeit als Missionar?
– Arbeiten Sie heraus, welche Funktion der Peristasenkatalog in den Versen 23b–28 innerhalb der Argumentation des Paulus hat.

---

[42] Aretas IV. (9 v. Chr.–40 n. Chr), nabatäischer Klientelkönig; der Ethnarch war sein Vertreter in Damaskus.

11.5.4 Weiterführende Literatur

Jens Börstinghaus: Sturmfahrt und Schiffbruch. Zur lukanischen Verwendung eines literarischen Topos in Apostelgeschichte 27,1–28,6 (Wissenschaftliche Untersuchungen zum Neuen Testament, 2. Reihe 274), Tübingen 2010 *(Studie zum literarischen und historischen Kontext der Schiffskatastrophe, die Paulus auf seinem Gefangenentransport nach Rom erlebte).*

Cilliers Breytenbach: Paulus und Barnabas in der Provinz Galatien. Studien zu Apostelgeschichte 13f.; 16,6; 18,23 und den Adressaten des Galaterbriefes, Leiden/New York/Köln 1996 *(S. 5–98 bieten eine vertiefende Lektüre zu dem in 11.5.1 abgedruckten Quellentext aus der Apostelgeschichte).*

Eva Ebel: Das Missionswerk des Paulus, in: Oda Wischmeyer und Eve-Marie Becker [Hrsg.]: Paulus. Leben – Umwelt – Werk – Briefe, Tübingen ³2021, S. 173–185 *(konzise Einführung zu den Missionsreisen des Paulus und den damit verbundenen quellenkritischen Problemen).*

Ulrich Huttner: Unterwegs im Mäandertal. Überlegungen zur Mobilität des Paulus, in: Stefan Alkier und Michael Rydryck [Hrsg.]: Paulus – Das Kapital eines Reisenden. Die Apostelgeschichte als sozialhistorische Quelle, Stuttgart 2017, S. 118–148 *(Huttner untersucht die diversen sozialen Rollen, die Paulus auf seinen Reisen einnahm, indem er ihn etwa mit reisenden Rednern und Philosophen oder mit Pilgern vergleicht).*

Eduard Meyer: Ursprünge und Anfänge des Christentums. Dritter Band: Die Apostelgeschichte und die Anfänge des Christentums, Stuttgart/Berlin 1923 *(lesenswerter Klassiker, der eine Analyse der Apostelgeschichte aus althistorischer Sicht bietet).*

Peter Pilhofer: Das Neue Testament und seine Welt. Eine Einführung, Tübingen 2010 *(diese Einführung zum Neuen Testament und seinem historischen Kontext versteht dessen Hauptprotagonisten Jesus und Paulus sowie den Verfasser der Apostelgeschichte als Reisende; siehe vor allem das Kapitel „Unterwegs", S. 1–19).*

Dorothea Rohde: Von Stadt zu Stadt. Paulos als wandernder Handwerker und die ökonomisch motivierte Mobilität in der frühen Kaiserzeit, in: Stefan Alkier und Michael Rydryck [Hrsg.]: Paulus – Das Kapital eines Reisenden. Die Apostelgeschichte als sozialhistorische Quelle, Stuttgart 2017, S. 85–117 *(Rohde liest die Apostelgeschichte als Reisebeschreibung eines antiken Handwerkers und ordnet sie sozialhistorisch ein).*

12 Pilgerreisen

Abb. 12.1: Menas-Pilgerampulle aus gebranntem Ton (Ägypten, 5.–7. Jh. n. Chr.)

Auf der 15 cm hohen Henkelflasche aus Ton ist ein Mann zwischen zwei Kamelen dargestellt. Die griechische Beischrift O ΑΓΙΟC / ΜΗ-ΝΑC identifiziert ihn als den heiligen Menas. Der Heilige ist mit einem Militärmantel bekleidet und hat die Hände im Betgestus erhoben. Die beiden Kamele sind auf den Knien liegend abgebildet, die Köpfe zu Füßen des Menas. Die Darstellung wird von einem Kranz gerahmt.

Solche Menas-Ampullen wurden im ägyptischen Abu Mena in Massen für christliche Pilgerinnen und Pilger produziert und sind im gesamten Mittelmeerraum vielhundertfach archäologisch nachgewiesen. Die flach gewölbte Form und die beidseitigen Henkel des vorliegenden Exemplars sind charakteristisch: Mit einem durch die Ösen gezogenen Band konnte die Flasche umgebunden und transportiert werden, um Wasser oder Öl vom Grab des Menas als „Segensandenken" (Eulogien*) mit nach Hause zu nehmen.

Der heilige Menas

Menas war ein römischer Soldat, der in einem Prozess unter Diokletian im Jahr 295 n. Chr. hingerichtet worden sein soll, nachdem er im Theater der kretischen Stadt Kytaion öffentlich seinen christlichen Glauben verkündet hatte. Auf seinen Wunsch hin wurde er dort bestattet, „wo die Kamele rasten": in seinem Heimatland Ägypten. An der Grabstätte des Menas in der libyschen Wüste, etwa 40 Kilometer südlich von Alexandria, entstand der prosperierende Wallfahrtsort Abu Mena, der im fünften Jahrhundert n. Chr. von Kaiser Zenon ausgebaut wurde und bis zur Zerstörung durch die Araber im zehnten Jahrhundert als Pilgerstätte in Betrieb blieb. Besucher konnten sich am Grab des Menas von einem Brunnen Wasser abfüllen, dem wundersame Heilkräfte zugeschrieben wurden.

Dieses Kapitel behandelt mit den christlichen Pilgerreisen einen weiteren zentralen Typus von Mobilität im Römischen Reich. Mit einem spätantiken Schwerpunkt bietet es zugleich den chronologischen Schlusspunkt der Betrachtung, ehe sich die Kapitel zur Wissenschaftsgeschichte und Rezeption anschließen.

Zunächst sollen die Anfänge des christlichen Pilgerwesens seit dem zweiten Jahrhundert n. Chr. skizziert werden (12.1). Die Interessen der Pilgerinnen und Pilger und ihr Verhalten an den heiligen Stätten werden anschließend näher charakterisiert (12.2). Ein eigener Abschnitt widmet sich einer in der Forschung Egeria oder Aetheria genannten Pilgerin des vierten Jahrhunderts n. Chr., deren ausführlicher Bericht über ihre Reise nach Ägypten, Palästina, Syrien und Kleinasien erhalten ist (12.3).

12.1 Die Anfänge des christlichen Pilgerwesens

Vorchristliche Pilgerreisen

Mit Pilgern oder Wallfahren ist das Reisen an heilige Orte gemeint, das aus religiösen Motiven erfolgt. Solche Reisen wurden bereits in vorchristlicher Zeit unternommen. Die Mobilität im Zusammenhang mit religiösen Anliegen war in dieser Periode in der Regel recht kleinräumig, wenn die Bewohner einer Stadt ein ländlich gelegenes

Heiligtum außerhalb der Siedlung aufsuchten oder wenn umgekehrt die ländliche Bevölkerung zu Festtagen in die nahegelegene Stadt kam. Ausgesprochene Fernreisen führten an überregional bedeutende pagane* Heilkultorte und Orakelstätten.

Die Pilgerreisen der Christinnen und Christen wiesen demgegenüber mehrere Besonderheiten auf: Mit den Stätten des Heiligen Landes, die als authentische Schauplätze der biblischen Geschichte betrachtet wurden, etablierten sich seit dem vierten Jahrhundert n. Chr. ganz neue Reiseziele, da die Levanteprovinzen zuvor zwar zu administrativen Zwecken von römischen Magistraten aufgesucht wurden, sonst aber kaum Interesse von Reisenden auf sich gezogen hatten. Stätten wie Bethlehem, Jerusalem und der Berg Sinai galten bald als kanonische Ziele einer *peregrinatio ad loca sancta*, einer Wanderung an die heiligen Stätten, und lösten die große Vielfalt paganer Wallfahrtsorte ab. Erst nach und nach entstand durch den Märtyrer*- und Reliquienkult eine neue Vielzahl dezentraler und regional bedeutsamer Reiseziele, worauf noch näher einzugehen sein wird.

<small>Biblische Stätten als neue Reiseziele</small>

Eine weitere Besonderheit des Christentums liegt darin, dass im Gegensatz zum Pilgerwesen der paganen Antike in den Quellen nun auch Frauen als Akteurinnen von Reisen so zahlreich wie prominent vertreten sind. Einige von ihnen werden in diesem Kapitel vorgestellt.

<small>Pilgernde Frauen</small>

Schon seit dem zweiten Jahrhundert n. Chr. belegen lokale Traditionen religiös motivierte Aufenthalte christlicher Bildungsreisender in Palästina. Ein stärker verbreitetes Phänomen konnte daraus erst mit dem Ende der Christenverfolgungen seit dem Toleranzedikt des Galerius werden, der das Christentum im Jahr 311 n. Chr. zur *religio licita*, zur offiziell erlaubten Religion, erklärte. Als erste dokumentierte Pilgerin reiste um 326 n. Chr. Kaiserin Helena, die Mutter Konstantins, an die biblischen Stätten und besuchte die neu errichteten Kirchen, die im Rahmen eines großen kaiserlichen Bauprogramms in Bethlehem an die Geburt Christi und in Jerusalem an seine Kreuzigung, Bestattung und Auferstehung erinnerten. Auch Konstantins Schwiegermutter Eutropia unternahm eine Reise ins Heilige Land. Aus Rom pilgerten Ende des dritten und Anfang des vierten Jahrhunderts n. Chr. mehrere Anhängerinnen einer asketischen* Bewegung nach Palästina, darunter die reichen Aristokratinnen Paula, Eustochium, Melania die Ältere[1] und ihre Enkelin Melania die Jüngere.

<small>Bildungsreisen nach Palästina</small>

<small>Helena</small>

<small>Asketinnen aus Rom</small>

---

[1] Melanias Pilgerroute ist in Abb. 12.2f. als grau gestrichelte Linie eingezeichnet.

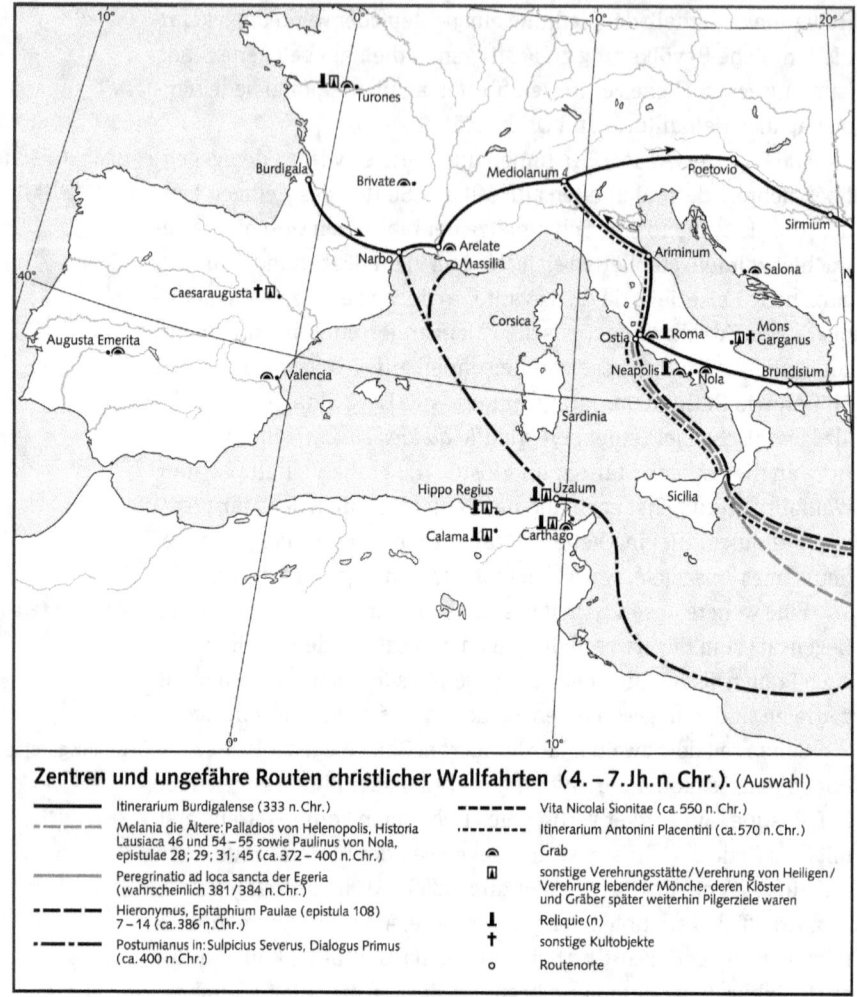

Abb. 12.2: Zentren und ungefähre Routen christlicher Pilgerreisen, Westen

Motive der Pilger

Wie im paganen Bereich verschränkten sich auch bei christlichen Pilgerreisen verschiedene Motive. Genuin religiöse Bedürfnisse wie die Stärkung im Glauben, der Ausdruck von Dankbarkeit oder das Streben nach Buße konnten mit der Hoffnung auf Heilung oder auf Rat verbunden werden, mit den Interessen von Bildungsreisenden, die die biblischen Stätten als Erinnerungsorte besuchten, oder mit touristischer Neugier.

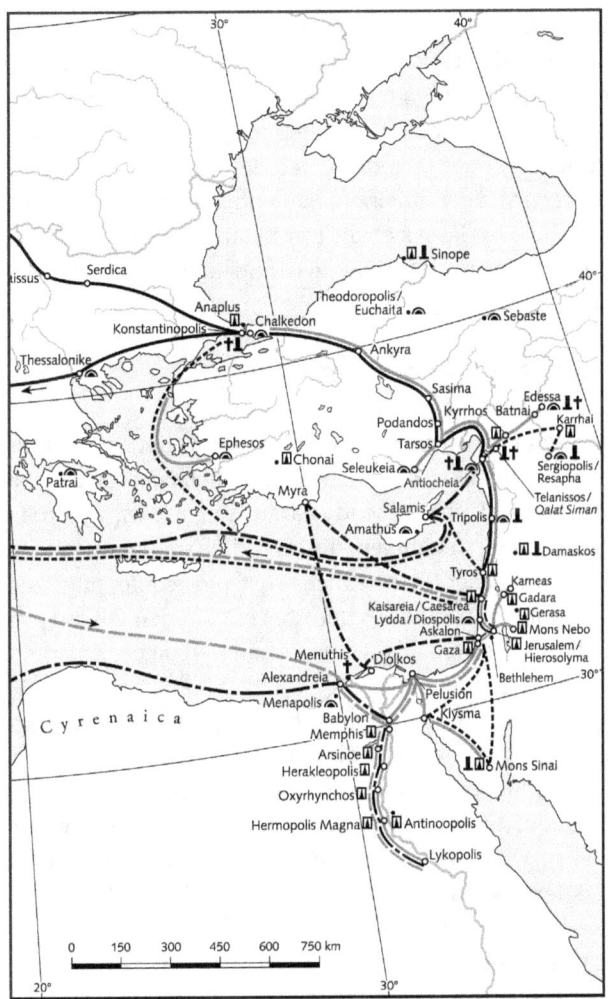

Abb. 12.3: Zentren und ungefähre Routen christlicher Pilgerreisen, Osten

Bereits Ende des vierten Jahrhunderts hielten sich bisweilen mehrere hundert Pilgerinnen und Pilger gleichzeitig in Jerusalem auf. In dieser Zeit wurden neben den Stätten des Alten und Neuen Testaments auch die Gräber der Apostel und Märtyrer zu Zielen von Pilgerfahrten (Abb. 12.2f.). Eine Vorrangstellung genossen die Gräber der Apostel Petrus und Paulus in Rom, das des Evangelisten Johannes in Ephesos und das des Apostels Thomas im syrischen Edessa.

Apostel- und Märtyrergräber

Wie bereits in vorchristlicher Zeit spielte sich die religiös bedingte Mobilität meist jedoch sehr viel kleinräumiger ab. Den weiten Weg nach Syrien, Palästina und Ägypten nahm nur eine Minderheit der Menschen auf sich; viele aber besuchten religiöse Feste in Städten der eigenen Region oder pilgerten zwei, drei Tagesreisen weit zu einem Märtyrergrab oder zu einem Säulenheiligen*. Am Beispiel Kleinasiens (Abb. 12.4) lässt sich die ungeheure Vielfalt der lokalen Kulte für Märtyrinnen und Märtyrer in der Spätantike ermessen.[2]

12.2 An den heiligen Stätten

Pilgerinfrastruktur Die Reisebedingungen waren je nach Status und Vermögen sehr unterschiedlich. Privilegierte Personen konnten den *cursus publicus** nutzen, während einfache Reisende darauf angewiesen waren, in Pilgerherbergen unterzukommen, die an stark frequentierten Straßen im Sinne christlicher Nächstenliebe kostenlose Unterkunft und Verköstigung boten. An vielen Pilgerorten entstanden mit der Zeit Kirchenkomplexe, Klöster und Siedlungen mit Herbergen, Zisternen, Geschäften und Werkstätten.

Besichtigungen Die Besucherinnen und Besucher besichtigten Gräber und andere Erinnerungsorte, die mit biblischen Geschichten oder nachbiblischen Traditionen verbunden wurden. In Jerusalem standen eigene Pilgerführer *(monstratores)* zur Verfügung, die den Gästen die einzelnen Sehenswürdigkeiten zeigten und erläuterten; an kleineren Wallfahrtsstätten übernahmen örtliche Kleriker diese Aufgabe.

Religiöse Riten Die Pilgerinnen und Pilger sprachen Gebete und nahmen an Gottesdiensten oder Prozessionen teil. Sie studierten Märtyrerakten und Wunderberichte oder hörten Lesungen daraus an. Mit der Umwandlung von Tempeln in christliche Kirchen wurden häufig auch pagane* Riten übernommen, was sich etwa in Athen und im kilikischen Aigeai für den zuvor in den Asklepiosheiligtümern praktizierten Inkubationsschlaf* nachweisen lässt, von dem sich die christlichen Pilger wie vor ihnen die paganen Besucher Heilung erhofften.

Wahrnehmung mit allen Sinnen Die heiligen Stätten wurden von den Reisenden mit allen Sinnen erfasst. So notiert die noch näher vorzustellende Pilgerin Egeria Ende des vierten Jahrhunderts n. Chr., dass sie an verschiedenen Stätten in

---

[2] Weiterführend dazu Destephen 2015, S. 86–109; Ph. Pilhofer 2018, S. 136–154.

12.2 An den heiligen Stätten — 181

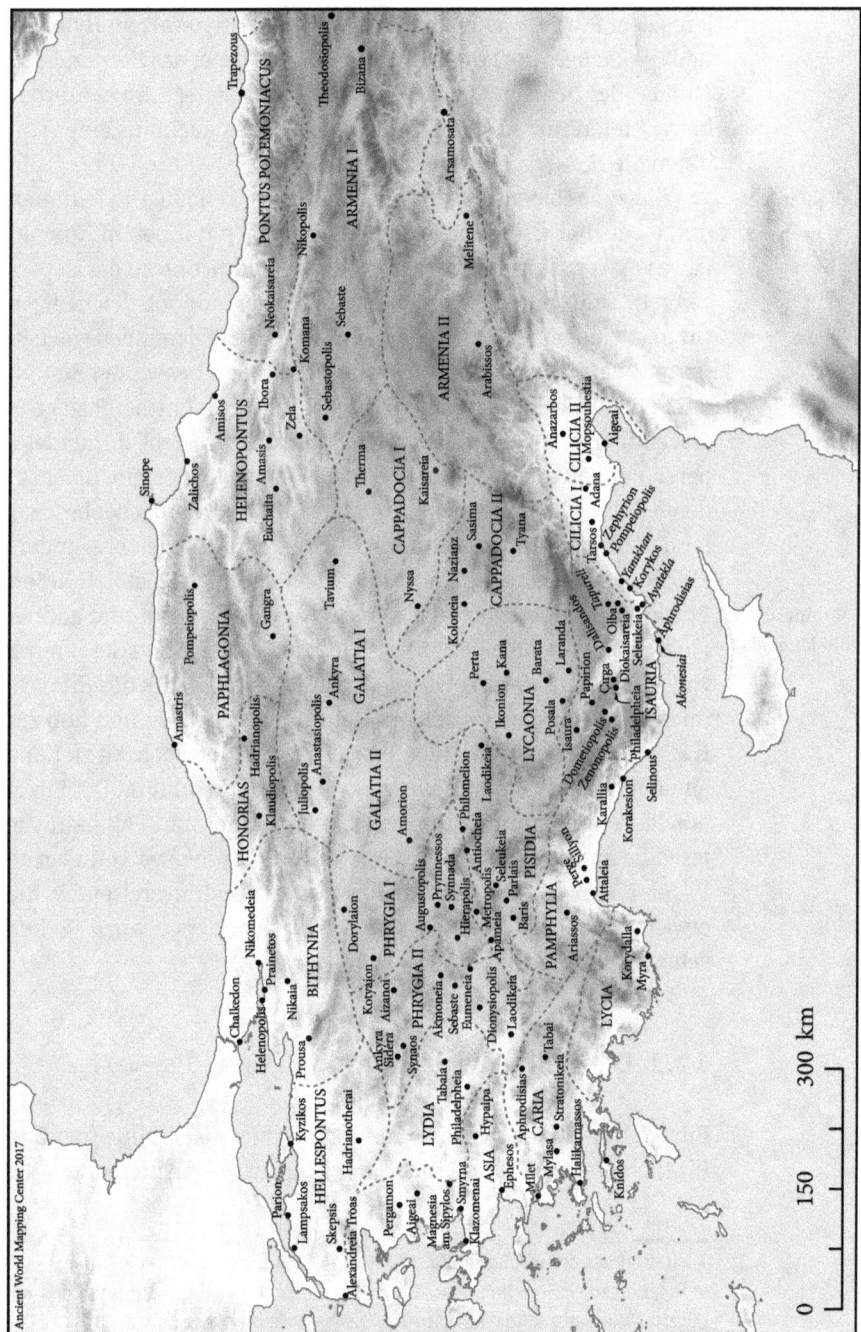

Abb. 12.4: Orte mit lokalen Märtyrerkulten in Kleinasien

Jerusalem Bibelrezitationen, Lesungen aus Märtyrerakten, Hymnen- und Psalmengesang hörte. Sie berichtet, wie Pilger das Holz und den Titulus* des Heiligen Kreuzes ehrfurchtsvoll mit der Stirn berührten, betrachteten und küssten, freilich ohne dass auch nur einer von ihnen die Hand danach ausstreckte.[3]

Reliquienkult

Ein zunehmendes Bedürfnis danach, die Reliquien zu berühren und etwas mit nach Hause zu nehmen, das mit ihnen in Kontakt gewesen war, führte im sechsten Jahrhundert n. Chr. zu der Gepflogenheit, Eulogien* wie Wasser, Öl, Staub oder Erde von den heiligen Orten mitzunehmen. Während es für die frühen Pilgerinnen wie Egeria und Paula im Vordergrund stand, sich den besuchten Stätten durch Bibellektüre anzunähern, fühlte sich ein anonymer Pilger aus Placentia (Piacenza) in der zweiten Hälfte des sechsten Jahrhunderts bei seiner Reise ins Heilige Land in die Vergangenheit ein, indem er deren Relikte befühlte und so ihr Material, ihre Oberflächenbeschaffenheit und ihre Temperatur spürte. Den Titulus* hielt er – anders als die Pilgerinnen zwei Jahrhunderte vor ihm – selbst in Händen.

Erinnerung und Mimesis

Er trank aus einer Quelle, aus der schon die Gottesmutter auf der Flucht nach Ägypten getrunken hatte, und kostete den Geschmack von Manna*. In Kana setzte er sich auf die Ruhebank des Erlösers (nicht ohne die Namen seiner Eltern hineinzuritzen) und hob zur Nachstellung der biblischen Geschichte von der Hochzeit zu Kana einen mit Wein befüllten Wasserkrug auf die Schultern. Der Pilger aus Placentia nahm sogar die Maße der Hand- und Fußabdrücke Jesu, die ihm in Jerusalem gezeigt wurden.[4] Ein solches Auftreten an Pilgerstätten erinnert stark an das früherer Bildungsreisender, die etwa in Ilion/Troja die originalen Schauplätze der paganen Mythen sehen wollten (Kapitel 9).

12.3 Die Heilig-Land-Pilgerin Egeria

Ein wichtiges Zeugnis zu spätantiken Pilgerreisen bildet der ausführliche Bericht einer Frau, deren Namen wir nicht kennen, die

---

[3] Zitationen und Gesang: It. Eg. 3,6; 10,7; 14,1; 24,1. Heiliges Kreuz: 37,1–3.
[4] Referiert nach Georgia Frank: Touching and Feeling in Late Antique Christian Pilgrims' Narratives, in: Niehoff 2017, S. 329–340, hier vor allem S. 333–336. Die Geschichte der Flucht nach Ägypten wird in Mt 2,13–15 erzählt, die der Hochzeit zu Kana in Joh 2,1–11.

aber nach einer späteren Tradition Egeria oder Aetheria genannt wird. Sie stammte aus einer wohlhabenden Familie in den westlichen Provinzen, vielleicht in Gallien, und gehörte zu einer religiösen Frauengemeinschaft, an die ihr Bericht sich wendet. Egerias Reise an die biblischen Stätten in Ägypten, Palästina, Syrien und Kleinasien ist etwa in die Jahre 381 bis 384 n. Chr. zu datieren.

Herkunft

Aus Egerias Bericht erfahren wir einiges über die Reisebedingungen im vierten Jahrhundert. Die Pilgerin fuhr im Schiff oder mit dem Postwagen, benutzte Kamele und Esel, absolvierte aber auch große Teile der Strecke zu Fuß. Sie reiste stets in Gesellschaft anderer, und als hochgestellte Persönlichkeit hatte sie bisweilen sogar den Geleitschutz römischer Soldaten. Dank ihrer Beziehungen und Finanzkraft wurde sie überall gut aufgenommen. Als Reiseunterkünfte dienten amtliche *mansiones** und Militärlager; offenkundig verfügte sie über einen Berechtigungsschein für den *cursus publicus**. Obwohl sie demnach im antiken Vergleich relativ bequem reiste, schreckte sie nicht vor körperlichen Strapazen zurück (siehe 12.4.2).

Fortbewegung und Unterbringung

Egerias Bericht ist in der Sprache der westlichen Provinzen, Latein, verfasst, aber sie sprach offenkundig auch Griechisch und konnte sich auf diese Weise im Osten überall problemlos verständigen. Vor Ort wurde sie von Bischöfen und lokalen Klerikern gastlich empfangen, wobei ihr ein sogenannter Friedensbrief von Nutzen war, den ihr Heimatbischof ihr als Empfehlungsschreiben ausgestellt hatte. Als gebildete Frau unterhielt sie sich mit hochrangigen Kirchenvertretern und fragte wissbegierig nach all den Stätten, die sie aus der Bibel kannte; so ließ sie sich etwa das Haus Abrahams zeigen. Neugierde benennt sie selbst als einen ihrer herausragendsten Wesenszüge.[5] Egeria besuchte auf ihrer Reise Mönche, Asketinnen*, Einsiedler und andere „Heilige" – vorbildliche Christinnen und Christen –, um mit ihnen ins Gespräch zu kommen. In den Gottesdiensten, an denen sie teilnahm, verfolgte sie aufmerksam die Liturgie und legte auch darüber genauen Bericht ab.

Sprachkenntnisse und Bildung

Neugierde

---

5 It. Eg. 16,3.

12.4 Quelle und Vertiefung

Im Folgenden werden zwei sehr unterschiedliche Quellen präsentiert, zum einen der Pilgerbericht der Egeria, zum anderen das Itinerar* eines unbekannten Pilgers oder einer unbekannten Pilgerin aus dem gallischen Burdigala (Bordeaux).

12.4.1 Das Pilgeritinerar von Bordeaux

Das älteste Selbstzeugnis eines christlichen Pilgers ist das sogenannte Itinerar* von Bordeaux *(Itinerarium Burdigalense)*, der Bericht über eine Reise im Jahr 333 n. Chr., die in der gallischen Stadt Burdigala begann und nach Jerusalem führte. Der Name des oder der Reisenden ist unbekannt, so dass sich nicht sagen lässt, ob es sich um eine Frau oder einen Mann handelte.

Der sehr knapp gehaltene Text besteht im Wesentlichen aus einer präzisen Auflistung der Reisestationen, was eine genaue Rekonstruktion der Route ermöglicht. Das Itinerar verzeichnet neben Namen und Kategorie der jeweiligen Stationen die Entfernungen in gallischen Leugen bzw. (außerhalb Galliens) in römischen Meilen. Als Kategorien werden Stadt *(civitas)*, Wechselstation *(mutatio*)* und Herberge *(mansio*)* unterschieden. Dass es sich um das Wegeverzeichnis einer Pilgerfahrt handelt, wird im Text nicht explizit gesagt. Es lässt sich jedoch annehmen, da neben einzelnen vorchristlichen Erinnerungsorten wie dem Grab des Dichters Euripides oder dem Geburtsort Alexanders des Großen in erster Linie biblische – und hier vor allem alttestamentliche – Stätten angesteuert werden.

Der Text ist über weite Strecken selbst ohne Lateinkenntnisse im Original verständlich, weshalb hier auf Übersetzungen weitgehend verzichtet werden kann. Ausgewählt wurde der Reiseabschnitt von Tarsos („von hier war der Apostel Paulus") bis Tyros.

It. Burdig. 580.2–584.3 (Wesseling), Edition: Kai Brodersen, Übersetzung: Susanne Froehlich

> *Mutatio Pargais – milia XIII | Civitas Adana – milia XIIII | Civitas Mansista – milia XVIII | Mutatio Tardequeia – milia XV | Mansio Catavolo – milia XVI | Mansio Baiae – milia XVII | Mansio Alexandria Scabiosa – milia XVI | Mutatio Pictanus – milia VIIII.*
>
> *fines Ciliciae et Syriae:* Grenzen von Kilikien und Syrien.

Mansio Pagrios – milia VIII | Civitas Antiochia – milia XVI.

fit a Tarso Ciliciae Antiochia usque milia CXLI, mutationes X, mansiones VII: Das macht von Tarsos in Kilikien nach Antiochia 141 Meilen, zehn Wechselstationen, sieben Herbergen.

ad Palatium Dafne: Zum Palast von Daphne – *milia V | Mutatio Hysdata – milia XI | Mansio Platanus – milia VIII | Mutatio Baccaias – milia VIII | Mansio Catelas – milia XVI | Civitas Ladica – milia XVI | Civitas Gabala – milia XIIII | Civitas Balaneas – milia XIII.*

fines Syriae Coelis et Foenicis: Grenzen von Koile-Syrien und Phönikisch-Syrien.

Mutatio Maraccas – milia X | Mansio Antaradus – milia XVI. est civitas in mare a ripa: Das ist eine Stadt am Meer, (Entfernung) von der Küste: *milia II. | Mutatio Spiclin – milia XII | Mutatio Basiliscum – milia XII | Mansio Arcas – milia VIII | Mutatio Bruttus – milia IIII | Civitas Tripoli – milia XII | Mutatio Triclis – milia XII | Mutatio Bruttos alia – milia XII | Mutatio Alcobile – milia XII | Mutatio Heldua – milia XII | Civitas Birito – milia XII | Mutatio Parphirion – milia VIII | Civitas Sidona – milia VIII | inde Sarepta – milia VIIII. ibi Helias ad viduam ascendit et petiit sibi cibum:* Hier ging Elias zur Witwe und bat für sich um Essen.[6] *Mutatio ad Nonum:* Wechselstation am neunten Meilenstein* – *milia IIII | Civitas Tyro – milia XII.*

fit ab Antiochia Tyro usque milia CLXXIIII, mutationes XX, mansiones XI: Das macht von Antiochia nach Tyros 174 Meilen, 20 Wechselstationen, elf Herbergen.

12.4.2 Egeria ersteigt den Berg Sinai

Der folgende Quellentext gehört zu dem bereits vorgestellten lateinischen Pilgerbericht der Egeria aus den Jahren 381 bis 384 n. Chr. Die Pilgerin beschreibt in dieser Passage anschaulich ihre Besteigung des 2300 Meter hohen Berg Sinai auf der gleichnamigen Halbinsel. Dieser Berg galt als Schauplatz der alttestamentlichen Mosegeschichte, in der das Volk Israel die Zehn Gebote empfängt.

Eg. It. 2,5–3,8, Übersetzung: Kai Brodersen

> (**2**,5) Dieser Berg scheint ringsum zwar nur ein einziger zu sein; tritt man aber näher, sind es mehrere, aber alles wird Gottesberg genannt; doch jener eigentliche, auf dessen Gipfelhöhe der Ort ist, wo die Herrlichkeit Gottes herabstieg, wie es geschrieben steht,[7] liegt in der Mitte von allen jenen.

---

[6] 1Kön 17,10f.
[7] Ex 19,18–20 und 24,15–18.

(6) Und obwohl hier alle Berge, die ringsum liegen, so hoch sind, wie ich sie noch nie gesehen zu haben glaube, ist doch jener Berg in der Mitte, auf den die Herrlichkeit Gottes herabstieg, so viel höher als alle jene, dass, als wir ihn bestiegen hatten, alle jene Berge, die wir als so hoch erblickt hatten, so tief unter uns lagen, als seien es sehr mäßige Hügelchen. (7) Jenes freilich ist doch ganz bewundernswert und nicht – so glaube ich – ohne Gottes Gnade so, dass jener mittlere Berg, der eigentlich Sinai heißt – das heißt der Berg, auf den die Herrlichkeit Gottes herabstieg –, obwohl er höher ist als alle, doch nicht zu sehen ist, wenn man nicht an seinen Fuß kommt, ehe man ihn ersteigt; doch wenn man nach erfüllter Sehnsucht von ihm herabgestiegen ist, sieht man ihn von gegenüber, was man, bevor man aufsteigt, nicht tun kann. Das aber hatte ich schon, bevor wir zum Gottesberg kamen, aus den Berichten der Brüder erfahren, und als ich dorthin kam, erkannte ich klar, dass es so sei.

(3,1) Wir stiegen also am Samstag abends in den Berg ein, und als wir zu Mönchswohnstätten kamen, nahmen uns dort die Mönche, die dort wohnten, ganz gastfreundlich auf und boten uns alle Gastfreundschaft; dort ist nämlich auch eine Kirche mit einem Priester. Dort blieben wir in dieser Nacht, und dann am frühen Morgen des Sonntags begannen wir mit diesem Priester und mit den Mönchen, die dort wohnten, die einzelnen Berge zu besteigen. Diese Berge besteigt man mit unermesslicher Mühe, weil man sie nicht langsam und langsam im Kreis – wie wir sagen: in »Schnecken«[8] –, sondern ganz direkt wie eine Wand besteigt, und ebenso muss man alle diese Berge ganz direkt wieder herabsteigen, bis man an den eigentlichen Fuß jenes mittleren Berges kommt, welcher der eigentliche Sinai ist.

(2) Auf Geheiß unseres Gottes Christus und unterstützt von den Gebeten der Heiligen, die mich begleiteten, und so mit großer Anstrengung, weil ich zu Fuß bergan gehen musste – da man schon gar nicht auf einem Sattel aufsteigen konnte; und doch wurde diese Mühe gar nicht gefühlt – deshalb aber wurde diese Mühe nicht gefühlt, weil ich die Sehnsucht, die ich auf Geheiß Gottes hatte, erfüllt sah –; um die 4. Stunde also kamen wir auf die Gipfelhöhe des heiligen Gottesbergs Sinai, wo das Gesetz gegeben worden ist, das heißt an jenen Ort, wo die Herrlichkeit Gottes an dem Tag herabgestiegen ist, an dem der Berg rauchte.[9]

(3) An diesem Ort also ist jetzt eine Kirche, nicht groß, weil auch dieser Ort – das heißt der Berggipfel – nicht ganz groß ist; doch hat die Kirche große Anmut an sich. (4) Als wir also auf Geheiß Gottes diese Gipfelhöhe erstiegen hatten und zum Tor dieser Kirche gekommen waren, siehe, da begegnet uns ein Priester, der aus seiner Mönchswohnstatt kam, der dieser Kirche zugewiesen war, ein rüstiger Greis, Mönch von jung auf und – wie man dort sagt – ein Asket*. Was mehr? Er war würdig, an jenem Ort zu sein. Es kamen uns auch noch andere Priester entgegen, alle auch Mönche, die dort am Gipfel wohnten, das heißt die jedenfalls durch Alter oder Schwäche

---

8 Gemeint sind Serpentinen.
9 Siehe Anm. 7.

nicht gehindert waren. (5) Aber auf dieser Gipfelhöhe jenes mittleren Berges selbst wohnt niemand; dort ist nichts anderes als nur die Kirche und die Höhle, wo der heilige Moses war.[10]

(6) Als nun an diesem Ort alles aus dem Buch Mose vorgelesen worden und das Opfer nach seiner Ordnung dargebracht war und als wir an der Kommunion teilgenommen hatten und schon aus der Kirche gingen, gaben uns die Priester dieses Ortes *eulogiae**, das heißt von den Früchten, die auf diesem Berg wachsen. Obwohl nämlich dieser heilige Berg Sinai ganz felsig ist, so dass er keinen Strauch trägt, ist doch unten, nahe dem Fuß dieser Berge – das heißt um den mittleren Berg oder aber um jene herum, die ringsum liegen – ein wenig Erdreich; sofort legen die heiligen Mönche ihrer Sorgfalt entsprechend kleine Obsthaine, Obstgärten und Äcker an und daneben für sich Mönchswohnstätten, als ob sie aus der Erde dieses Berges selbst manche Früchte erhielten, die sie sich jedoch mit eigenen Händen erarbeitet haben. (7) Nachdem wir also an der Kommunion teilgenommen hatten, nachdem jene Heiligen uns *eulogiae* gegeben hatten und nachdem wir vor das Tor der Kirche getreten waren, begann ich sie zu bitten, uns die einzelnen Orte zu zeigen. Da geruhten jene Heiligen sogleich, uns die einzelnen Orte zu zeigen. Sie zeigten uns nämlich jene Höhle, wo der heilige Moses gewesen war, als er zum zweiten Mal auf den Gottesberg stieg, um erneut die Gesetzestafeln zu empfangen,[11] nachdem er die ersten über den Sünden des Volkes zerbrochen hatte;[12] dann geruhten sie, uns alle anderen Orte zu zeigen, die wir ersehnten oder die sie besser kannten.

(8) Das aber will ich euch wissen lassen, meine Damen, ehrwürdige Schwestern, dass von dem Ort, an dem wir standen, das heißt rings um die Wände der Kirche, das heißt auf der Gipfelhöhe dieses mittleren Berges, uns jene Berge, die wir zuerst nur mit Mühe erstiegen hatten, gegenüber dem mittleren Berg, auf dem wir standen, so unter uns zu liegen schienen, als wenn sie nur Hügelchen wären, während sie doch so unermesslich hoch waren, dass ich nie höhere gesehen zu haben glaubte – mit Ausnahme des einen hier in ihrer Mitte, der sie weit überragte. Ägypten aber und Palästina, das Rote Meer und jenes Parthenische Meer,[13] das bis nach Alexandria reicht, und auch die unermesslichen Gebiete der Sarazenen[14] sahen wir von dort unter uns liegen, so dass man es kaum glauben konnte; doch zeigten uns jene Heiligen dies in allen Einzelheiten.

---

10 Ex 33,22.
11 Siehe Anm. 10.
12 Ex 32,19.
13 Das östliche Mittelmeer.
14 Die Gebiete im Norden der Sinai-Halbinsel.

12.4.3 Fragen und Anregungen

- Anhand der Karte Abb. 12.2f. können Sie die Routen der beiden Pilgerreisen nachvollziehen. Die Stationen des Itinerars von Bordeaux sind dort als durchgehende schwarze Linie verzeichnet, die Reise der Egeria mit einer grauen Linie.
- Vergleichen Sie die Informationen, die die beiden Quellen bieten, und diskutieren Sie, welche Verwendungsmöglichkeiten antike Rezipienten für die Texte haben konnten.
- Arbeiten Sie heraus, welche Aspekte der Reise Egeria in ihrem Bericht besonders hervorhebt. Versuchen Sie Rückschlüsse auf ihre Reisemotive zu ziehen.
- Vergleichen Sie Egerias Aufstieg auf den Sinai mit dem folgenden Erlebnisbericht einer heutigen Reisenden, der im Blog des Reiseveranstalters „Biblische Reisen" zu finden ist:

> Am Vorabend wurden wir um 22.30 Uhr in Sharm el Sheikh abgeholt. Nach knapp 3 Stunden Fahrt durch die nächtliche Wüste erreichten wir das Katharinendorf [...]. Kurze Passkontrolle am Polizeiposten, und schon ging es weiter bis zum Parkplatz kurz vor dem Katharinenkloster. Dort standen schon einige Busse und Reisegruppen.
> Nach einer Gepäckkontrolle [...] wurden wir von unserem Beduinenführer Mohammed in Empfang genommen und begannen langsam den Aufstieg auf den Moseberg – arabisch Dschebel Musa. Nach 10 min. hatten wir schon etliche Kamele passiert, die uns als Reittiere angeboten wurden, und ebenso diverse „Coffee-Shops". Unser Beduine schlug die erste Pause vor. [...] Den größten Teil des Weges wanderten wir im Mondlicht, der Vollmond lag erst ein oder zwei Nächte hinter uns.
> Ca. 200 Höhenmeter unter dem Gipfel beginnen die Stufen zum Gipfelaufbau – nun leisteten unsere mitgebrachten Stirnlampen doch gute Dienste. Um 04.30 erreichen wir den Gipfel des Moseberges (2.285 m), was bedeutete, dass wir fast eine Stunde zum Sonnenaufgang warten mussten. Unsere mitgebrachten Daunenjacken kamen zum Einsatz, ein warmer Tee aus dem obersten „Coffee-Shop" (geschickt zwischen christlicher Kapelle und muslimischem Heiligtum platziert) wurde nun dankbar angenommen. Nach und nach trafen weitere Wanderer, Pilger, Touristen ein. [... D]ie Besucher [drängten sich] auf dem Gipfel – über 200 waren es sicherlich. [...] Die Sonne blinzelte irgendwann über den Horizont. Kameras aller Größen, Handys und Tablets wurden emporgehoben, Fotos in alle Richtungen gemacht, die Sonne stieg schnell und stand bald ein gutes Stück über dem Horizont.

Wir genossen den Blick in alle Richtungen. Wieder einmal fasziniert mich die bizarre Steinwüste im warmen Morgenlicht.[15]

12.4.4 Weiterführende Literatur

Kai Brodersen [Hrsg.]: Aetheria/Egeria: Reise ins Heilige Land. Lateinisch-deutsch, Berlin/Boston 2016 *(die zweisprachige Ausgabe bietet neben dem lebhaften Reisebericht der Pilgerin Egeria auch den Brief des Valerius, der die Reise der Egeria würdigt, sowie das Itinerar von Bordeaux).* — Quellen

Rebecca Stephens Falcasantos: Wandering Wombs, Inspired Intellects. Christian Religious Travel in Late Antiquity, in: JECS 25 (2017), S. 89–117 *(in dem Beitrag werden die antiken Berichte über pilgernde Frauen als ein gegenderter Diskurs untersucht und sozial verortet).* — Forschung

Josef Fischer: Das Artemision von Ephesos. Ein antikes Pilgerziel im Spiegel der literarischen und epigraphischen Überlieferung, in: Eckhart Olshausen und Vera Sauer [Hrsg.]: Mobilität in den Kulturen der antiken Mittelmeerwelt. Stuttgarter Kolloquium zur Historischen Geographie des Altertums 11/2011 (Geographica Historica 31), Stuttgart 2014, S. 171–204 *(als Vergleich mit paganen Pilgerzielen der Antike sei dieser Beitrag über das Artemision von Ephesos empfohlen, der mit einem Ausblick zu Ephesos als christlichem Pilgerziel endet).*

Eva-Maria Gärtner: Heilig-Land-Pilgerinnen des lateinischen Westens im 4. Jahrhundert. Eine prosopographische Studie zu ihren Biographien, Itinerarien und Motiven, Münster 2019 *(die sehr schematisch angelegte Untersuchung stellt eine Reihe der in diesem Kapitel genannten Pilgerinnen näher vor).*

Bernhard Kötting: Peregrinatio religiosa. Wallfahrten in der Antike und das Pilgerwesen in der alten Kirche, Münster ²1980 *(Standardwerk zum spätantiken Pilgerwesen, in dem unter anderem die konkreten Reisebedingungen, die wichtigsten Wallfahrtsorte sowie die Motive der Pilger besprochen werden).*

Islème Sassi: Paulinus und sein Nola. Werbung für ein spätantikes Pilgerzentrum (Schweizerische Beiträge zur Altertumswissenschaft 48), Basel 2020 *(die Schriften des Bischofs Paulinus aus dem fünften Jahrhundert n. Chr. werden in dieser Monographie als Werbung für den von ihm etablierten Pilgerort Nola in Kampanien gelesen; Paulinus lobt die gute Erreichbarkeit, die hervorragende Infrastruktur und die prächtigen Basiliken).*

---

[15] Annette Heger am 22. April 2015 im Blog des Reiseveranstalters „Biblische Reisen" auf https://blog.biblische-reisen.de/2017/reiseziele/aufstieg-zum-moseberg-und-besuch-im-katharinenkloster (Abruf am 16.9.2022).

13 Das Reisen in Ludwig Friedländers „Sittengeschichte Roms"

Fig. 15.2. The Via del Corso today: an example of vehicle traffic on a pedestrian street within the Zone of Limited Traffic (photo by Simon Malmberg).

Abb. 13.1: Aktualisierende Abbildung der heutigen Via del Corso in Rom bei Malmberg/Bjur 2011

In einem aktuellen Beitrag zum stadtrömischen Verkehr der späten Republik argumentieren der Archäologe Simon Malmberg und der Architekt Hans Bjur mit einer Analogie zur heutigen Situation:

> And if you really wanted to drive a *plostrum* inside the walls of Rome in daytime, who was to stop you? Today, the Via del Corso in Rome is both within the Zona a Traffico Limitato (ZTL) and a pedestrian street, but still contains an amazing amount of traffic (Fig. 15.2).[1]

Der Führer eines *plaustrum*, eines von Ochsen gezogenen Wagens für Schwertransporte, war demnach durch ein Gesetz Caesars nicht

---

[1] Malmberg/Bjur 2011, S. 370f.

davon abzuhalten, die schmalen Straßen des römischen Stadtzentrums zu befahren, so die Überlegung der Verfasser. Und in der Tat ist die Fotografie, auf die sie sich beziehen (hier Abb. 13.1), als Impression einer Fußgängerstraße beeindruckend, da in dichter Folge Autos und Motorroller verkehren, während die Fußgänger an den Rand gedrängt erscheinen. Inhaltlich jedoch wird hier die Analogie zu modernen Verhältnissen überstrapaziert. Nicht nur ist ein *plaustrum* kein *motorino*, das überall Durchschlupf findet,[2] sondern es erscheint auch fraglich, inwiefern eine heutige Praxis Rückschlüsse auf die römische Antike zulassen sollte.

Vergleichbarkeit antiker und moderner Verhältnisse

Wie weit sollte, wie weit darf moderne Kulturwissenschaft gehen, um antike Verhältnisse anschaulich zu schildern? Sind Vergleiche zu ihrer eigenen Gegenwart für die Leserinnen und Leser denn nicht hilfreich, ja sogar unverzichtbar? Oder führen sie in die Irre, da sie den geänderten gesellschaftlichen Rahmenbedingungen nicht hinreichend Rechnung tragen?

Gegenstand dieses Kapitels sind Ludwig Friedländers Abhandlungen über „Das Verkehrswesen" und „Die Reisen der Touristen" im ersten Band seiner „Darstellungen aus der Sittengeschichte Roms in der Zeit von Augustus bis zum Ausgang der Antonine", so der leicht modifizierte Titel der heute maßgeblichen 10. Auflage, die postum von Georg Wissowa herausgegeben wurde.[3] Das noch heute vielfach benutzte Werk[4] ist zum einen aufgrund seiner wissenschaftlichen Rezeption als zentrale Referenz zum Reisen im Römischen Reich von grundlegender Bedeutung. Zum anderen eignet es sich als Ausgangspunkt für grundsätzliche methodische Reflexionen, da eine 160 Jahre alte Publikation von unserer eigenen Gegenwart schon wieder so weit entfernt ist, dass Friedländers Selbstverständlichkeiten nicht mehr unsere sind. Eine Beschäftigung mit seinem Werk bietet daher die Möglichkeit zur Auseinandersetzung mit Prämissen und Herangehensweisen historischer Arbeit überhaupt. Auf eine kurze Vorstellung der Person des Autors (13.1) folgt eine einführende Charakterisierung der „Sittengeschichte Roms" (13.2), um dann näher auf Friedländers Ausführungen in den beiden Kapiteln über „Verkehrswesen" und „Touristen" einzugehen (13.3).

---

2 Diese Kritik wurde bereits in Froehlich 2022, S. 225 m. Anm. 44 geäußert.
3 Friedländer 1922.
4 Nachdruck zuletzt Darmstadt 2016; online sind Volltextscans verschiedener Auflagen zugänglich.

Abb. 13.2: Porträt Ludwig Friedländers (undatiert)

13.1 Ludwig Friedländer

Ludwig Heinrich Friedländer, geboren 1824 in Königsberg in Ostpreußen (heute Kaliningrad), entstammte einer jüdischen Kaufmannsfamilie. Er konvertierte zu einem nicht bekannten Zeitpunkt zum Christentum; in Königsberg hätte er als Jude bis 1866 keinen Lehrstuhl erhalten können.[5] Als Student der Klassischen Philologie wechselte Friedländer 1843 19-jährig für drei Semester nach Leipzig. Zurück

---

5 Dies galt ebenso für Katholiken, da ausschließlich evangelisch getaufte Dozenten an der Universität lehren durften (Manfred Komorowski: Jüdische Studenten, Doktoren und Professoren der Königsberger Universität im 19. Jahrhundert, in: Michael Brocke, Margret Heitmann und Harld Lordick [Hrsg.]: Zur Geschichte und Kultur der Juden in Ost- und Westpreußen, Hildesheim/Zürich/New York 2000, S. 425–444; vgl. Nippel 2012, Sp. 26). Wohl vor diesem Hintergrund gibt John Glucker: Juden in der deutschen klassischen Philologie, in: Jahrbuch des Instituts für Deutsche Geschichte 10 (1986), S. 95–111, hier S. 102, ohne Beleg 1841 als Friedländers Taufjahr an, das Jahr, in dem er sein Studium aufnahm (freundlicher Hinweis von Olaf Schlunke).

Akademische Karriere	in seiner Heimatstadt, wurde er 1845 promoviert. An die Dissertation schloss sich ein Studiensemester der Archäologie in Berlin an und erst dann die Staatsprüfung für das höhere Lehramt. Parallel zu seiner Probezeit als sogenannter Hilfslehrer an seinem früheren Gymnasium in Königsberg, dem Fridericianum, habilitierte sich Friedländer 1847 für das Fach Philologie. Er wirkte von da an zunächst als Privatdozent, ab 1856 als außerordentlicher Professor und ab 1858 als ordentlicher Professor an der Königsberger Universität. 1856 heiratete er die Gutsbesitzerstochter Laura Guthzeit.
Italienreisen	In den Jahren 1853/54 unternahm Friedländer seine erste Italienreise, in deren Zuge er unter anderem Florenz, Rom, Neapel und Sizilien kennenlernte und die Gelegenheit nutzte, zehn Tage die Berge Latiums zu durchwandern. Von den antiken Ruinen, etwa dem Pantheon oder den Diokletiansthermen in Rom, zeigte er sich „ungeheuer überrascht", da er aus den damals verfügbaren Abbildungen keinen zutreffenden Eindruck erhalten hatte.[6] Während seines längeren Aufenthalts in Rom fing er erstmals an, sich eingehender mit Inschriften zu beschäftigen.[7] Die ursprünglich ins Auge gefasste Weiterreise nach Griechenland unterließ er auf Bitten seines Vaters, sowohl mit Blick auf die Kosten als auch auf die Dauer eines solchen Unternehmens.[8] Obwohl er ein großer Bewunderer der griechischen Kultur war, hat Friedländer diese Reise auch später nie nachgeholt. Italien dagegen besuchte er noch mehrfach in Begleitung seiner Frau. Seine Begeisterung für Land und Leute vermittelte er in Königsberg in lebhaften und anschaulichen Vorträgen, nicht ohne seinen Zuhörerinnen und Zuhörern am Ende seiner Ausführungen eine eigene Reise nach Italien zu empfehlen.[9]
Schwerpunkte der Lehre und Forschung	Bereits vor seinem Italienaufenthalt hatte Friedländer neben seinem eigentlichen Fach als erster Dozent in Königsberg auch Archäologie gelehrt. In den folgenden Jahren hielt er Vorlesungen zur Numismatik und zur Epigraphik, zur römischen Verfassung, Religion und Alltagsgeschichte, zur Topographie Roms, zur Kulturgeschichte der Antike und natürlich literaturgeschichtliche Vorlesungen über

---

[6] Brief Friedländers an Karl Lehrs vom 3. Januar 1854, zitiert bei Ludwich 1911, S. 9.
[7] Ebd.
[8] Brief an Karl Lehrs vom 8. April 1854, zitiert bei Ludwich 1911, S. 12.
[9] Vgl. Lehrs' Brief an Arthur Ludwich vom 4. März 1875, zitiert bei Ludwich 1911, S. 13f.

eine Vielzahl griechischer und lateinischer Autoren. Neben seinem Hauptwerk, der „Sittengeschichte Roms", publizierte Friedländer vor allem auf dem Feld der Philologie; unter anderem legte er historisch kommentierte Editionen der Werke von Martial, Petronius und Iuvenal vor.[10]

Nach der Emeritierung 1892 zogen Ludwig und Laura Friedländer zu ihrer Tochter nach Straßburg. Friedländer starb dort 1909, wenige Wochen nachdem er die achte Auflage seiner „Sittengeschichte" fertiggestellt hatte.

13.2 Die „Sittengeschichte Roms"

Kultur und Sitten der Antike standen von Beginn an im Zentrum von Friedländers wissenschaftlichem Interesse. Bereits als junger Student skizzierte er in einem Brief an seinen akademischen Lehrer in Königsberg, dass ihm Sprachstudium, Grammatik, Metrik und Archäologie nur als „Vorbereitungen" und „Hilfswissenschaften" dienten, um zu *der* Philologie vorzudringen, die er sich zum Studium gewählt habe. Diese eigentliche Philologie sei „die sittlich-ästhetische Betrachtung des Altertums"[11].

Eine „sittlich-ästhetische Betrachtung des Altertums"

Knapp 20 Jahre später, im Alter von nur 38 Jahren, legte er mit Band 1 der „Sittengeschichte Roms" den ersten Teil seines Lebenswerks vor; drei weitere Bände folgten bis 1871. In dem auf März 1862 datierten Vorwort zum ersten Band umreißt Friedländer in knappen Worten sein Vorhaben, „die Cultur eines Zeitraums von zwei Jahrhunderten als ein Ganzes zu betrachten und darzustellen"[12].

Darstellung der „Cultur als ein Ganzes"

Die wissenschaftliche Bedeutung dieser eminent vielseitigen Studie wurde in Kapitel 2 bereits angedeutet; die historische liegt in ihrem „sensationellen Publikumserfolg"[13]. Ein vielsagendes Zeugnis dieses Erfolges verdanken wir dem späteren Herausgeber der „Sittengeschichte", Georg Wissowa (1859–1931): In seinem Vorwort zur neunten Auflage erinnert er sich daran, wie er sich 45 Jahre zuvor, noch als Primaner (Abiturient), von seinem „bescheidenen Taschen-

---

[10] Zu den Lehrgebieten ausführlicher Ludwich 1911, S. 15; die Anmerkungen des Beitrags bieten ein fortlaufendes Schriftenverzeichnis.
[11] Brief an Karl Lehrs am 1. Oktober 1843, zitiert bei Ludwich 1911, S. 4.
[12] Friedländer 1862, S. V–VIII, Zitat S. VI.
[13] Zitat Nippel 2012, Sp. 427.

gelde ‚den Friedlaender' anschaffte" als „erste größere Erwerbung meiner noch in den ersten Anfängen stehenden philologischen Bibliothek"[14]. Das so monumentale wie populäre Werk erreichte nicht nur zehn Auflagen, sondern wurde seinerzeit auch ins Englische, Französische, Italienische, Spanische und Ungarische übersetzt.

13.3 Friedländers Ausführungen über „Verkehrswesen" und „Touristen"

Die knapp 300 Seiten der „Sittengeschichte", die sich dem Reisen widmen,[15] bildeten bei ihrer Erstpublikation 1864 nicht von ungefähr den Auftakt zu dem Band, der Ferdinand Gregorovius (1821–1891) gewidmet war, dem Verfasser der seinerzeit ausgesprochen populären Essays „Wanderjahre in Italien"[16]. Friedländer kannte ihn von seinem ersten Aufenthalt in Rom her.[17] Wie Gregorovius verfolgte er einen klaren literarischen Anspruch, und wie er war Friedländer dabei um höchste Anschaulichkeit bemüht.

Gregorovius' „Wanderjahre in Italien"

Literarischer Anspruch

Vor diesem Hintergrund mag es zunächst verwundern, dass nur sehr wenige Passagen in den beiden einschlägigen Kapiteln der „Sittengeschichte" auf die eigenen Eindrücke verweisen, die Friedländer im Zuge seiner Italienreisen gewonnen hatte. Den deutlichsten Hinweis auf persönliche Anschauung liefern einige Bemerkungen über die Via Appia, die einst so „schöne, belebte Straße"[18], die von Rom nach Süden führt:

---

[14] Georg Wissowa im Vorwort zur neunten Auflage von 1919, neu abgedruckt in der zehnten: Friedländer 1922, S. VIIf.
[15] Friedländer 1922, S. 318–490 (geringfügig verschoben gegenüber der neunten Auflage, dort S. 316–488). Die Kapitel fanden sich in den früheren vierbändigen Auflagen jeweils im zweiten Band, so auch noch in der letzten von Friedländer selbst besorgten achten Auflage von 1910, S. 1–292. Im Folgenden wird nach Friedländer 1922 zitiert, wobei für jede Textstelle ein Abgleich mit der achten Auflage vorgenommen wurde, um nicht unwissentlich von Wissowa ergänzte oder veränderte Passagen heranzuziehen.
[16] Die drei erst später unter diesem Titel zusammengefassten Einzelbände waren 1856, 1861 und 1864 erstmals erschienen; bis 1877 folgten zwei weitere Bände.
[17] Vgl. die Erwähnung Gregorovius' in dem bei Ludwich 1911, S. 10 zitierten Brief aus Rom vom 5. Januar 1854.
[18] Friedländer 1922, S. 406.

Jetzt liegt auf der »Königin der Straßen« statt des bunten, glänzenden Lebens, das damals über sie hinwogte, die tiefste Einsamkeit. Endlos dehnen sich zu beiden Seiten die hügeligen Flächen der Campagna, aus deren Grün die halbzerstörten Bogen der Wasserleitungen ragen; hier und da steht ein graues Haus am Wege. Selten rollt ein Karren mit hochgestapelten Weinfässern beladen über das antike Pflaster, Campagnahirten zu Pferd treiben Schaf- und Rinderherden vor sich her, und der schwermütige Gesang eines Feldarbeiters schallt aus der Ferne herüber.[19]

Doch ansonsten gilt: Stimmungsvolle, farbige Landschaftsbeschreibungen nach dem Vorbild Gregorovius' sind Friedländers Anliegen nicht. Er arbeitet strikt aus den Quellen und historisch präzise.[20] Zu seiner Methode hatte er im Vorwort des ersten Bandes erläutert: *Quellennahe Darstellung*

In die Darstellung selbst habe ich soviel irgend möglich nur thatsächlich feststehendes oder zur Evidenz erwiesenes aufgenommen [...]. [...] Sodann habe ich, um die Gefahr subjektiver Auffassung so viel als möglich zu vermeiden, wo es irgend geschehn konnte, Aeußerungen von Zeitgenossen oder doch von Personen, die jener Zeit nicht fern standen, benutzt: auch so erfahren wir freilich oft nicht, wie die Dinge waren, sondern wie sie jenen erschienen, doch ist dies in vielen Fällen alles, was wir wissen können. Inwiefern diese Aeußerungen subjektiv, befangen und einseitig sind, wird sich auch da, wo ich nicht ausdrücklich darauf aufmerksam gemacht habe, leicht ergeben.[21]

Tatsächlich ist die Darstellung über weite Passagen eine kunstvoll montierte Zusammenstellung von weitgehend wörtlichen Paraphrasen antiker Quellen, die wie eine Übersetzung der römischen Verhältnisse in die Gegenwart von Friedländers gebildetem Lesepublikum funktionieren. So heißt es etwa einleitend: *Kunstvolle Montage von Paraphrasen*

In den beiden Jahrhunderten seit dem Tode des ersten Cäsar stiegen die Einkünfte des Reichs ungemein, und in einem langen und fest begründeten Frieden gelangte alles zu sicherem Wohlstand. Berg und Tal waren bebaut, alle Meere von Schiffen erfüllt, die die Erzeugnisse der Länder gegeneinander

---

19 Friedländer 1922, S. 407.
20 Auch Gregorovius war Historiker, doch sein Hauptwerk „Geschichte der Stadt Rom im Mittelalter" (1871) war zu diesem Zeitpunkt noch nicht erschienen. Die in Friedländers Widmung ausgedrückte Reverenz gilt dem Verfasser der „Wanderjahre".
21 Friedländer 1862, S. VII.

austauschten. [… Z]u jeder Jahreszeit konnte man wandern und schiffen vom Aufgang bis zum Niedergang.[22]

In solchen Zeilen meint man den Kaufmannssohn aus der prosperierenden Handelsstadt Königsberg zu hören, die gerade wenige Jahre zuvor an die Preußische Ostbahn angeschlossen worden war. Dabei hatte der Verfasser in Wirklichkeit aus Appian, Philon und Epiktet zitiert.

Sittenbilder des 19. Jahrhunderts

Die dieserart orchestrierten Aussagen antiker Autoren werden mitunter so weit entkontextualisiert, dass sie sich geradezu zu Sittenbildern des 19. Jahrhunderts verdichten. Wenn Friedländer beispielsweise das in römischer Zeit angeblich „verödete" Griechenland beschreibt, formuliert er:

> In der Stille und Einsamkeit, die über Land und Städte gebreitet war, trat das Bild der großen Vergangenheit nur um so überwältigender vor die Seele des Wanderers und melancholische Gedanken an die Hinfälligkeit alles menschlichen Werkes drängten sich auf.[23]

Hier ist zum einen der Befund selbst zu hinterfragen: War die römische Provinz Achaia wirklich so zerstört und menschenleer – oder spiegeln diese Zeilen vielmehr das Griechenlandbild enttäuschter Reisender im 19. Jahrhundert? Zum anderen aber erscheint die unterstellte Einsamkeit und Melancholie doch einer sehr neuzeitlichen Empfindsamkeit zu entspringen. Der Kontext der antiken Quelle jedenfalls, die Friedländer als Beleg anführt, wird unterschlagen: Bei dem in der Anmerkung genannten Brief des Servius Sulpicius Rufus handelt es sich just um ein Kondolenzschreiben anlässlich des Todes von Ciceros Tochter Tullia, in dem hochartifizielle Reflexionen über die Vergänglichkeit des Seins geboten werden. Auch wenn Sulpicius an der benutzten Stelle die Einsicht *vita brevis* anmutig mit der Erinnerung an eine Schifffahrt im Saronischen Golf verknüpft, kann seine Aussage nicht ohne weiteres als Zeugnis spontaner Gefühlsäußerungen eines römischen Reisenden herangezogen werden.[24]

---

22 Friedländer 1922, S. 319; vgl. auch das bereits oben auf S. 20 gebrachte Zitat.
23 Friedländer 1922, S. 412.
24 Cic. fam. IV 5,4; zur sozialen Funktion der Kondolenzschreiben im Corpus Ciceros siehe Susanne Froehlich: Zerrissene Fäden. Der Austausch über Trauerfälle und die Komplexität des sozialen Netzwerks in Ciceros Briefen, in: Thomas

Bezüge zur eigenen Zeit sind bei Friedländer auf allen Ebenen des Textes zu finden und werden oft bewusst hergestellt, um die Lektüre für ein breites Publikum interessant und nachvollziehbar zu machen. So flicht der Verfasser hier und da Anekdoten über zeitgenössische Personen ein, wenn er etwa im Zusammenhang mit der römischen Straßeninfrastruktur bemerkt, noch 1846 habe sich der König von Neapel mit einem Gefolge von mehreren Tausend Personen so gründlich in der Basilicata verirrt, dass man 14 Tage lang in der Hauptstadt nichts von seinem Verbleib gewusst habe.[25]

Gegenwartsbezüge

Selbstverständlich bietet er die seinerzeit übliche anachronistische* Währungsumrechnung: „Übrigens kostete die römische Meile Chaussee* (zwischen Benevent und Aeclanum, unter Hadrian) etwa 100 000 Sesterzen (21 750 Mark)."[26] Ein Brot kostete 1 As*, „damals 6 1/2 Pfennige"[27].

Währungsumrechnung

Instruktiver als die Umrechnung in Währungen eines anderen Wirtschaftssystems sind solche Vergleiche, die nicht der Parallelisierung mit neuzeitlichen Gegebenheiten dienen, sondern gerade die Besonderheit des antiken Befundes herausstellen. So erläutert Friedländer am Beispiel der Trassierung des Malojapasses, dass die römischen Alpenstraßen extrem steil angelegt wurden: Die antike Straße habe den 1 811 Meter hohen Pass in drei Kurven erstiegen, die heutige weise auf der gleichen Strecke 22 Kurven auf.[28] Ebenso anschaulich sind die Vergleiche der Tonnage großer römischer Frachtschiffe mit Schiffen, die in den 1850er Jahren vom Stapel liefen.[29] Auch sonst hat Friedländer stets neuzeitliches Zahlenmaterial zur Hand und kann zum Beispiel berichten, es habe in Griechenland noch 1833 keine einzige Fahrstraße gegeben.[30] Mitunter finden sich ganz ausführliche Betrachtungen zeitgenössischer Phänomene, beispielsweise eine „Vergleichung des damaligen Brigantentums mit

Instruktive Vergleiche

Späth [Hrsg.]: Gesellschaft im Brief / Lire la société dans la lettre. Ciceros Korrespondenz und die Sozialgeschichte / La correspondance de Cicéron et l'histoire sociale (Collegium Beatus Rhenanus 9), Stuttgart 2021, S. 315–344.
25 Friedländer 1922, S. 328.
26 Ebd., S. 321.
27 Ebd., S. 350.
28 Ebd., S. 325; ebenso instruktiv der Vergleich auf S. 327, Anm. 2.
29 Ebd., S. 426f. Wissowa ergänzt an dieser Stelle noch den Verweis auf ein Schiff seiner eigenen Zeit, den Turbinendampfer „Vaterland" (1914).
30 Ebd., S. 328.

dem des 19. Jahrhunderts", die differenziert den jeweiligen sozialgeschichtlichen Kontext berücksichtigt.³¹

Interesse für die nördlichen Länder

Naheliegenderweise widmet der Verfasser ein besonderes Augenmerk den nördlichen Ländern („von diesen galt ohne Zweifel in bezug auf Reisen im allgemeinen, was Tacitus in bezug auf Auswanderungen von Germanien sagt: es war undenkbar, daß jemand Italien verlassen sollte, um diese Gegenden aufzusuchen").³² Auch den Bernsteinhandel bespricht Friedländer, um in diesem Zusammenhang auf die Funde römischer Münzen in Ostpreußen einzugehen.³³

Detailreichtum

Anschaulichkeit wird in den beiden Reise-Kapiteln der „Sittengeschichte" vor allem durch den Reichtum an Details erzielt, die Friedländer aus den Quellen schöpft. So zählt er in großer Buntheit exotische Handelsgüter in Afrika auf („Elfenbein, Rhinozeroszähne, Felle von Nilpferden, Schildkrot, Affen und Sklaven"³⁴) oder erwähnt kuriose Einzelheiten wie den Beleg für die Versendung von Mineralwasser aus einer antiken Heilquelle.³⁵

Weitgehender Verzicht auf Werturteile

Mit wertenden Urteilen hält sich Friedländer stark zurück. Es hat geradezu Seltenheitscharakter, wenn er den Römern einen „Mangel an Gefühl für den Zauber des furchtbar Erhabenen in der Natur" attestiert, da sie auf den Alpenstraßen – in einer Zeit, als „die Schweiz ein von Römern bewohntes Land war" – nur Augen für die Schwierigkeiten und Gefahren der Reise gehabt hätten, „für die steile Steigung und die Schmalheit der Saumpfade, die sich schwindelerregend an grauenvollen Abgründen hinzogen, für die unwirtliche Öde der kolossalen Eis- und Schneewüsten, die Furchtbarkeit der abstürzenden Lawinen."³⁶ Zeittypische Polemik ist so gut wie gar nicht zu finden. Eines der wenigen Beispiele bietet Friedländers Vergleich der antiken und neuzeitlichen Straßenverbindungen im Gebiet des Osmanischen Reiches, der sehr zum Nachteil der Gegenwart ausfällt: „Am größten ist der Rückschritt hierin wie in der Kultur überhaupt auf dem ganzen ungeheuren Gebiete, das infolge der Herrschaft des Islam völlig in die Barbarei zurückgefallen ist".³⁷

Polemik gegen die Osmanen

---

31 Friedländer 1922, S. 357–359.
32 Ebd., S. 397. Das Zitat bezieht sich auf Tac. Germ. 2.
33 Friedländer 1922, S. 373.
34 Ebd., S. 374.
35 Ebd., S. 365.
36 Ebd., S. 482.
37 Ebd., S. 327.

13.3 Friedländer über „Verkehrswesen" und „Touristen" — 201

Wenn wir am Ende noch einmal die in diesem Kapitel eingangs formulierten Fragen aufgreifen, so kann bilanziert werden, dass es bei einer anschaulichen und aktualisierenden Darstellung stets auf die Kontextualisierung und Bewertung der hergestellten Bezüge ankommt. Wer wie Friedländer für eine breitere Leserschaft schreibt, tut gut daran, Assoziationen zu Phänomenen der Gegenwart aufzugreifen, die sich angesichts bestimmter Parallelen vielleicht ohnedies aufdrängen. Aufgabe des Historikers oder der Historikerin muss es dann sein, eine Einordnung zu bieten, die nicht einseitig vermeintliche Analogien postuliert, sondern auch die Unterschiede zu den Gegebenheiten der Antike deutlich macht.

Eine wichtige Rolle spielt dabei die sachgerechte Übersetzung antiker Begriffe in unsere heutige Sprache, die letztendlich immer eine Gratwanderung bleibt. Sollte man ein *plaustrum* prägnant als „Lastwagen" bezeichnen oder zur Vermeidung irreführender Assoziationen lieber von einem „zum Transport schwerer Lasten geeigneten Fuhrwerk" sprechen? Wie stark die sprachliche Terminologie in einer bestimmten Epoche verortet und mit ihr konnotiert ist, macht der Blick auf das bei Friedländer verwendete Vokabular ganz ausgezeichnet deutlich. Bei den Begriffen, mit denen er die römischen Verhältnisse schildert, haben wir heute unwillkürlich Bilder des 19. Jahrhunderts im Kopf: „Chausseen" und „Fremdenwohnungen", eine „Erziehungsanstalt für die männliche Jugend", einen „Wanderverband", „großartige Industrie", „Kaufmannsstolz", eine „Nationaltracht", „Schwindsüchtige" und erst recht den „Rassenhaß" gegen Juden[38] würden heutige Leserinnen und Leser zweifellos eher im preußischen Königsberg verorten als im antiken Rom. Auch die Kategoriebildungen sind solche des 19. Jahrhunderts, wenn etwa als wichtigste Gruppe unter den römischen Kaufleuten die „Orientalen" behandelt werden,[39] womit Personen aus den Levanteprovinzen gemeint sind. Eine doppelte Lektüre, die sich auch für die Zeit des Verfassers interessiert, ist sicherlich anspruchsvoll, macht heute aber einen zusätzlichen Reiz von Friedländers „Sittengeschichte" aus.

Bilanz

Problematik der Terminologie

---

38 Friedländer 1922, S. 398; 439; 383; 385 Anm. 9; 434; 435; 434; 389; 437. Die Passage zum Rassenhass und religiösen Fanatismus in Alexandria ist bereits in der ersten Auflage enthalten (Friedländer 1864, S. 77).
39 Friedländer 1922, S. 377–379 und öfter.

Mommsens „Römische Geschichte" Indessen zeigt ein Vergleich etwa zu Theodor Mommsen (1817–1903), dem Friedländer den ersten Band seiner „Sittengeschichte" gewidmet hatte, dass diese doch relativ zurückhaltend mit sprachlichen Anachronismen* operiert. Während Mommsen sich in seiner „Römischen Geschichte" einer „kompromißlos modernen Sprache" bediente und Konsuln zu „Bürgermeistern" machte oder Ritter zu „Kapitalisten",[40] setzte Friedländer darauf, dass seinen Leserinnen und Lesern subtilere Hilfestellungen genügten, um sich in die antiken Verhältnisse hineinzudenken.

13.4 Quelle und Vertiefung

Als Quelle dient ein Auszug der „Sittengeschichte Roms", der zur Darstellung von Ägypten im Kapitel „Die Reisen der Touristen" gehört. Dieser Abschnitt war schon in der ersten Auflage von 1864 enthalten, wurde aber von Friedländer in den folgenden Jahrzehnten mehrfach ergänzt und überarbeitet.

13.4.1 Die Anziehungskraft Ägyptens für antike Reisende

Friedländer 1922, S. 428–430[41]

> (428) Der Grieche oder Römer, der den Boden Ägyptens betrat, fand sich dort wie in einer neuen Welt. War das Nilland ihnen von jeher als ein einziges, von allen übrigen durchaus verschiedenes erschienen, so mußte dies in jener Zeit noch in höherem Grade der Fall sein. Denn je länger die römische Weltherrschaft dauerte, desto einförmiger wurde die Welt. Mehr und mehr nivellierte im Westen die ausschließlich römische, im Osten die griechisch-römische Kultur die nationalen und landschaftlichen Eigentümlichkeiten. In Ägypten allein erhielten sich gleichsam mumienartig Reste einer Kultur, mit deren Uralter verglichen die griechische und römische von heute und gestern zu sein schien, und so ragte dies Land der Vergangenheit mit sei-

---

[40] Stefan Rebenich: Theodor Mommsen. Eine Biographie, München 2007, S. 90. Die ersten drei Bände der „Römischen Geschichte" waren 1853 bis 1856 erschienen, also einige Jahre vor Friedländers Werk; Mommsen erhielt dafür im Jahr 1902 den Literaturnobelpreis.

[41] Im Original ist der Text sehr dicht aus den Quellen belegt; auf die Wiedergabe der 32 Fußnoten wurde hier verzichtet. Nur zum Nachweis der ausdrücklichen Zitate sind die Quellenangaben von Friedländer übernommen worden.

nen Wundern und Geheimnissen wie in fossiler Erstarrung in die lebendige Gegenwart hinein. Seine Natur regte die Wißbegier wie keine andre an. Mit Ehrfurcht sah der Fremde den heiligen, als Gott verehrten Strom, den berühmtesten der Welt, seine mächtigen, segenspendenden Fluten wälzen, deren Ausfluß das Meerwasser angeblich weiter von der Küste ab trinkbar machte, als das Land sichtbar blieb. Sein in Dunkel gehüllter Ursprung reizte mächtig den Forschungstrieb des ganzen Altertums. Lucan läßt Cäsar in Alexandria sagen, er möchte kein Geheimnis lieber ergründen als dies: würde ihm eine sichere Aussicht geboten, die Quellen des Nil zu sehen, so wolle er den Bürgerkrieg im Stiche lassen.[42] Bei Lucian wünscht sich Timolaus einen Zauberring, der die Kraft besäße, ihn im Fluge in ferne Länder zu tragen; dann würde er in alle unbekannten Teile der Erde vordringen und allein die Quellen des Nils kennen.[43]

Die Schwellung des Nils verwandelte im Hochsommer ganz Unterägypten in eine weite Wasserfläche, aus der Städte, Flecken und Häuser, auf natürlichen oder künstlichen Anhöhen erbaut, gleich Inseln ragten; unzählige Fahrzeuge, manche nur aus gehöhlten Baumstämmen oder gar aus zusammengebundenem | (429) Tongeschirr bestehend, durchkreuzten sie. In einer um die Zeit der Annexion Ägyptens geschriebenen Stelle spricht Vergil von dem glücklichen Volke, das an den Ufern des seeartig austretenden Nils wohnt und seine Ländereien auf bunten Kähnen umschifft.[44] Wie lebhaft die Eindrücke der eigentümlichen Vegetation und Tierwelt Ägyptens die Phantasie der Römer beschäftigten, davon geben die zahlreichen ägyptischen Landschaften auf Mosaiken und Wandgemälden Zeugnis, mit denen man Wohnzimmer und andre Räume schmückte. Auf Gewässern, die dicht mit den weißen Blumen des Lotus bewachsen sind, sieht man hier Sumpfvögel schwimmen; zwischen hohen Schilf- und Staudengewächsen verbirgt sich der Hippopotamus[45], lauert das Krokodil; am Ufer schleicht der Ichneumon[46], züngelt die Schlange, putzt sich der Ibis mit seinem krummen Schnabel; hoch über dem Dickicht wiegen Palmen auf schlanken Stämmen ihre befiederten Kronen. Auch für den Kaiser Septimius Severus hatte die Reise durch Ägypten besonders wegen der Neuheit der Tiere und der Gegenden Reiz. Das Interesse an der Tierwelt des Landes zeigt am meisten das Mosaik von Palestrina,[47] dessen obere Hälfte eine öde Berglandschaft darstellt, die verschiedenen wirklichen und fabelhaften Tieren als Aufenthalt dient; in der untern, wo man angebaute Gegenden am Nil mit vieler Architektur und das menschliche Treiben in denselben sieht, dienen zur Staffage der Nilland-

---

42 Friedländer verweist hier auf Lucan. X 189ff.
43 Dies bezieht sich auf eine Stelle in dem in Kapitel 7 behandelten Dialog, Lukian Nav. 44.
44 Friedländer verweist auf Verg. georg. 4,287ff.
45 Das Flusspferd.
46 Der Mungo, eine ägyptische Schleichkatze.
47 Ein ca. 25 Quadratmeter großes nilotisches Mosaik, das zur Ausstattung eines Fortuna-Heiligtums in Praeneste (Palestrina) gehörte.

schaften Ibisse, Wasservögel, Krokodile und Flußpferde, welche letztere von Jägern auf einer Nilbarke mit Lanzen gejagt werden. Da auch ein Taubenhaus dort abgebildet ist, scheint es, daß diese schon damals in Ägypten häufig waren; gegenwärtig bilden sie in Form kegelartiger Aufsätze, namentlich in Oberägypten, eine Art von zweitem Stockwerk der Hütten in den Dörfern. Daß übrigens die Wunder Ägyptens ins Fabelhafte erweitert wurden, zeigt unter anderm die Sage vom Phönix: daß dieser Vogel in Ägypten zu gewissen Zeiten gesehen werde, war nach Tacitus nicht zweifelhaft.[48] Plinius berichtet von einer Palme in Unterägypten, die mit dem Phönix zugleich absterben und darauf aus sich selbst neu erwachsen sollte; er fügt hinzu, als er dies schrieb, habe sie eben Frucht getragen.[49] Auch an die Existenz der Pygmäen*, mit denen die ägyptischen Landschaften gern staffiert wurden, glaubte man, und zwar wie neuere Forschungen gelehrt haben, nicht ganz ohne Grund.[50] [...] Man hatte auch Nachahmungen ägyptischer Architekturen und Gegenden im großen, wie Hadrian in seiner Villa zu Tibur ein Canopus, Sever, wie es scheint, ein Labyrinth und ein Memphis.[51]

Und wie die Natur Ägyptens ewig dieselben wunderbaren Schauspiele bot, so auch seine Monumente, die ältesten, kolossalsten, staunenswürdigsten, die das Altertum kannte. An diesen künstlichen Steinbergen, Riesentempeln und Riesenpalästen, unermeßlichen, in Felsen gegrabenen Gängen und Höhlen, den Wäldern von Kolossen und Sphinxen, den zahllosen, mit farbenprangenden Bildern und geheimnisvollen Schriften überdeckten Wänden schien die Zeit machtlos vorüberzugehen. Es war immer dasselbe, was schon seit Jahrhunderten Tausende und Abertausende angestaunt, beschrieben und geschildert hatten, und doch immer neu und überwältigend. Keine modernen Bauten und Gebilde störten die Einheit dieser übermenschlichen Werke, da auch neuere Tempel und Skulpturen den alten nachgebildet und Hieroglyphen nach wie vor angewendet wurden.

---

48 Tac. ann. VI 28.
49 Plin. nat. XIII 42.
50 Hierzu gibt Friedländer in der Fußnote eine nähere Erläuterung: „Nach Schweinfurth, Im Herzen von Afrika II (1874) 131–155 sind die im Süden der Monbuttu, etwa zwischen 1 und 2 Gr.[ad] n.[ördlicher] Br.[eite], wohnenden Akkā, die durchschnittlich 1,5 Meter groß werden, ein Glied in der langen Kette von Zwergvölkern, welche, mit allen Zeichen einer ihrer Auflösung entgegengehenden Urrasse ausgestattet, sich quer durch Afrika längs des Äquators erstreckt. Sie sind ein Jägervolk, besonders geschickte Elefantenjäger. Ihr einziges Haustier ist das Huhn (ein pompejanisches Mosaik ‚stellt die Pygmäen dar, umgeben von ihren Häuschen und Hüttchen, alles voll Hühner'). Über die Zwergvölker des inneren Afrika vgl. namentlich Stuhlmann, Mit Emin Pascha im Herz von Afrika (1894) S. 436ff." Das Zitat zu den Hühnern ist aus dem Band von Schweinfurth.
51 Das „Canopus" war ein Nachbau der ägyptischen Hafenstadt Kanobos auf dem Gelände von Hadrians bereits in Kapitel 9 besprochener Villa. Septimius Severus („Sever") hatte die Stadt Memphis und das in Kapitel 10 erwähnte Labyrinth am Moiris-See nachbilden lassen, das zu seiner Zeit bereits über 1 000 Jahre alt war.

Endlich erhielten sich dort manche fremdartige und in der ganzen übrigen Welt unerhörte Sitten und Gebräuche: dahin gehörte z. B. das künstliche Ausbrüten der Hühnereier durch Mistwärme, das auch das Interesse der über Ägypten nach dem heiligen Lande reisenden Pilger des Mittelalters erregte und noch heute (besonders in Kairo) betrieben wird; ferner das ebenfalls noch jetzt geübte Erklettern der Palmen in der Weise, daß die Kletternden ein Seil zugleich um ihren Leib und den Stamm schlingen und innerhalb dieser Schlinge von einem Knoten des Stammes zum andern aufsteigen. Doch am fremdartigsten und merkwürdigsten erschien den Besuchern Ägyptens immer der dortige Gottesdienst, in welchem begreiflicherweise die Verehrung der Tiere ihre Neugier und Verwunderung am meisten erregte.

13.4.2 Fragen und Anregungen

– Friedländer bemühte sich in der „Sittengeschichte Roms" um hohe Anschaulichkeit. Analysieren Sie, wie diese im vorliegenden Textauszug erzielt wird.
– Der Satz über die Pygmäen* (S. 204) lautete in der ersten Auflage noch: „Kleine seltsam gestaltete Gartenhäuser stehen in diesen Landschaften und statt der Menschen erscheinen oft Pygmäen, als müßte das Wunderland von Wesen der Fabelwelt bewohnt sein." Die in Anm. 50 zitierte Erläuterung fehlte.[52] Setzen Sie sich mit der Frage auseinander, warum Friedländer den Text in der vorliegenden Weise überarbeitet hat.
– In diesem Kapitel wurde das Problem der vermeintlichen Nähe der Antike zu modernen Verhältnissen thematisiert. Untersuchen Sie Friedländers Darstellung im Hinblick auf Konnotationen, Perspektiven und Vergleiche, die auf die Schreibgegenwart des Autors verweisen. Nehmen Sie jeweils Stellung dazu, ob die dadurch geweckten Vorstellungen als anachronistisch* zu beurteilen sind. Prüfen Sie, ob sich im Gegenzug auch Passagen finden lassen, in denen die römischen Verhältnisse in ihrer historischen Besonderheit erläutert werden.

---

52 Friedländer 1864, S. 69.

13.4.3 Weiterführende Literatur

Ludwig Friedländer: Darstellungen aus der Sittengeschichte Roms in der Zeit von Augustus bis zum Ausgang der Antonine. Zehnte Auflage besorgt von Georg Wissowa, Bd. I, Leipzig ^{10}1922 *(natürlich ist in erster Linie »der Friedländer« selbst zu empfehlen, den man bis heute nicht nur mit Gewinn, sondern auch mit Vergnügen lesen kann: zum Verkehr und Reisen S. 318–490)*.

Arthur Ludwich: Ludwig Friedländer. Geb. 16. Juli 1824, gest. 16. Dezember 1909, in: Biographisches Jahrbuch für die Altertumswissenschaft 34 (1911), S. 1–24 *(ausführlichste biographische Würdigung Friedländers, die umfassend aus seinen nicht veröffentlichten Briefen zitiert)*.

14 Mit Asterix durchs Römische Reich

Abb. 14.1: Straßenszene in Londinium (Asterix bei den Briten, dt. 1971)

„Komisch, die zweistöckigen Wagen …", wundert sich Asterix bei seinem Aufenthalt in Londinium (London).[1] Der kleine Gallier und sein dicker Freund Obelix werden von ihrem britischen Begleiter Teefax kundig durch den Verkehr der fremden Stadt gelotst, als der von zwei Ochsen gezogene öffentliche Bus der Linie IV ihre Aufmerksamkeit erregt. Der *omnibus*-Bus („Bus für alle") ist dem modernen London entlehnt, wie die signalrote Farbe und die kühne Doppelstockkonstruktion unschwer erkennen lassen. Dass die Römer Londinium zur Zeit des Asterix noch gar nicht gegründet hatten, zählt zu den typischen Anachronismen*, die zum Witz der Serie beitragen.

In einem Band über das Reisen im Römischen Reich darf Asterix nicht fehlen, der vielgereiste gallische Krieger, der im deutschsprachigen Raum wie keine zweite popkulturelle Figur mit der römischen Antike assoziiert wird. Der von René Goscinny und Albert Uderzo ersonnene Titelheld der gleichnamigen Comicserie bereist seit den 1960er Jahren unermüdlich nicht nur seine gallische Heimat, sondern nahezu sämtliche Provinzen des Imperiums, von Britannien bis Ägypten, von Spanien bis Mesopotamien, und wagt sogar gelegentliche Abenteuerfahrten bis an die Ränder der bewohnten Welt.

---

1 Asterix bei den Briten, S. 24.

Nach einigen Hintergrundinformationen zur Asterix-Reihe (14.1) soll die Welt, in der sich Asterix bewegt, näher charakterisiert werden, wobei insbesondere auf die Darstellung fremder Länder und Ethnien einzugehen ist (14.2). Daran anknüpfend werden die Verkehrsmodalitäten vorgestellt (14.3), um exemplarisch die Reisen des Titelhelden nach Griechenland und Ägypten zu behandeln (14.4).

14.1 Die Asterix-Reihe

René Goscinny und Albert Uderzo

Der kleine gallische Krieger Asterix wurde 1959 von René Goscinny (1926–1977) und Albert Uderzo (1927–2020) ins Leben gerufen. Die ersten Abenteuer wurden als Fortsetzungsgeschichten in der Jugendzeitschrift Pilote publiziert, wobei in jeder Nummer nur eine Seite veröffentlicht wurde. Sekundär erschienen ab 1961 Alben der Gesamtgeschichten. Erst seit 1974 erfolgt die Erstveröffentlichung im Albenformat. Nach Goscinnys Tod setzte Uderzo die Serie allein fort; seit 2013 werden die neu erscheinenden Bände von Jean-Yves Ferri und Didier Conrad gestaltet. Die folgenden Ausführungen konzentrieren sich schwerpunktmäßig auf die inhaltlich geschlossen konzipierten 24 Bände der 1960er und 1970er Jahre, für die Goscinny und Uderzo verantwortlich zeichneten.

Erfolg und Vermarktung

Asterix war international und vor allem auch im deutschsprachigen Raum schnell erfolgreich. Übersetzungen liegen mittlerweile in 116 Sprachen vor, darunter Latein und Altgriechisch; die deutschen Hefte sind auch in mundartlichen Versionen etwa auf Alemannisch, Hessisch oder Niederdeutsch erhältlich. Das Asterix-Universum ist in den vergangenen Jahrzehnten immer weiter angewachsen und umfasst neben den Comicalben auch Hörspiele, Zeichentrick- und Realverfilmungen, analoge und virtuelle Spiele, Internetforen, Merchandise-Artikel bis hin zum kompletten Asterix-Kostüm und sogar einen eigenen Asterix-Themenpark in Frankreich.

Wissenschaftliche Rezeption

Nachdem es in der Altertumswissenschaft lange Zeit als unpassend galt, sich mit Asterix zu befassen, sind seit den 1990er Jahren Fachpublikationen[2] zu Asterix ebenso zu verzeichnen wie Ausstellungen namhafter Antikenmuseen.[3]

---

2 Siehe die unten (14.5.3) aufgeführten Lektürehinweise.
3 Basel 1998, Haltern 1999, Leiden 2000.

14.2 Asterix und seine Welt

Die Asterix-Geschichten spielen im Jahr 50 v. Chr., wie auf der ikonischen Einleitungsseite in jedem Heft nachgelesen werden kann:

> Wir befinden uns im Jahre 50 v. Chr. Ganz Gallien ist von den Römern besetzt... ganz Gallien? Nein! Ein von unbeugsamen Galliern bevölkertes Dorf hört nicht auf, dem Eindringling Widerstand zu leisten.[4]

Der Widerstand gegen die Römer gelingt den Bewohnern des kleinen Dorfes im nordwestlichsten Gallien dank eines Zaubertrankes, den der Druide Miraculix braut. Die komplizierten Zutaten des Gebräus und andere Verwicklungen erfordern es immer wieder, dass Asterix und Obelix sich auf weite Reisen begeben – doch am Ende gelingt es jedesmal, das Dorf gegen den römischen Zugriff zu verteidigen.

Plot

Der Grundtenor der Comics ist satirisch-witzig. Wie jede gute Literatur funktioniert Asterix dabei auf unterschiedlichen Ebenen. Die klamaukigen *running gags* begeistern bereits Kindergartenkinder: Da wird bei jeder Begegnung mit den immergleichen Piraten deren Schiff versenkt; da hindert der Schmied Automatix den unbegabten Barden Troubadix daran, seinen schauderhaften Gesang anzustimmen; da kommt es in schöner Regelmäßigkeit zu Prügeleien im Dorf, weil der Fischhändler Verleihnix wieder einmal stinkenden Fisch feilgeboten hat; und der dicke Obelix bestreitet hartnäckig, dick zu sein. Gymnasiasten, die sich gerade mit dem Lateinlernen plagen, freuen sich über den Wiedererkennungswert der eingestreuten lateinischen Redensarten ebenso wie über die Auftritte des notorisch unterlegenen Cäsar,[5] der von den Galliern stets respektlos mit „Julius" angeredet wird und der glanzvollen Selbstdarstellung seines historischen Vorbilds in *De bello Gallico* so gar nicht entspricht.[6] Erwachsene verstehen die groteske Überzeichnung und die anachro-

running gags

Bezüge zum Latein- und Geschichtsunterricht

---

[4] Diese Zitat findet sich jeweils auf S. 3. Die hier und nachfolgend zitierten deutschen Übersetzungen der Bände 1 bis 29 erstellte Gudrun Penndorf.

[5] Der Comicprotagonist schreibt sich mit „ä". Zur Darstellung Cäsars siehe Martin Jehne: Asterix und Caesar, in: Brodersen 2001, S. 58–71.

[6] Caesars Bericht über die Gallischen Kriege war zur Zeit Goscinnys eine Standardlektüre im Lateinunterricht. Eine explizite Auseinandersetzung damit bietet „Asterix bei den Belgiern", wo sich die Gallier durch Cäsars Aussage verunglimpft sehen, von allen Galliern seien die Belgier die tapfersten (Caes. Gall. I 1,3: *horum omnium fortissimi sunt Belgae*). Eine Interpretation der Schrift im Kontext von

Anachronismen und Anspielungen auf die Gegenwart	nistischen* Brüche in der Darstellung, und sie erkennen mit einem Schmunzeln die zeitlosen Konflikte wieder, die Junge und Alte, Frauen und Männer, Dorfbewohner und Städter, Traditionalisten und Fortschrittliche miteinander austragen. Anspielungen auf Politik, Literatur, Kunst und Film erlauben bei jeder Lektüre neue Entdeckungen, wenn etwa in Britannien die Beatles einen kleinen Gastauftritt haben oder in Spanien Don Quijote (die unzähligen Bezüge auf tagesaktuelle Themen der Entstehungszeit freilich sind heute kaum noch
Forschungsfragen	zu dekodieren). Altertumswissenschaftlich bewanderte Leserinnen und Leser werden sich über gut recherchierte Details freuen wie beispielsweise die Erwähnung des im Fach vieldiskutierten Tagfahr-
Sprachwitz	verbots in Rom.[7] Wer subtilen Humor und feinsinnigen Sprachwitz zu schätzen weiß, kommt vor allem im französischen Original auf seine Kosten.
Nationale Stereotype	Die Serie lebt nicht zuletzt davon, Klischees aller Art aufzugreifen und zu parodieren. Ganz besonders kommt dies im Zusammenhang mit den Reisen des Titelhelden zum Tragen, in deren Verlauf Angehörige zahlreicher antiker Ethnien begegnen. Deren Darstellung bedient sich lustvoll bei den nationalen Stereotypen des 20. Jahrhunderts und karikiert diese in Wort und Bild. Vor diesem Hintergrund erscheint es nur konsequent, dass die entsprechenden geographisch-politischen Referenzkategorien in aller Regel nicht die antiken Landschaften oder römischen Provinzen sind, sondern die modernen Nationalstaaten. Da sind zunächst einmal die Gallier (Franzosen) selbst: habituell zerstritten, verfressen, undiszipliniert, aber – wenn es darauf ankommt – auch ausgesprochen galant; da sind die Helvetier (Schweizer) mit ihrem Pünktlichkeits- und Sauberkeitswahn; die Griechen, die hemmungslose Vetternwirtschaft betreiben; die stolz und aufbrausend gezeichneten Iberer (Spanier); die Pickelhauben tragenden Goten (Deutschen), bei denen der Logik des Kalten Krieges gemäß zwischen West- und Ostgoten zu unterscheiden ist und die – die Zeit des Nationalsozialismus lag bei Erscheinen des einschlägigen Bandes noch keine 20 Jahre zurück – vor allem durch ihre Weltherrschaftsphantasien und die sadistische Anwendung qualvoller Todesstrafen auffallen. Die Goten sprechen stilecht in Fraktur,

---

Asterix liefert Wolfgang Will: Die Gallier und ihre Nachbarn, in: Brodersen 2001, S. 19–33.

[7] Die Lorbeeren des Cäsar, S. 5. Zur Sache siehe zuletzt Froehlich 2022, S. 219–232.

die Ägypter in Hieroglyphen, die Wikinger mit å und ø. Die Briten trinken lauwarme Cervisia, die Belgier essen Frittiertes, die Schweizer machen Käsefondue ... Bereits die Personennamen verweisen untrüglich darauf, welchen Landsmann man vor sich hat: Während die Gallier Namen auf -ix haben, enden die der Römer auf -us, die der Griechen auf -os oder -as, die der Goten auf -ik usw.

Die Darstellung der Römer ist übrigens als einzige nicht an Stereotype über eine moderne Nation (in diesem Fall Italien) angelehnt. Sie parodiert Eigenschaften, die den Römern der Antike zugeschrieben werden müssten: Mit eiserner Disziplin, Befehlsgehorsam und einer überbordenden Bürokratie organisieren sie bei Asterix weitgehend erfolgreich ihr fast weltumspannendes Imperium – nicht ohne damit regelmäßig vorgeführt zu werden, da Anspruch und Realität weit auseinanderklaffen: „Die Garde stirbt, doch sie ergibt sich nicht!", versucht sich ein Zenturio nach verlorener Schlacht in kernigen Durchhalteparolen. „Und ob die sich ergibt!", „Die spinnen, die Römer!", wird er von seinen Legionären eines Besseren belehrt.[8]

Die Römer

14.3 Verkehrsmodalitäten und Reiseziele

Asterix und Obelix unternehmen ihre Reisen häufig zu Fuß oder im Wagen, selten einmal zu Pferd oder – in der Levante – auf einem Kamel. Da das gallische Dorf am Meer liegt, stechen sie mitunter auf kleinen Privatfahrzeugen wie dem Fischerboot des Verleihnix oder dem Ruderboot des Briten Teefax in See. Mehrfach fahren sie auf einem phönikischen Handelsschiff mit. Hochgestellte Römer sieht man auch in der Sänfte reisen.

Verkehrsmittel

Die römische Infrastruktur wird in opulenten Darstellungen von Aquädukten, Brücken, Hafenanlagen und Straßen gewürdigt. In der Regel finden die beiden Helden, wohin sie auch reisen, durchgängig gepflasterte Straßen vor, die in erstaunlich hohen Geschwindigkeiten befahren werden können. Nur selten gibt es Grund zur Klage wie angesichts der Holperpiste in Spanien, mit deren Instandsetzung ein wenig motivierter Einheimischer gerade befasst ist (Abb. 14.2). Die von den beiden Galliern unterwegs genutzten Annehmlichkeiten wie

Infrastruktur

Dienstleistungen

---

[8] Asterix bei den Belgiern, S. 45. „Die spinnen, die Römer" ist in der Reihe eigentlich eine stehende Redewendung von Obelix.

Abb. 14.2: Straßeninstandsetzungsarbeiten (Asterix in Spanien, dt. 1973)

Fahrzeugverleih, Abschleppdienste und Motels rekurrieren nicht auf Einrichtungen des *cursus publicus**, sondern sind Analogien zum modernen Reiseverkehr.

Stadteingangssituationen

Die typische Eingangssituation in eine Stadt wird historisch nicht ganz korrekt durch freistehende Stadttore markiert (Abb. 14.3), wie sie erst einige Jahrzehnte später, zur Zeit des Prinzipats, üblich wurden. Im Jahr 50 v. Chr. hatten autonome Städte wie das hier als Beispiel abgebildete Massalia (Marseille) in Wirklichkeit eine Stadtmauer mit verschließbaren Toren (aus gutem Grund, wie daraus ersichtlich ist, dass Massalia noch 49 v. Chr. von Caesar belagert wurde). Der römische Soldat, den die Autoren als besondere Annehmlichkeit vor dem Stadteingang postiert haben, damit er den

Abb. 14.3: Am Stadttor von Massalia (Asterix als Legionär, dt. 1971)

Reisenden kundig Auskunft geben kann, ist daher ganz anachronistisch*. Das Ortsschild ist ein modernes Element. Stimmig lädt ein Bänkchen im Schatten, neben dem man Zug- oder Reittier anbinden kann, zu einer Rast ein. Im Hintergrund des Bildes sind zentrale öffentliche Gebäude und der Überseehafen der Stadt zu erkennen.[9]

Innerstädtisch geht es vielerorts provinziell-beschaulich zu, und Fußgänger dominieren das Straßenbild. Anders jedoch in Lutetia (Paris), das zu dieser Zeit historisch keine herausgehobene Rolle spielte, aber von Goscinny und Uderzo natürlich als die eigentliche Hauptstadt Galliens dargestellt und parodiert wird. Das Verkehrschaos auf den Straßen von Lutetia ist bei Asterix ein fester Topos und wird liebevoll mit fluchenden Händlern bevölkert (Abb. 14.4).

Innerstädtischer Verkehr

Abb. 14.4: Straßenszene in Lutetia (Die Lorbeeren des Cäsar, dt. 1974)

Asterix und Obelix unternehmen zahlreiche Reisen innerhalb ihrer gallischen Heimat. Hervorzuheben ist dabei insbesondere ein Kuraufenthalt in der Auvergne, zu dem sie den Häuptling Majestix an die Heilquellen von Aquae Calidae (Vichy) begleiten. Sie nehmen jedoch auch eine Reihe von Fernreisen weit über Gallien hinaus in Angriff. Dabei sind sie immer wieder mit Grenzformalitäten und Zollkontrollen konfrontiert, was auf die Erfahrungen verweist, die Reisende bis 1995 an den Binnengrenzen der EU machten.[10] Abb. 14.5 zeigt

Reisen in Gallien

Kur in Aquae Calidae

Grenzformalitäten

---

9 Zur Geschichte Massalias siehe Yves Lafond: Art. „Massalia", in: DNP 7 (1999), Sp. 983–986; zum historischen Hintergrund der dargestellten Einzelheiten am Stadteingang siehe Froehlich 2022.
10 Dass es sich bei der Darstellung der Grenzen im Asterix um ahistorische Projektionen handelt, zeigt Kai Brodersen: Die kleine Welt des großen Galliers, in: Brodersen 2001, S. 12–18, hier S. 13f.

Abb. 14.5: Grenzkontrolle zwischen Gallien und Helvetien (Asterix bei den Schweizern, dt. 1973)

eine solche Grenze, die durch einen charakteristischen rot-weißen Pfosten markiert ist – neben dem sogar eine Abfalltonne steht.

Ungewöhnliche Fernreiseziele

Ihre Abenteuer führen die beiden Gallier an Destinationen, die von Reisenden in der römischen Antike wenig oder gar nicht besucht wurden. Innerhalb der Erzählungen wird dies überzeugend motiviert, da die Reisemotive der Helden eben andere sind als die römischer Amtsträger: So wandern sie auf der Suche nach einem Edelweiß für den Zaubertrank in die Alpen, im Land der Goten gilt es den entführten Druiden zu befreien, ein Sturm verschlägt sie gar nach Nordamerika, und in späteren Bänden führt ihre Hilfsbereitschaft die Gallier bis in die fernen Länder der Pikten, Sarmaten und Inder.

Rom

Doch selbstverständlich steuern Asterix und Obelix auch die typischen Ziele Reisender in römischer Zeit an. Rom besuchen sie gleich zweimal. Sie wandern auf der Via Appia in die Stadt (obwohl man sie auf der Via Ostiensis erwarten müsste), sie speisen wie die Römer auf Klinen* liegend, baden in den Thermen und besuchen bei beiden Aufenthalten den Circus Maximus – dies freilich nicht als Zuschauer, sondern als Gladiatoren bzw. zum Tode Verurteilte.[11]

Östlicher Mittelmeerraum

Andere Reisen führen sie in den östlichen Mittelmeerraum, wo sie Griechenland, Ägypten und die Levante kennenlernen; nur ein Band zu Kleinasien ist erstaunlicherweise noch nicht erschienen. Im folgenden Abschnitt begleiten wir die Gallier an die beiden klassischen Reiseziele der römischen Antike, nach Griechenland und Ägypten.

---

[11] „Asterix als Gladiator" und „Die Lorbeeren des Cäsar"; einen kurzen Halt in Rom machen sie auch in „Asterix in Italien".

Abb. 14.6: Ankunft in Athen (Asterix bei den Olympischen Spielen, dt. 1972)

14.4 Als Touristen in Griechenland und Ägypten

Nach Griechenland gelangen die Gallier – diesmal ist das ganze Dorf dabei – im Band „Asterix bei den Olympischen Spielen". Man geht nach einer langen Seereise im Piräus an Land und tauscht als erstes die mitgebrachten römischen Münzen in attische Obolen, Drachmen und Minen um, wie es von modernen Reisenden vor der Einführung des Euro in ganz Europa praktiziert wurde. Dann besichtigen die Gallier wie typische Bildungsreisende Athen mit der Akropolis (Abb. 14.6) und wandeln inmitten römischer und gotischer Touristen zwischen den Säulen des Parthenon umher. Der Schmied Automatix lässt sich zur Erinnerung auf einer attischen Vase verewigen. Auch für landestypische Sitten sind die Gallier aufgeschlossen, reihen sich beim Sirtakitanzen mit ein und kosten Retsina, Fleischspießchen und gefüllte Weinblätter. Nicht immer bleibt freilich die Zeit, auf alle Wünsche einzugehen: „Jaja! Das ist das Leidige an den Gesellschaftsreisen! Nie ist man sein eigener Herr!", grummelt der alte Methusalix, der gerne noch länger die schönen Griechinnen betrachtet hätte.[12]

Griechenland

Geldwechsel

Besichtigungsprogramm in Athen

Folklore und Kulinarik

---

12 Asterix bei den Olympischen Spielen, S. 22.

Agone in Olympia   Anschließend steuern die Gallier ihr eigentliches Reiseziel Olympia an, um dort an den Sportagonen teilzunehmen. Bei dieser Gelegenheit wird die Gold-Elfenbein-Statue des Zeus von Uderzo ebenso ins Bild gesetzt wie der olympische Eid der Wettkämpfer. Der Einmarsch der griechischen Athleten ins Stadion ist gespickt von Anspielungen auf berühmte Schlachten der Perserkriege und bekannte griechische Kunstwerke im Louvre;[13] der einzige Vertreter der Insel Rhodos wird augenzwinkernd als ein „Koloss" eingeführt.[14]

Abb. 14.7: Im Hafen von Alexandria (Asterix und Kleopatra, dt. 1969)

Ägypten   In „Asterix und Kleopatra" wird die Reise der Helden nach Ägypten ausgesprochen opulent in Szene gesetzt in der erklärten Absicht, dem seinerzeit gerade ins Kino gekommenen Monumentalfilm „Cleopatra" nachzueifern.[15] Bereits bei der Anreise wird der Hafen von

Der Leuchtturm von Alexandria   Alexandria mit dem berühmten Leuchtturm in einem breitformatigen Tableau gezeigt (Abb. 14.7). In der ihm eigenen Ignoranz bemerkt Obelix: „Ein Turm, der die Schiffe leitet? Die spinnen, die Ägypter!"[16]

Kleopatra   Natürlich machen die Gallier zunächst die Bekanntschaft der kapriziösen ägyptischen Königin Kleopatra, deren Gesichtszüge kei-

---

[13] Asterix bei den Olympischen Spielen, S. 38. Die Anspielungen fehlen in der deutschen Version zum Teil, da sie auf unübersetzbaren Wortspielen beruhen.
[14] Ebd.
[15] Der Film von Joseph L. Mankiewicz erschien 1963; im selben Jahr wurde der Comic von „Asterix und Kleopatra" als Fortsetzungsgeschichte erstmals veröffentlicht. Der Umschlag des 1965 publizierten Albums konkurrierte explizit mit der überaus kostspieligen Ausstattung des Hollywoodfilms: Unter anderem 14 Liter chinesische Tinte, 30 Pinsel, 62 weiche Bleistifte, 27 Radiergummis, 2 Schreibmaschinen und 67 Liter Bier seien zu seiner Realisierung notwendig gewesen.
[16] Asterix und Kleopatra, S. 10.

Abb. 14.8: Bei den Pyramiden (Asterix und Kleopatra, dt. 1969)

neswegs nach dem historischen Vorbild,[17] sondern nach dem der Schauspielerin Liz Taylor gestaltet sind – auch Aufmachung und Kleidung greifen in allen Einzelheiten deren Filmkostümierung auf.

Die Reisenden absolvieren am Rande ihrer eigentlichen Mission, dem Ägypter Numerobis zu helfen, ein umfassendes touristisches Programm. Zunächst besichtigen sie die Grabkammer der Cheops-Pyramide, die ihre antike Außenverkleidung bereits eingebüßt hat (Abb. 14.8).[18] Während sich Miraculix von einem Steinmetz porträtieren lässt, steigt Obelix, um die Aussicht zu genießen, auf die Große Sphinx (wobei er ihr versehentlich die Nase abbricht). Dass Asterix bei den Souvenirhändlern in Memphis eine Sphinx-Miniatur ersteht, ist aus einem späteren Album zu erschließen, in dem diese neben Erinnerungen an andere Abenteuer das Wandregal in seiner Hütte schmückt.[19] Auch eine Schifffahrt auf dem Nil, eine Mumie und eine Besichtigung der Tempelanlagen bei Theben dürfen bei einer Ägyptenreise nicht fehlen. Als Obelix in Luxor visionär vorschlägt, einen der beiden monolithischen* Obeliske mit nach Hause zu nehmen, muss er sich von Asterix zurechtweisen lassen: „Nein, nein, nein, Obelix! So was mitten auf unserm Dorfplatz? Einfach lächerlich!"[20]

Die Pyramiden

Souvenirs

Fahrt auf dem Nil

Tempel von Luxor

---

[17] Zu diesem siehe Manfred Clauss: Asterix und Kleopatra, in: Brodersen 2001, S. 72–88.
[18] Die verärgerte Bemerkung des Druiden („2000 Jahre blicken von diesen Pyramiden auf uns herab, Obelix!", S. 23) ist ein Zitat nach Napoleon. Dieser soll während des in Kapitel 10 besprochenen Ägyptenzuges seine Leute am 21. Juli 1798 mit den Worten zur Schlacht ermutigt haben: „Soldaten, bedenkt, dass von diesen Pyramiden vierzig Jahrhunderte auf euch herab blicken!"
[19] Asterix bei den Briten, S. 9.
[20] Asterix und Kleopatra, S. 26.

Der Witz liegt einmal mehr in dem Wissen, das die heutigen Leserinnen und Leser den Protagonisten voraus haben: Eben dieser Obelisk steht seit 1836 auf der Place de la Concorde in Paris ...

Moderne Reisende im antiken Gewand

Wie aus diesem kurzen Überblick bereits hervorgeht, sind Asterix und seine Freunde im Grunde moderne Reisende im antiken Gewand. Deshalb wäre die Frage nach der historischen Authentizität als zentrale Kategorie einer Auseinandersetzung mit der Reihe nicht glücklich gewählt. Zur Ausstaffierung ihrer Abenteuer bedienen sich Goscinny und Uderzo eklektisch bei allem, was der Latein- und Geschichtsunterricht zur römischen Antike hergeben, um es nach Kräften zu verulken. Dabei haben sie stets betont, ihr Publikum mit Asterix nicht bilden oder belehren, sondern ausschließlich unterhalten und amüsieren zu wollen. Die Bilder davon, wie Asterix und Obelix die Provinzen des Imperium Romanum bereisen, sind nichtsdestoweniger ausgesprochen wirkmächtig geworden und haben die heutigen Vorstellungen vom Reisen in der Antike mitgeprägt.

14.5 Quelle und Vertiefung

Abb. 14.9: Römerstraße VII (Tour de France, dt. 1970). Der Name der Straße erinnert an die Route Nationale 7, die Paris mit der Côte d'Azur verbindet

Die Abbildungen dieses Abschnitts sind dem Asterix-Band „Tour de France" von 1970 entnommen (frz. „Le Tour de Gaule d'Astérix", 1965). In dieser Geschichte lässt Cäsars Sonderbeauftragter Lucius Nichtsalsverdrus das gallische Dorf von der Außenwelt abriegeln. Asterix wettet, dass es ihm dennoch gelingen wird, eine Reise durch ganz Gallien zu unternehmen und als Beweis von jeder Etappe eine kulinarische Spezialität mitzubringen. Er macht sich gemeinsam mit Obelix auf den Weg, um nach und nach einen großen Sack mit Delikatessen wie Pariser Kochschinken, Champagner, Weißburgunder und Austern zu füllen.

14.5.1 Unterwegs auf der Römerstraße VII

Asterix und Obelix haben unter anderem bereits Lutetia (Paris), Durocortorum (Reims) und Lugdunum (Lyon) besucht. Nun sind sie unterwegs in Richtung Mittelmeerküste, nach Nicae (Nizza), um dort Salat zu kaufen (Abb. 14.9–14.12).

Abb. 14.10: Verkehrsstau (Tour de France, dt. 1970). „Was ist hier bloß los?", fragt Asterix in der Folgeszene und erhält die gereizte Antwort: „Wo kommt ihr denn her? Wisst ihr nicht, dass jetzt Urlaubszeit ist und alles ans Meer fährt?"

Abb. 14.11: Urlaubszeit (Tour de France, dt. 1970). Die von dem Veteranen erwähnte Schlacht von Gergovia im Jahr 52 v. Chr. war Teil des Gallischen Krieges. Sie endete mit einem Sieg der Gallier unter Vercingetorix

Abb. 14.12: Im Rasthaus (Tour de France, dt. 1970)

14.5.2 Fragen und Anregungen

– Der in Abb. 14.9 rechts dargestellte Straßenstein ist in seiner rot-weißen Gestaltung exakt den alten Kilometersteinen an der Route Nationale 7 in Frankreich nachempfunden. Betrachten Sie die Werbetafel, die in Abb. 14.10 am Straßenrand steht. Erklären Sie, inwiefern dieses Medium an die antike Situation angepasst wurde.
– Suchen Sie nach weiteren antikisierenden Bild- und Textelementen. Welche Details sollen das römisch-gallische Setting beglaubigen?
– Unterziehen Sie die dargestellten Reisemodalitäten einer kritischen Prüfung, indem Sie Technik, Ausstattung, Logistik und Reisemotive mit dem abgleichen, was Sie über das Reisen in römischer Zeit gelernt haben.
– Stellen Sie Anspielungen auf moderne Gewohnheiten und Phänomene zusammen. Berücksichtigen Sie dabei sowohl Bild als auch Text. Diskutieren Sie, welche Wirkung diese Anachronismen* haben: Welche Assoziationen und Gefühle lösen die Sequenzen bei den Leserinnen und Lesern aus?
– Die Asterix-Bände vermitteln ein facettenreiches Bild vom Reisen im Römischen Reich, ohne dabei den Anspruch historischer Korrektheit zu verfolgen. Nehmen Sie persönlich Stellung zu dieser Art von Antikenrezeption.

14.5.3 Weiterführende Literatur

Kai Brodersen [Hrsg.]: Asterix und seine Zeit. Die große Welt des kleinen Galliers, München ²2001 *(Altertumswissenschaftler nehmen in diesem Sammelband die Asterix-Reihe unter die Lupe und beleuchten den historischen Hintergrund von Caesar bis Kleopatra und von Barde bis Druide).*
Jörg Fündling: Asterix, Ditzingen ⁴2020 *(der Althistoriker zeichnet in seinem Essay die Geschichte und Entwicklung der Asterix-Serie bis hin zu den jüngsten Alben nach).*
Christine Gundermann: 50 Jahre Widerstand. Das Phänomen Asterix, in: Zeithistorische Forschungen 6 (2009), S. 115–128 *(kritische Auseinandersetzung mit den inhaltlichen und kommerziellen Gründen für den Erfolg von Asterix).*
Andreas Luh: Und Asterix hat doch recht! „Asterix bei den Olympischen Spielen" als Mittel historischer Bildung, Hildesheim 2017 *(Streitschrift zum geschichtsdidaktischen Potential von Asterix, die eine Gegenposition zu der im vorliegenden Kapitel vertretenen Meinung darstellt: das als Beispiel dienende Asterixheft sei insgesamt „historisch sachgerecht" und damit zur Wissensvermittlung über die Antike und zur allgemeinen Wertebildung geeignet).*
Heinz-Peter Preußer: „Orgien, Orgien, wir wollen Orgien!" Asterix als Epopöe des Zivilisationsprozesses – auch für heranwachsende Rezipienten, in: Markus Janke und Michael Stierstorfer [Hrsg.]: Verjüngte Antike. Griechisch-römische Mythologie und Historie in zeitgenössischen Kinder- und Jugendmedien, Heidelberg 2017, S. 363–388 *(der Verfasser liest Asterix als eine Parabel auf den Zivilisationsprozess: die affektgesteuerten Gallier stehen den disziplinierten Römern gegenüber, und mit deren sich abzeichnendem Niedergang in Dekadenz stehen die militaristisch-brutalen Goten als neue Weltherrscher bereit).*
Bertrand Richet [Hrsg.]: Le tour du monde d'Astérix. Actes du colloque tenu à la Sorbonne les 30 et 31 octobre 2009, Paris 2011 *(der französische Sammelband vereint eine Reihe exzellenter Beiträge eines Forschungskolloquiums der Pariser Sorbonne im 50. Asterix-Jubiläumsjahr; neben Aspekten der Editions- und Rezeptionsgeschichte werden zum Beispiel auch die Asterix-Übersetzungen ins Deutsche, Griechische und Japanische untersucht).*
René van Royen und Sunnyva van der Vegt: Asterix – Die ganze Wahrheit. Aus dem Niederländischen von Nicole Albrecht, München 1998 *(historisch fundierte und dabei humorvoll aufbereitete Hintergrundinformationen zur gallo-römischen Welt des Asterix mit vielen archäologischen Funden und antiken Quellentexten).*
René van Royen und Sunnyva van der Vegt: Asterix entdeckt die Welt. Aus dem Niederländischen von Annette Löffelholz und Nicole Albrecht, München 2007 *(ein mit Augenzwinkern präsentierter historisch-archäologischer Kommentar zu den fünf Alben, die die Reisen des kleinen Galliers nach Britannien, Spanien, Rom und Griechenland behandeln).*

Bibliographie

Quellen

Kai Brodersen [Hrsg.]: Aetheria/Egeria: Reise ins Heilige Land. Lateinisch-deutsch, Berlin/Boston 2016.
Felix Eckstein und Peter C. Bol [Hrsg.]: Pausanias: Reisen in Griechenland. Gesamtausgabe in drei Bänden, auf Grund der kommentierten Übersetzung von Ernst Meyer, Zürich 1986, 1987, 1989.
Gerd Herrmann und Gerhard Fink [Hrsg.]: Q. Horatius Flaccus: Satiren und Briefe. Lateinisch-deutsch, Düsseldorf/Zürich 2000.
Hans Jürgen Hillen [Hrsg.]: T. Livius: Römische Geschichte, Buch XLV. Lateinisch-deutsch, Düsseldorf/Zürich 2000.
Helmut Kasten [Hrsg.]: Marcus Tullius Cicero: An seine Freunde. Lateinisch-deutsch, Düsseldorf/Zürich ^{6}2004.
Helmut Kasten [Hrsg.]: Marcus Tullius Cicero: Atticus-Briefe. Lateinisch-deutsch, Düsseldorf/Zürich ^{3}1980.
Helmut Kasten [Hrsg.]: Gaius Plinius Caecilius Secundus: Briefe. Lateinisch-deutsch, München 1986.
Richard Klein [Hrsg.]: Die Romrede des Aelius Aristides. Griechisch-deutsch, Darmstadt 1983.
Peter von Möllendorff [Hrsg.]: Lukian: Gegen den ungebildeten Büchernarren. Ausgewählte Werke, Düsseldorf/Zürich 2006.
Otto Schönberger [Hrsg.]: Horaz: Satiren und Episteln, auf Grundlage der Übersetzung von J. K. Schönberger, Berlin 1976.

Forschungsliteratur

Adams 2001 Colin Adams: „There and Back Again". Getting Around in Roman Egypt, in: Adams/Laurence 2001, S. 138–166.
Adams 2007 Colin Adams: „Travel Narrows the Mind". Cultural Tourism in Graeco-Roman Egypt, in: Adams/Roy 2007, S. 161–184.
Adams/Laurence 2001 Colin Adams und Ray Laurence [Hrsg.]: Travel and Geography in the Roman Empire, London/New York 2001.
Adams/Roy 2007 Colin Adams und Jim Roy [Hrsg.]: Travel, Geography and Culture in Ancient Greece, Egypt and the Near East (Leicester Nottingham Studies in Ancient Society 10), Oxford 2007.
Alkier/Rydryck 2017 Stefan Alkier und Michael Rydryck [Hrsg.]: Paulus – Das Kapital eines Reisenden. Die Apostelgeschichte als sozialhistorische Quelle, Stuttgart 2017.
André/Baslez 1993 Jean-Marie André und Marie-Françoise Baslez: Voyager dans l'Antiquité, Paris 1993.

Baumann/Froehlich 2018 Mario Baumann und Susanne Froehlich [Hrsg.]: Auf segelbeflügelten Schiffen das Meer befahren. Das Erlebnis der Schiffsreise im späten Hellenismus und in der Römischen Kaiserzeit. In Zusammenarbeit mit Jens Börstinghaus (Philippika 119), Wiesbaden 2018.
Becker 2013 Thomas Becker: Die Infrastruktur des römischen Reiches als Grundlage für Mobilität, in: Schmitz/Sieler 2013, S. 20–33.
Bender 1989 Helmut Bender: Verkehrs- und Transportwesen in der römischen Kaiserzeit, in: Herbert Jankuhn, Wolfgang Kimmig und Else Ebel [Hrsg.]: Untersuchungen zu Handel und Verkehr der vor- und frühgeschichtlichen Zeit in Mittel- und Nordeuropa. Teil V: Der Verkehr. Verkehrswege, Verkehrsmittel, Organisation, Göttingen 1989, S. 108–154.
Börstinghaus 2010 Jens Börstinghaus: Sturmfahrt und Schiffbruch. Zur lukanischen Verwendung eines literarischen Topos in Apostelgeschichte 27,1–28,6 (Wissenschaftliche Untersuchungen zum Neuen Testament, 2. Reihe 274), Tübingen 2010.
Βουτυράς 2012 Εμμανουήλ Βουτυράς: Η λατρεία του Διονύσου στην Έδεσσα, in: Πολυξένη Αδάμ-Βελένη und Κατερίνα Τζαναβάρη [Hrsg.]: Δινήεσσα. Τιμητικός τόμος για την Κατερίνα Ρωμιοπούλου, Thessaloniki 2012, S. 563–568.
Brodersen 2001 Kai Brodersen [Hrsg.]: Asterix und seine Zeit. Die große Welt des kleinen Galliers, München ²2001.
Brodersen 2007 Kai Brodersen: Die sieben Weltwunder. Legendäre Kunst- und Bauwerke der Antike, München ⁷2007.
Carucci 2017 Margherita Carucci: The Dangers of Female Mobility in Roman Imperial Times, in: Lo Cascio/Tacoma 2017, S. 173–190.
Cassibry 2021 Kimberly Cassibry: Destinations in Mind. Portraying Places on the Roman Empire's Souvenirs, New York 2021.
Casson 1971 Lionel Casson: Ships and Seamanship in the Ancient World, Princeton 1971, Nachdruck 1995.
Casson 1978 Lionel Casson: Reisen in der Alten Welt. Aus dem Englischen übersetzt von Otfried R. Deubner, München ²1978.
Chevallier 1988 Raymond Chevallier: Voyages et déplacements dans l'Empire romain, Paris 1988.
Chevallier 1997 Raymond Chevallier: Les voies romaines, Paris 1997.
Corsi 2019 Cristina Corsi: Travelling First Class? Emperors, Dignitaries, and Intellectuals on the Roads of the Roman Empire, in: AC 88 (2019), S. 139–177.
Destephen 2015 Sylvain Destephen: Martyrs locaux et cultes civiques en Asie Mineure, in: Jean-Pierre Caillet, Sylvain Destephen, Bruno Dumézil und Hervé Inglebert [Hrsg.]: Des dieux civiques aux saints patrons (IVᵉ–VIIᵉ siècle), Paris 2015, S. 59–116.
Drogula 2011 Fred K. Drogula: Controlling Travel. Deportation, Islands and the Regulation of Senatorial Mobility in the Augustan Principate, in: CQ 61 (2011), S. 230–266.
Dunsch 2018 Boris Dunsch: *Sint fluctus, celerem valeant qui pellere puppem*. Die poetische Vision der gelungenen Seefahrt im Oceanus-Hymnus (Anth. Lat. I², 718 R.), in: Baumann/Froehlich 2018, S. 171–190.

Ebel 2021a Eva Ebel: Das Leben des Paulus, in: Wischmeyer/Becker 2021, S. 155–171.
Ebel 2021b Eva Ebel: Das Missionswerk des Paulus, in: Wischmeyer/Becker 2021, S. 173–185.
Eigler 2003 Ulrich Eigler: Aemilius Paullus. Ein Feldherr auf Bildungsreise? Liv. 45,27–28, in: Ulrich Eigler, Ulrich Gotter, Nino Luraghi und Uwe Walter [Hrsg.]: Formen römischer Geschichtsschreibung von den Anfängen bis Livius. Gattungen, Autoren, Kontexte, Darmstadt 2003, S. 250–267.
Ellis/Kidner 2004 Linda Ellis und Frank L. Kidner [Hrsg.]: Travel, Communication and Geography in Late Antiquity. Sacred and Profane, Burlington 2004.
Feuser 2020 Stefan Feuser: Hafenstädte im östlichen Mittelmeerraum vom Hellenismus bis in die römische Kaiserzeit. Städtebau, Funktion und Wahrnehmung (Urban Spaces 8), Berlin/Boston 2020.
Foubert/Breeze 2014 Lien Foubert und David J. Breeze: Mobility in the Roman Empire, in: Jim Leary [Hrsg.]: Past Mobilities. Archaeological Approaches to Movement and Mobility, Farnham 2014, S. 175–186.
Fraß 2006 Monika Fraß: Reiselustige Frauen im römischen Ägypten, in: Robert Rollinger und Brigitte Truschnegg [Hrsg.]: Altertum und Mittelmeerraum. Die antike Welt diesseits und jenseits der Levante, Stuttgart 2006, S. 485–497.
Friedländer 1862 Ludwig Friedländer: Darstellungen aus der Sittengeschichte Roms in der Zeit von August bis zum Ausgang der Antonine, Bd. I, Leipzig 1862.
Friedländer 1864 Ludwig Friedländer: Darstellungen aus der Sittengeschichte Roms in der Zeit von August bis zum Ausgang der Antonine, Bd. II, Leipzig 1864.
Friedländer 1922 Ludwig Friedländer: Darstellungen aus der Sittengeschichte Roms in der Zeit von Augustus bis zum Ausgang der Antonine. Zehnte Auflage besorgt von Georg Wissowa, Bd. I, Leipzig 1922.
Froehlich 2022 Susanne Froehlich: Stadttor und Stadteingang. Zur Alltags- und Kulturgeschichte der Stadt in der römischen Kaiserzeit (Studien zur Alten Geschichte 32), Göttingen 2022.
Fron 2021 Christian Fron: Bildung und Reisen in der römischen Kaiserzeit. Pepaideumenoi und Mobilität zwischen dem 1. und 4. Jh. n. Chr. (Untersuchungen zur antiken Literatur und Geschichte 146), Berlin/Boston 2021.
Geus 2013 Klaus Geus: Tourismus in römischer Zeit, in: Schmitz/Sieler 2013, S. 138–151.
Giebel 2000 Marion Giebel: Reisen in der Antike, Düsseldorf/Zürich 2000.
Handley 2011 Mark Handley: Dying on Foreign Shores. Travel and Mobility in the Late-Antique West (JRA Suppl. 86), Portsmouth 2011.
Heil 2014 Matthäus Heil: Senatoren auf Dienstreise, in: Olshausen/Sauer 2014, S. 293–308.
Hitchner 2012 R. Bruce Hitchner: Roads, Integration, Connectivity, and Economic Performance in the Roman Empire, in: Susan E. Alcock [Hrsg.]: Highways, Byways, and Road Systems in the Pre-Modern World, Chichester 2012, S. 222–234.

Höckmann 1985 Olaf Höckmann: Antike Seefahrt, München 1985.
Huttner 2017 Ulrich Huttner: Unterwegs im Mäandertal. Überlegungen zur Mobilität des Paulus, in: Alkier/Rydryck 2017, S. 118–148.
Kieburg 2013 Anna Kieburg: Wenn einer eine Reise tut – Beweggründe für das Reisen in römischer Zeit, in: Schmitz/Sieler 2013, S. 34–45.
Kirstein/Ritz/Cubasch 2018 Thomas N. Kirstein, Sebastian Ritz und Alwin Cubasch: »Schiffe, dem Tode willkommene Mittel«. Eine technikhistorische Betrachtung der Sicherheit römischer Handelsschiffe, in: Baumann/Froehlich 2018, S. 15–36.
Klee 2010 Margot Klee: Lebensadern des Imperiums. Straßen im römischen Reich, Stuttgart 2010.
Kolb 2000 Anne Kolb: Transport und Nachrichtentransfer im Römischen Reich (Klio Beihefte N. F. 2), Berlin 2000.
Kolb 2019 Anne Kolb [Hrsg.]: Roman Roads. New Evidence – New Perspectives, Berlin/Boston 2019.
Kulinat 2002 Klaus Kulinat: Gute Reise! Reisemotive aus der Sicht der Anthropogeographie, in: Olshausen/Sonnabend 2002, S. 417–428.
Lamer 1933 Hans Lamer: Art. „Reisen", in: WdA (1933), Sp. 555f.
Lemcke 2012 Lukas Lemcke: Status Identification on the Road. Requisitioning of Travel Resources by Senators, Equestrians, and Centurions Without Diplomata. A Note on the Sagalassus Inscription (SEG XXVI 1392), in: Gephyra 9 (2012), S. 128–142.
Lo Cascio/Tacoma 2017 Elio Lo Cascio und Laurens E. Tacoma [Hrsg.]: The Impact of Mobility and Migration in the Roman Empire. Proceedings of the Twelfth Workshop of the International Network Impact of Empire (Impact of Empire 22), Leiden/Boston 2017.
Ludwich 1911 Arthur Ludwich: Ludwig Friedländer. Geb. 16. Juli 1824, gest. 16. Dezember 1909, in: Biographisches Jahrbuch für die Altertumswissenschaft 34 (1911), S. 1–24.
Malmberg/Bjur 2011 Simon Malmberg und Hans Bjur: Movement and Urban Development at Two City Gates in Rome. The Porta Esquilina and Porta Tiburtina, in: Ray Laurence und David J. Newsome [Hrsg.]: Rome, Ostia, Pompeii. Movement and Space, Oxford 2011, S. 361–385.
Matthews 2006 John Matthews: The Journey of Theophanes. Travel, Business and Daily Life in the Roman East, New Haven 2006.
Mayer 2005 Jochen Werner Mayer: Imus ad villam. Studien zur Villeggiatur im stadtrömischen Suburbium in der späten Republik und frühen Kaiserzeit (Geographica Historica 20), Stuttgart 2005.
Mindt 2020 Nina Mindt: Rede toter Tiere in antiken Epigrammen und im *Culex*, in: Hedwig Schmalzgruber [Hrsg.]: Speaking Animals in Ancient Literature, Heidelberg 2020, S. 207–251.
Moatti 2007 Claudia Moatti: Reconnaissance et identification des personnes dans la Rome antique, in: Gérard Noiriel [Hrsg.]: L'identification. Genèse d'un travail d'État, Paris 2007, S. 27–55.
Moatti 2017 Claudia Moatti: Migration et droit dans l'empire romain. Catégories, contrôles et intégration, in: Lo Cascio/Tacoma 2017, S. 222–245.

Moschek 2011 Wolfgang Moschek: Der Römische Limes. Eine Kultur- und Mentalitätsgeschichte, Speyer 2011.
Niehoff 2017 Maren R. Niehoff [Hrsg.]: Journeys in the Roman East. Imagined and Real (Culture, Religion, and Politics in the Greco-Roman World 1), Tübingen 2017.
Nikolaou 1985 Nicos Nikolaou: Le cochon d'Édesse, in: REG 98 (1985), S. 147–152.
Nippel 2012 Wilfried Nippel: Art. „Friedländer, Ludwig", in: DNP Suppl. 6 (2012), Sp. 426f.
Olshausen 2014 Eckhart Olshausen: Der bewegte Alltag des M. Tullius Cicero, in: Olshausen/Sauer 2014, S. 389–400.
Olshausen/Sauer 2014 Eckhart Olshausen und Vera Sauer [Hrsg.]: Mobilität in den Kulturen der antiken Mittelmeerwelt. Stuttgarter Kolloquium zur Historischen Geographie des Altertums 11/2011 (Geographica Historica 31), Stuttgart 2014.
Olshausen/Sonnabend 2002 Eckhart Olshausen und Holger Sonnabend [Hrsg.]: Stuttgarter Kolloquium zur historischen Geographie des Altertums 7/1999. Zu Wasser und zu Land. Verkehrswege in der antiken Welt (Geographica Historica 17), Stuttgart 2002.
Pausch 2013 Dennis Pausch: Don't Mention The War! Italien und der Bürgerkrieg in Horazens *iter Brundisinum* (Sat. 1,5), in: Antike und Abendland 59 (2013), S. 139–177.
P. Pilhofer 2010 Peter Pilhofer: Das Neue Testament und seine Welt. Eine Einführung, Tübingen 2010.
P. Pilhofer 2018 Peter Pilhofer: Paulus und das Mittelmeer, in: Baumann/Froehlich 2018, S. 97–115.
Ph. Pilhofer 2018 Philipp Pilhofer: Das frühe Christentum im kilikisch-isaurischen Bergland. Die Christen der Kalykadnos-Region in den ersten fünf Jahrhunderten (Texte und Untersuchungen zur Geschichte der altchristlichen Literatur 184), Berlin/Boston 2018.
Pisani Sartorio 1994 Guiseppina Pisani Sartorio: Mezzi di trasporto e traffico (Vita e costumi dei romani antichi 6), Rom ²1994.
Pretzler 2007 Maria Pretzler: Greek Intellectuals on the Move. Travel and *Paideia* in the Roman Empire, in: Adams/Roy 2007, S. 123–138.
Rathmann 2014 Michael Rathmann: Orientierungshilfen für antike Reisende in Bild und Wort, in: Olshausen/Sauer 2014, S. 411–423.
Rohde 2017 Dorothea Rohde: Von Stadt zu Stadt. Paulos als wandernder Handwerker und die ökonomisch motivierte Mobilität in der frühen Kaiserzeit, in: Alkier/Rydryck 2017, S. 85–117.
Rosenmeyer 2018 Patricia A. Rosenmeyer: The Language of Ruins. Greek and Latin Inscriptions on the Memnon Colossus, Oxford 2018.
Schmitz/Sieler 2013 Dirk Schmitz und Maike Sieler [Hrsg.]: Überall zu Hause und doch fremd. Römer unterwegs, Petersberg 2013.
Schneider 1995 Katja Schneider: Villa und Natur. Eine Studie zur römischen Oberschichtkultur im letzten vor- und ersten nachchristlichen Jahrhundert, München 1995.

Stepper 2002 Ruth Stepper: Zwischen Idylle und Alptraum. Eine Reise durch das krisengeschüttelte Italien (Horaz, Satiren 1,5), in: Olshausen/Sonnabend 2002, S. 379–388.

Strocka 2021 Volker Michael Strocka: Pygmäen in Ägypten? Die Widerlegung eines alten Irrtums. Bevölkerte Nillandschaften in der antiken Kunst, Darmstadt 2021.

van Tilburg 2007 Cornelis van Tilburg: Traffic and Congestion in the Roman Empire, London/New York 2007.

Vogt 1985 Joseph Vogt: Synesios auf Seefahrt, in: Ders.: [Hrsg.]: Begegnung mit Synesios, dem Philosophen, Priester und Feldherrn. Gesammelte Beiträge, Darmstadt 1985, S. 33–47.

Wawrzinek 2014 Christina Wawrzinek: In portum navigare. Römische Häfen an Flüssen und Seen, Berlin 2014.

Wischmeyer/Becker 2021 Oda Wischmeyer und Eve-Marie Becker [Hrsg.]: Paulus. Leben – Umwelt – Werk – Briefe, Tübingen ^{3}2021.

Woolf 2016 Greg Woolf: Movers and Stayers, in: Luuk de Ligt und Laurens E. Tacoma [Hrsg.]: Migration and Mobility in the Early Roman Empire (Studies in Global Social History 23 – Studies in Global Migration History 7), Leiden/Boston 2016, S. 438–461.

Zerres 2017 Jutta Zerres: Kapuzenmäntel in Italien und den Nordwestprovinzen des Römischen Reiches. Gebrauch – Bedeutung – Habitus (Archäologische Berichte 26), Kerpen-Loogh 2017.

K. Zimmermann 2002 Klaus Zimmermann: „Verkehrsregelungen" in der Antike, in: Olshausen/Sonnabend 2002, S. 181–201.

M. Zimmermann 2004 Martin Zimmermann: Die antiken Menschen in ihrer natürlichen Umwelt, in: Eckhard Wirbelauer [Hrsg.]: Oldenbourg Geschichte Lehrbuch Antike, München 2004, S. 121–142.

Zwingmann 2012 Nicola Zwingmann: Antiker Tourismus in Kleinasien und auf den vorgelagerten Inseln. Selbstvergewisserung in der Fremde (Antiquitas 59), Bonn 2012.

Zwingmann 2014 Nicola Zwingmann: Reisen von Frauen im literarischen Diskurs der Antike unter besonderer Berücksichtigung der loca-sancta-Pilgerin der christlichen Spätantike, in: Olshausen/Sauer 2014, S. 531–551.

Zwingmann 2017 Nicola Zwingmann: Art. „Reisen", in: RAC 28 (2017), Sp. 915–951.

Zwingmann 2018 Nicola Zwingmann: Beim Sturm mit den Weibern um die Wette heulen? Frauen auf Schiffsreisen im literarischen Diskurs – von Seneca bis Synesios (Synes. epist. 5), in: Baumann/Froehlich 2018, S. 37–65.

Abbildungsverzeichnis

Abb. 1.1 Karte: Die Provinzen des Imperium Romanum, Westen (Historischer Atlas zur Antiken Welt, hg. von Anne-Maria Wittke, Eckart Olshausen und Richard Szydlak, Stuttgart 2012, S. 177, reproduced with permission of SNCSC) —— 4

Abb. 1.2 Karte: Die Provinzen des Imperium Romanum, Osten (Historischer Atlas zur Antiken Welt, hg. von Anne-Maria Wittke, Eckart Olshausen und Richard Szydlak, Stuttgart 2012, S. 177, reproduced with permission of SNCSC) —— 5

Abb. 1.3 Karte: Handelswege in der römischen Kaiserzeit, Westen (Historischer Atlas zur Antiken Welt, hg. von Anne-Maria Wittke, Eckart Olshausen und Richard Szydlak, Stuttgart 2012, S. 203, reproduced with permission of SNCSC) —— 10

Abb. 1.4 Karte: Handelswege in der römischen Kaiserzeit, Osten (Historischer Atlas zur Antiken Welt, hg. von Anne-Maria Wittke, Eckart Olshausen und Richard Szydlak, Stuttgart 2012, S. 203, reproduced with permission of SNCSC) —— 11

Abb. 2.1 Reiseplakat mit einer Ansicht des Forum Romanum (Georges Dorival für die Bahngesellschaft PLM, Foto: World History Archive/Alamy Stock Foto) —— 17

Abb. 3.1 Stele mit der Grabinschrift eines Schweins, SEG 48,796 (Museum Edessa – The credits on the depicted monument belong to the Hellenic Ministry of Culture and Sports and the monument belongs to the Ephorate of Antiquities of Pella; Hellenic Ministry of Culture and Sports/Hellenic Organization of Cultural Resources Development) —— 33

Abb. 4.1 Dupondius des Nero mit einer Darstellung der Securitas Augusti, RIC I^2 597r (Münzkabinett der Staatlichen Museen zu Berlin, Nr. 18204689, Foto: Dirk Sonnenwald) —— 51

Abb. 4.2 Trajanssäule, Szene 56 (D-DAI-ROM, Arachne ID 983876) —— 55

Abb. 4.3 Karte: Die *viae publicae* in Italien (Historischer Atlas zur Antiken Welt, hg. von Anne-Maria Wittke, Eckart Olshausen und Richard Szydlak, Stuttgart 2012, S. 195, reproduced with permission of SNCSC) —— 57

Abb. 4.4 Geleisestraße der Via Raetia bei Klais (Wikimedia, Foto: Mediatus) —— 59

Abb. 5.1   Relief eines gallischen Reisenden mit Pferden, Espérandieu IV
            3467 (Musée Archéologique Dijon, Foto: Ortolf Harl,
            http://lupa.at/25065) —— 65
Abb. 5.2   Relief eines Reisewagens mit Zweigespann, CSIR Virunum 3991
            (Maria Saal bei Klagenfurt, Foto: akg-images/Bildarchiv
            Steffens) —— 67
Abb. 5.3   Einkaufslisten des Theophanes in Antiocheia, P. Ryl. 629 recto
            (© University of Manchester) —— 74

Abb. 6.1   Römischer Meilenstein aus Carnuntum, CIL III 4641
            (@ Landessammlungen NÖ, Archäologischer Park
            Carnuntum) —— 81
Abb. 6.2   Karte: Route und Stationen des *iter Brundisinum*, Horaz Sat. I 5
            (© Susanne Froehlich) —— 91

Abb. 7.1   Sarkophag mit drei Handelsschiffen aus Ostia (Ny Carlsberg
            Glyptotek Kopenhagen, Foto: Ole Haupt und Ole
            Woldbye) —— 97

Abb. 8.1   Souvenir-Glasflasche aus Baiae, CIL XI 6710,18 (Corning
            Museum of Glass, Inventarisierungsnr. 62.1.31) —— 111
Abb. 8.2   Karte: Latium, Westen (The Barrington Atlas of the Greek and
            Roman world edited by Richard J. A. Talbert, Copyright year
            2000, Map 43; used with permission of Princeton University
            Press, permission conveyed through Copyright Clearance Center,
            Inc) —— 116
Abb. 8.3   Karte: Latium, Osten (The Barrington Atlas of the Greek and
            Roman world edited by Richard J. A. Talbert, Copyright year
            2000, Map 43; used with permission of Princeton University
            Press, permission conveyed through Copyright Clearance Center,
            Inc) —— 117
Abb. 8.4   Villa am Meer, Wandmalerei aus dem Haus des M. Lucretius
            Fronto, Casa V 4,11 in Pompeji (Parco Archeologico di Pompei,
            Foto: Susanne Froehlich) —— 119
Abb. 8.5   Die Clitumnus-Quellen (Wikimedia/Public Domain) —— 120

Abb. 9.1   Apollontempel in Delphi (Foto: Wiebke Nierste) —— 129

Abb. 10.1   Die Statuen des Pharao Amenophis III. bei Theben (Musée
            départemental Arles Antique, © Jean-Claude Golvin/Éditions
            Errance) —— 141
Abb. 10.2   Fresko mit Nillandschaft aus dem Isistempel in Pompeji (Museo
            Archeologico Nazionale di Napoli, mit Genehmigung des
            Kulturministeriums, Foto: Giorgio Albano) —— 150

Abbildungsverzeichnis —— **231**

Abb. 10.3   Fuß des Memnon mit Besucherinschriften, Umzeichnung Richard Pocockes aus dem Jahr 1743 (Yale University, Beinecke Rare Book and Manuscript Library) —— **152**

Abb. 11.1   Bronzestatuette der Artemis Ephesia (Museo Civico Archeologico di Bologna, ehemals Sammlung Paluci, Inventarisierungsnr. 854, Foto: DAI) —— **159**

Abb. 12.1   Menas-Pilgerampulle (Staatliche Museen zu Berlin, Foto: Antje Voigt) —— **175**
Abb. 12.2   Karte: Zentren und Routen christlicher Pilgerreisen, Westen (Historischer Atlas zur Antiken Welt, hg. von Anne-Maria Wittke, Eckart Olshausen und Richard Szydlak, Stuttgart 2012, Online-Ausgabe, reproduced with permission of SNCSC) —— **178**
Abb. 12.3   Karte: Zentren und Routen christlicher Pilgerreisen, Osten (Historischer Atlas zur Antiken Welt, hg. von Anne-Maria Wittke, Eckart Olshausen und Richard Szydlak, Stuttgart 2012, Online-Ausgabe, reproduced with permission of SNCSC) —— **179**
Abb. 12.4   Karte: Lokale Märtyrerkulte in Kleinasien (© Philipp Pilhofer, entnommen aus Ph. Pilhofer 2018, S. 153) —— **181**

Abb. 13.1   Aktualisierende Abbildung der heutigen Via del Corso in Rom (Malmberg/Bjur 2011, S. 371, Foto: Simon Malmberg) —— **191**
Abb. 13.2   Ludwig Friedländer (Friedländer 1922, Frontispiz) —— **193**

Abb. 14.1   ASTERIX®-OBELIX®-IDEFIX® / ©2022 LES ÉDITIONS ALBERT RENÉ/GOSCINNY - UDERZO Straßenszene in Londinium (Asterix bei den Briten, S. 24) —— **207**
Abb. 14.2   ASTERIX®-OBELIX®-IDEFIX® / ©2022 LES ÉDITIONS ALBERT RENÉ/GOSCINNY - UDERZO Straßeninstandsetzungsarbeiten (Asterix in Spanien, S. 34) —— **212**
Abb. 14.3   ASTERIX®-OBELIX®-IDEFIX® / ©2022 LES ÉDITIONS ALBERT RENÉ/GOSCINNY - UDERZO Am Stadttor von Massalia (Asterix als Legionär, S. 32) —— **212**
Abb. 14.4   ASTERIX®-OBELIX®-IDEFIX® / ©2022 LES ÉDITIONS ALBERT RENÉ/GOSCINNY - UDERZO Straßenszene in Lutetia (Die Lorbeeren des Cäsar, S. 7) —— **213**
Abb. 14.5   ASTERIX®-OBELIX®-IDEFIX® / ©2022 LES ÉDITIONS ALBERT RENÉ/GOSCINNY - UDERZO Grenzkontrolle zwischen Gallien und Helvetien (Asterix bei den Schweizern, S. 21) —— **214**
Abb. 14.6   ASTERIX®-OBELIX®-IDEFIX® / ©2022 LES ÉDITIONS ALBERT RENÉ/GOSCINNY - UDERZO Ankunft in Athen (Asterix bei den Olympischen Spielen, S. 23) —— **215**
Abb. 14.7   ASTERIX®-OBELIX®-IDEFIX® / ©2022 LES ÉDITIONS ALBERT RENÉ/GOSCINNY - UDERZO Im Hafen von Alexandria (Asterix und Kleopatra, S. 11) —— **216**
Abb. 14.8   ASTERIX®-OBELIX®-IDEFIX® / ©2022 LES ÉDITIONS ALBERT RENÉ/GOSCINNY - UDERZO Bei den Pyramiden (Asterix und Kleopatra, S. 23) —— **217**

Abb. 14.9 ASTERIX®-OBELIX®-IDEFIX® / ©2022 LES ÉDITIONS ALBERT RENÉ/GOSCINNY – UDERZO
Römerstraße VII (Tour de France, S. 28) —— **218**

Abb. 14.10 ASTERIX®-OBELIX®-IDEFIX® / ©2022 LES ÉDITIONS ALBERT RENÉ/GOSCINNY – UDERZO
Verkehrsstau (Tour de France, S. 28) —— **219**

Abb. 14.11 ASTERIX®-OBELIX®-IDEFIX® / ©2022 LES ÉDITIONS ALBERT RENÉ/GOSCINNY – UDERZO
Urlaubszeit (Tour de France, S. 28) —— **219**

Abb. 14.12 ASTERIX®-OBELIX®-IDEFIX® / ©2022 LES ÉDITIONS ALBERT RENÉ/GOSCINNY – UDERZO
Im Rasthaus (Tour de France, S. 28) —— **220**

Glossar

Adventus: Wörtlich „Ankunft"; hier die zeremoniell begangene Begrüßung einer Persönlichkeit von hohem Rang, insbesondere die des Kaisers. Der oder die Ankommende wurde schon weit vor den Stadttoren in Empfang genommen und feierlich in die Stadt geleitet (Kap. 11).

anachronistisch: Zeitlich falsch zugeordnet; hier bezogen auf die historisch unzutreffende Einordnung von Sachverhalten oder Vorstellungen in eine Epoche (Kap. 13, 14).

apologetisch: Eine Apologie war eine Verteidigungsrede vor Gericht; davon abgeleitet werden diejenigen christlichen Schriften als apologetisch bezeichnet, die seit dem späten ersten Jahrhundert n. Chr. Beschuldigungen und Vorurteile gegen das Christentum zu widerlegen versuchten (Kap. 11).

As: Römische Kupfermünze und kleinste Münzeinheit („Einer"). Ursprünglich auch die Grundeinheit im Längenmaß, Flächenmaß und Gewicht (Kap. 5, 13).

Askese: Griech. wörtlich „Übung". Im frühen Christentum ist damit eine durch Verzicht und Abwendung von der irdischen Welt gekennzeichnete Lebensführung gemeint. Radikale Asketinnen und Asketen übten Praktiken wie striktes Fasten und Selbstgeißelung. Einige ließen sich einmauern, festketten oder mit schweren Eisenstücken behängen, um gegen körperliche Begierden gefeit zu sein (Kap. 1, 12).

Avers: In der Numismatik die Vorderseite einer Münze (Kap. 4).

Bilingue: Eine Inschrift, die einen übereinstimmenden Inhalt in zwei Sprachen bietet, um für einen möglichst großen Adressatenkreis verständlich zu sein. In der östlichen Hälfte des Römischen Reiches begegnen viele griechisch-lateinische Bilinguen (Kap. 10).

Chaussee: Das aus dem Französischen stammende Wort war im 19. Jahrhundert zur Bezeichnung einer gepflasterten Landstraße gebräuchlich (Kap. 13).

Cursus Publicus: Das staatliche Nachrichten- und Transportsystem des Römischen Reiches, in der älteren Literatur auch als die „Staatspost" bezeichnet. Es wurde von Augustus eingeführt. Dank regelmäßig an den wichtigen Trassen platzierter Wechselstationen *(mutationes*)* konnten Personen, Güter und Nachrichten im öffentlichen Auftrag außerordentlich schnell und effizient transportiert werden. Zur Benutzung des *cursus publicus* berechtigt waren nur Reisende, die einen entsprechenden Berechtigungsschein *(diploma)* mit sich führten, welcher durch den Kaiser persönlich ausgestellt wurde (Kap. 1, 3, 5, 6, 12).

Denar: Römische Standardsilbermünze im Wert von sechzehn Assen*. Bis ins zweite Jahrhundert v. Chr. hatte der Wert zehn Asse betragen, wovon sich der Begriff *denarius* („Zehner") herleitet (Kap. 5).

Devotionalien: Zum Kauf angebotene Gegenstände mit religiöser Bedeutung wie zum Beispiel Schutzamulette oder Votivfiguren (Kap. 11).

Eulogia (Pl. Eulogien): Griech. wörtlich „Segen"; hier eine „Segensgabe" oder ein „Segensandenken", wie sie an christlichen Wallfahrtsorten an die Pilger ausgegeben oder verkauft wurden. Ursprünglich waren Eulogien von Klerikern oder Mönchen gesegnete Lebensmittel, seit dem fünften Jahrhundert Kontaktreliquien wie Wasser, Öl, Wachs oder Staub (Kap. 12).

Euripos: Die neun Kilometer lange Meerenge zwischen der Insel Euboia und dem boiotischen Festland, die als sehenswertes Naturwunder galt. An der schmalsten Stelle, einer in der Antike nur 18 Meter breiten Rinne, wechselt täglich mehrfach die Strömungsrichtung, da die Gezeitenwellen der Ägäis vom Norden und Süden zeitlich versetzt eintreffen (Kap. 9).

Garum: Eine Sauce aus fermentiertem Fisch, die in unterschiedlichen Qualitäten erhältlich war und mit der in der römischen Küche herzhafte wie süße Speisen verfeinert wurden (Kap. 5).

Graffiti: In verputzte Wände und andere glatte Oberflächen eingeritzte Inschriften und Bilder, die nicht von Steinmetzen mit professioneller Ausrüstung erstellt wurden. Graffiti antiker Reisender haben sich besonders zahlreich in den ägyptischen Königsgräbern erhalten, aber auch an spätantiken Pilgerstätten wie dem Grab des Märtyrers Menas bei Alexandria oder am vermeintlichen Haus des Petrus in Kapernaum (Kap. 10).

Heidenmission: In Bezug auf die Antike meint der Terminus in Abgrenzung zur Judenmission die Christianisierung von Personen, die keine Juden waren, sondern als Griechen oder Römer pagane* Kulte pflegten. Es war anfangs umstritten, ob sie direkt als Christen getauft werden konnten, ohne vorher formal zum Judentum übergetreten zu sein (Kap. 11).

Homo Novus: Wörtlich ein „neuer Mann"; gemeint ist jemand, der wie Cicero als erster in seiner Familie ein Amt bekleidete, mit dem er die Zugehörigkeit zum Senat erlangte. Ein *homo novus* gehörte also nicht zum alten stadtrömischen Adel (Kap. 8).

Inkubationsschlaf: Religiöse Praxis, bei der Kranke im Heiligtum einen rituellen Schlaf absolvierten. Die zuständige Heilgottheit – häufig Asklepios, später Christus oder einer der Heiligen – erschien den Patienten im Traum, machte sie gesund oder gab Therapieanweisungen, die am nächsten Tag umgesetzt wurden (Kap. 8, 12).

Isthmos: Der Begriff bezeichnet allgemein einen schmalen Landstreifen zwischen zwei Meeren; spezifisch ist damit der nur sechs Kilometer lange Isthmos von Korinth gemeint, der die Peloponnes mit dem griechischen Festland verbindet. Der unter anderem von mehreren Kaisern versuchte Kanaldurchstich gelang erst im 19. Jahrhundert. In der Antike konnten Schiffe und sogar größere Flottenverbände auf einer Schleifbahn (Diolkos) über Land gezogen werden, um die weite Fahrt um die Peloponnes zu vermeiden (Kap. 9).

Itinerar: Von lat. *iter* („Weg"), bezeichnet ein Verzeichnis von Straßen und Raststationen mit Entfernungsangaben für die einzelnen Etappen. Itinerare wurden zu militärischen Zwecken, aber auch von Kaufleuten und Privatreisenden genutzt. Sonderformen sind die christlichen Itinerare, die als Pilgerhandbücher dienten, und die *itineraria picta* wie die Tabula

Peutingeriana*, bei denen Straßen, Ortsnamen und Entfernungen in einer Karte verzeichnet wurden (Kap. 1, 5, 12).

Kilikische Pforte (oder Tore): Ein 1 050 Meter hoch gelegener Pass über das südanatolische Taurosgebirge, dessen Höhenzüge in diesem Abschnitt bis zu 3 700 Metern erreichen. Durch diese in der Antike nur wenige Schritte breite Engstelle nördlich der kilikischen Hauptstadt Tarsos verlief die wichtigste Fernverbindung von Kleinasien in den Vorderen Orient. Straße und Pass wurden unter Trajan ausgebaut und im dritten Jahrhundert n. Chr. erneut instand gesetzt (Kap. 4).

Kline: Griech. wörtlich „Bett"; ein Liegemöbel, das von Griechen wie Römern zum Schlafen oder zur Einnahme von Mahlzeiten genutzt wurde (Kap. 14).

Knoten: Maßeinheit zu Berechnung von Reisegeschwindigkeiten zur See. Ein Knoten (kn) entspricht der zurückgelegten Strecke von einer Seemeile* pro Stunde (Kap. 7).

Leeküste: Küste auf der vom Wind abgewandten Seite des Schiffes. Bei Sturm besteht die Gefahr, dass ein Segelschiff strandet, wenn es zu nah an eine Leeküste getrieben wird und es der Mannschaft nicht gelingt, sich gegen den Wind freizukreuzen (Kap. 7).

Märtyrer: Die wegen ihres religiösen Bekenntnisses hingerichteten Christinnen und Christen wurden als „Zeugen" des christlichen Glaubens betrachtet. Mit dem Begriff werden teils auch diejenigen bezeichnet, die für ihr Bekenntnis verfolgt wurden, ohne den Märtyrertod (das Martyrium) zu erleiden (Kap. 12).

Magistrat: Als einen Magistrat *(magistratus)* bezeichneten die Römer ein staatliches Amt und zugleich dessen Inhaber. Die gewählten Magistrate repräsentierten nach republikanischer Vorstellung das römische Volk; das oberste Amt war das der beiden Konsuln. Der Statthalter einer Provinz amtierte entweder als Prokonsul – das heißt in Vertretung des Konsuls – oder, bei den kaiserlichen Provinzen seit Augustus, als Legat – also als Stellvertreter des Kaisers (Kap. 3).

Manna: Die Speise, mit der sich nach Ex 16 das Volk Israel auf der 40-jährigen Wanderung durch die Wüste ernährte. Der biblischen Erzählung zufolge ließ Gott das Manna nachts wie Tau auf den Boden fallen (Kap. 12).

Mansio: Raststation an einer öffentlichen Straße, die im Abstand von ca. 35 bis 40 Kilometern zur nächsten anzutreffen war. Wer den *cursus publicus** benutzte, kam dort unentgeltlich unter, doch auch Reisende ohne dieses Privileg konnten hier gegen Bezahlung essen, übernachten, ihre Tiere versorgen oder Reparaturen an ihrem Wagen durchführen lassen. Oft waren in unmittelbarer Nähe zu dem staatlichen Betrieb zusätzliche privat betriebene Gaststätten angesiedelt (Kap. 1, 5, 6, 12).

Meilenstein: Die lat. *miliarium* (Pl. *miliaria*) genannten Steine kennzeichneten in der römischen Kaiserzeit eine *via publica**. Sie waren ca. zwei Meter hoch und charakteristischerweise zylinderförmig. Eingravierte oder aufgemalte Inschriften gaben die Entfernung vom Stadttor des nächsten Ortes oder vom Kopfpunkt der Straße, dem *caput viae*, an. Gerechnet wurde in Meilen oder (in den Nordwestprovinzen) in Leugen. Die Meilensteine enthielten auch Informationen darüber, wer die Straße erbaut oder ausgebessert hatte. Etwa 8 000 Exemplare haben sich bis heute erhalten, von denen nur ca. 30 aus republikanischer Zeit stammen (Kap. 2, 6).

Monolith: Ein Gegenstand, der aus einem einzigen Stein gefertigt ist, etwa eine Säule, ein Obelisk oder eine Statue (Kap. 10, 14).

Museion (Pl. Museia): Heiligtum der neun Musen. Da diese als Patroninnen von Dichtung, Musik, Tanz und Wissenschaften galten, war ihr Kult mit der Tradierung und dem Unterricht der entsprechenden Disziplinen verbunden. Zum Museion von Alexandria gehörten die weltberühmte Bibliothek und verschiedene wissenschaftliche Sammlungen (Kap. 9, 10).

Mutatio: Wechselstation des *cursus publicus** an einer öffentlichen Straße. Die *mutationes* lagen als Zwischenhalte in kürzerem Abstand auf der Strecke zwischen zwei besser ausgestatteten *mansiones**, so dass alle 15 bis 20 Kilometer Zug- oder Reittiere gewechselt werden konnten. Eine Möglichkeit zum Übernachten bestand in der Regel nicht (Kap. 1, 6, 12).

Oikumene: Die gesamte von Menschen bewohnte Welt (Kap. 1, 11).

Omen (Pl. Omina): Bedeutsames Vorzeichen, das im Zusammenhang mit einer wichtigen Entscheidung oder an einem Wendepunkt auftrat. Anders als Orakelsprüche waren Omina allgemein verständlich; eine unerwartete Sonnenfinsternis etwa zeigte unmissverständlich kommendes Unheil an. Vor dem Antritt einer Reise wurde sehr genau auf eventuelle Vorzeichen geachtet (Kap. 3, 5).

pagan: Das vom lat. *paganus* („bäuerlich") abgeleitete Adjektiv bedeutet wörtlich „heidnisch" und bezeichnet diejenigen antiken Religionen, die nicht jüdisch und nicht christlich waren. In der althistorischen Forschungsliteratur wird es dem deutschen Wort aufgrund seiner weniger starken polemischen Konnotation vorgezogen (Kap. 10, 11, 12).

Pax Romana: Das Konzept eines „römischen Friedens" entwickelte sich in der Kaiserzeit ausgehend von der Selbstdarstellung des Augustus, der für sich reklamierte, dem ganzen Reich den Frieden gebracht zu haben (Res Gestae 12f.). Dies bezog sich nicht auf ein Ende der kriegerischen Auseinandersetzungen an den Außengrenzen des Reichs, sondern auf einen inneren Frieden und das Ende der Bürgerkriege. Die Pax Augusta („augusteischer Frieden") wurde als Gottheit verehrt. Der daran angelehnte Begriff Pax Romana begegnet erstmals bei Sen. clem. I 4,2 (Kap. 4).

Periegesis (Pl. Periegeseis): Griech. wörtlich „Herumführen", bezeichnet in Anlehnung an die Praxis von Fremdenführern die literarische Beschreibung eines Landes oder einer touristischen Stätte. Die Periegesis enthält häufig ausführliches Hintergrundwissen zu den beschriebenen Orten. Wichtige Periegeten sind Hekataios von Milet und in römischer Zeit Dionysios von Alexandria sowie Pausanias (Kap. 1, 9).

Periplous (Pl. Periploi): Griech. wörtlich „Umsegelung", bezeichnet eine Seefahrts- und Küstenbeschreibung. Die Bandbreite reicht von reinen Logbüchern bis hin zu ausführlichen Reiseberichten, die Einzelheiten zur Topographie, Geschichte und Kultur der behandelten Küstenabschnitte bringen. In der Antike einflussreiche Periploi wie der des Nearchos von

Kreta (eines Admirals Alexanders des Großen) oder der des Agatharchides von Knidos sind nicht bzw. nur in wenigen Fragmenten erhalten. Einen Eindruck von der Gattung vermittelt der anonyme, an Agatharchides angelehnte *Periplous maris Erythraei* aus dem ersten Jahrhundert n. Chr. (Kap. 1).

Pygmäen: In der antiken Mythologie ein Zwergenvolk am Rande der bewohnten Welt, häufig in Afrika situiert (zur Bezeichnung konkreter Ethnien in Zentralafrika wurde der Begriff erst in der Neuzeit benutzt). Seit dem 18. Jahrhundert sind die karikaturhaft-grotesken Bewohner der antiken Nillandschaften, die in römischer Zeit beliebte Motive der Wandmalerei und Mosaikkunst waren, als Pygmäendarstellungen gedeutet worden (Kap. 10, 13).

Revers: In der Numismatik die Rückseite einer Münze (Kap. 4).

Säulenheilige: Einsiedler, die dauerhaft auf einer Säule lebten. Diese Form der Askese* soll als erstes von Symeon Stylites dem Älteren (389–459 n. Chr.) praktiziert worden sein. Ortsasketen wurden schon zu Lebzeiten als Heilige verehrt und wie eine touristische Attraktion von Reisenden bestaunt (Kap. 12).

Securitas Augusti: Das Konzept der „durch den Kaiser gewährleisteten Sicherheit" war ein zentrales Argument der Herrschaftslegitimation im Prinzipat und als solches eng mit der Vorstellung der Pax Romana* verbunden. Demnach war der Kaiser persönlicher Garant der Sicherheit aller Reichseinwohner. Die Securitas Augusti wurde auch als Gottheit verehrt (Kap. 4).

Seemeile: Maßeinheit zu Berechnung von Reisestrecken in der Schifffahrt. Eine Seemeile (sm) entspricht 1 852 Metern (Kap. 7).

Sesterz: Römische Münze im Wert von vier Assen*. Bis 44 v. Chr. wurden silberne Sesterzen geprägt, danach waren sie aus Messing (Kap. 5).

Statio: Militärischer Sicherheitsposten an einem Verkehrsweg oder Stadteingang. Das Personal rekrutierte sich aus den städtischen oder prätorianischen Kohorten in Rom, aus den Eliteeinheiten des Militärs oder aus dem Stab des jeweiligen Statthalters. In der Regel war eine *statio* nur mit ein oder zwei Soldaten und deren Mitarbeitern besetzt, die gegen größere Überfälle nichts hätten ausrichten können. Als Repräsentanten Roms hatten sie vielmehr die Aufgabe, Petitionen anzunehmen, Konflikte zu schlichten, Anzeigen entgegenzunehmen, Verhöre durchzuführen, Beschuldigte zu verhaften, Gefangenentransporte abzusichern und Hinrichtungen zu überwachen (Kap. 1, 4).

Tabula Peutingeriana: Die nach ihrem früheren Eigentümer Konrad Peutinger benannte Pergamentrolle ist die mittelalterliche Kopie einer spätantiken Darstellung des römischen Straßennetzes. Die Tabula war ursprünglich knapp sieben Meter lang und ist heute in elf Einzelsegmente zerlegt, die die Gebiete von Britannien bis Indien umfassen (ein zwölftes Segment mit der Darstellung Hispaniens, des westlichsten Teils des Imperiums, fehlt). Sie verzeichnet Provinzen, Landschaften, Völker, Städte, Heiligtümer und Straßenstationen. Die Straßen selbst sind nicht maßstabsgetreu angegeben, sondern ähnlich dem Plan eines modernen U-Bahn-Netzes in ihrer konkreten Streckenlänge beziffert (Kap. 2, 5).

Titulus: Im christlichen Sprachgebrauch ist die Inschrift am Kreuz Jesu gemeint, die Pontius Pilatus Joh 19,19–22 zufolge in drei Sprachen hatte anbringen lassen (Kap. 12).

Via Publica: Außerstädtische Straße, die auf öffentlichem Boden verlief, dem öffentlichen Verkehr diente und auf öffentliche Kosten von Magistraten* eingerichtet und unterhalten wurde. Eine solche Straße war seit augusteischer Zeit in der Regel daran zu erkennen, dass dort Meilensteine* aufgestellt waren. In regelmäßigen Abständen lagen *mansiones** und *mutationes** am Weg. Ausstattung und Qualität der öffentlichen Straßen waren jedoch keineswegs einheitlich (Kap. 1, 5, 6).

Vigiles: Mitglieder einer kasernierten Einheit in Rom und Ostia, die 6 v. Chr. von Augustus etabliert wurde und bis ins dritte Jahrhundert n. Chr. nachgewiesen ist. Die *vigiles* waren in Kohorten à 1 000 Mann organisiert; meist handelte es sich um Freigelassene. Sie waren in Rom für die Brandbekämpfung und für polizeiliche Aufgaben zuständig (Kap. 4).

Villa: Der antike Begriff ist deutlich vom heutigen Alltagsverständnis abzugrenzen. Es handelte sich in Unterscheidung vom städtischen Wohnhaus, der *domus*, bei einer Villa immer um ein außerhalb der Stadt gelegenes Haus. Eine *villa rustica* war ein Bauerngehöft mit dem entsprechenden landwirtschaftlichen Betrieb, wohingegen die *villa urbana* ein exquisit mit Gärten, Brunnen, Wandelhallen und Schwimmbecken ausgestatteter Landsitz war, der nicht in erster Linie auf Agrarproduktion, sondern auf Repräsentation hin gestaltet war. Solche Villen wurden regelmäßig zur Erholung aufgesucht (Kap. 3, 8).

Villeggiatur: Ital. wörtlich „Erholung, Sommerfrische", bezeichnet als Forschungsbegriff die Reisen der Römer zu ihren Landsitzen und die dort gepflegte Kultur. In den Villen* erholte man sich von den Strapazen des politischen Geschäfts *(negotium)* und gab sich der Muße *(otium)* hin. Die reichen Familien der stadtrömischen Elite verfügten über mehrere Villen in der Entfernung von ein bis drei Tagesreisen, die in Stadtrandlage, im kühlen Gebirge oder am Meer lagen und je nach Jahreszeit angesteuert wurden (Kap. 3, 8).

Weltwunder: Als Weltwunder *(miracula, mirabilia* oder *spectacula)* galten in der Antike besonders herausragende und staunenswerte Monumente. Seit hellenistischer Zeit kursierten konkurrierende, immer wieder modifizierte Listen von Sieben Weltwundern. Als kanonisch gilt heute die erste vollständig überlieferte Zusammenstellung des dritten Jahrhunderts v. Chr. (Kap. 9, 10).

Register

Personenregister

A
Abraham 171, 183
Achill 45
Adeimantos 104
Adrasteia 45
Aelius Aristides 40, 60–64, 103, 135
L. Aemilius Paullus 137–140
Aeneas 136f.
Agamemnon 139
Aias 137
Aiax 45
Ailurionos Quadratus 155
Alexander der Große 1f., 105, 135f., 148, 184
Alexander von Abonouteichos 41
Amarantos 45f.
Amenemhet III. 148
Amenophis III. 141f.
Ammon 47
Anchises 137
André, Jean-Marie 23
Antipatros 145
Antoninus Pius 39, 60f., 63
M. Antonius 52, 89f.
Apella 93
Aphrodite 47, 137
Apollon 42, 129, 138
Apollonios von Tyana 41
Apollos 169
Aquila 164, 168
Aretas 172
Arios 155
Aristarch 160
Arsinoë (Besucherin Thebens) 155
Artemidor (Besucher Thebens) 155
Artemidor von Daldis 41
Artemis 129, 139, 145f., 159f., 167

Artemisia II. 146
Asidonia Galla 155
Asklepios 113, 139
Asterix 207–221
Athena 136, 139, 167
Atticus 36, 86
Aufidius Luscus 90
Augustus 39, 52, 54, 56, 60, 89, 118, 125, 135, 150, 165, 197
Aurelia Maeciane 72
Automatix 209, 215

B
Badian, Ernst 22
Balbinianos 156
Barnabas 166, 168–170, 172
Basilides 156
Baslez, Marie-Françoise 23
Bendis 44
Bjur, Hans 191

C
Caesar 59, 86, 103, 135, 191, 203, 212
Cäsar (Figur im Asterix) 209, 218
Cn. Calpurnius Piso 39
Caracalla 135
Cassibry, Kimberly 25
Casson, Lionel 22, 99
Cato der Jüngere 39, 68
Catulus 154
Chevallier, Raymond 22f.
Cicero 6, 36, 38, 86–88, 115, 118, 137, 198
Claudius 60, 71
Clitumnus (Gottheit) 125
L. Cocceius Nerva 89f., 92
Conrad, Didier 208
P. Cornelius Scipio Aemilianus Africanus der Jüngere 138

L. Cornelius Scipio Africanus der Ältere 135
L. Cornelius Scipio Asiagenes 135
Cubasch, Alwin 102

D
Demeter 35
Demetrios 160
Diokletian 38, 176
Diomedes 93
Dion Chrysostomos 40
Dionysos 35, 129
Domitian 142
Donati, Angela 28

E
Egeria 180, 182–188
Eigler, Ulrich 140
Elias 185
Eos 142
Euoptios 43
Euripides 184
Eustochium 177
Eutropia 177
Eutycheis 9

F
Faustus 156
Fellmeth, Ulrich 23
Feronia 90
Ferri, Jean-Yves 208
Fidus Aquila 155
Flavius Origenes 155
C. Fonteius Capito 89f.
Friedländer, Laura 194f.
Friedländer, Ludwig 19f., 28, 191–206
Funisulana Vettulla 141f.

G
Gaius 160
Galen 40
Galerius 177
Gallus 121
Ganymed 137
A. Gellius 135
Germanicus 135

Geus, Klaus 29
Goscinny, René 207f., 213, 218
Gregorovius, Ferdinand 196f.

H
Hadrian 39, 118, 133–135, 154f., 204
Halfmann, Helmut 23
Hanno 1
Harun ar Raschid 21
T. Haterius Nepos 154
Heil, Matthäus 38
Heinz, Werner 28
Hekataios 1
Hektor 137
Helena 177
Heliodoros 89, 94
Helios 129, 145, 154
Herakles 137
Herkynna 138
Hermes 170
Herodot 1, 6, 13, 42, 146, 148
Heron 107f.
Hesione 137
Höckmann, Olaf 23
Hölscher, Tonio 55
Homer 1, 45, 62, 137
Horaz 12, 89–94
Hug, August 18

I
Ianuaria 149
Ianuarius 149
Isis 107, 150
Iulia Balbilla 154f.
Iulia die Ältere 135
Iulia Tertulla 38
Iulian 136
L. Iulius Marinus Caecilius Simplex 38
L. Iunius Calvinus 153
Iustinian 149
Iuvenal 195

J
Jesus 161, 163, 169, 171f., 177, 182

Johannes (Evangelist) 179

K
Karl der Große 21
Kirstein, Thomas 102f.
Klee, Margot 28
Kleopatra 52, 216
Konstantin 177
Krenkel, Werner 22
Kroll, Wilhelm 18
Kyros 146

L
Lamer, Hans 21
Laurence, Ray 25
Leto 129
L. Licinius Murena 90
Livius 138–140
Lucan 203
M. Lucretius Fronto 119
Lübker, Friedrich 18
Lukian 104–109, 203
Lykinos 104

M
Maecenas 89f., 92
Majestix 213
Malmberg, Simon 191
Mamurra 90
Mani 161
Maria 182
Martial 195
Mau, August 18
Maussollos 145
Melania die Ältere 177
Melania die Jüngere 177
Memnon 141–143, 148, 151–156
Menas 175f.
Methusalix 215
Mettius Rufus 153
Minicia Rustica 153
Miraculix 209, 217
Moatti, Claudia 27
Mommsen, Theodor 19, 202
Moses 185, 187
Munatia Plancina 39

N
Napoleon 151
Nereus 108
Nero 51f., 112
L. Nichtsalsverdrus 218
Numerobis 217

O
Obelix 207, 209, 211, 213f., 216–219
Osiris 150
O'Sullivan, Timothy 25

P
Paion von Side 153
Paris 136f.
Paula 177, 182
Paulus 8, 41, 53, 101, 160–172, 179, 184
Pausanias 13, 129f.
Pekáry, Thomas 22
Penndorf, Gudrun 209
Peregrinos Proteus 41
Perseus von Makedonien 138
Petronius 195
Petrus 169, 179
Petsas, Photios 34
Philippus 169
Philon von Byzanz 146
Platon 104
Plinius der Ältere 42, 99, 135, 204
Plinius der Jüngere 38, 53, 63, 104, 116, 118, 120–126, 135
P. Plotius Tucca 92
Plutarch 138
Pollack, Erwin 18
Pollius Felix 119
Polybios 138
Pompeius 36, 54
Pomponius Mela 13
Priamos 136
Primitivus 156
Priscilla 164, 168
Proteus 107

Ptolemaios (Besucher Thebens) 155
Ptolemaios I. Soter 132
Purcell, Nicholas 23

Q
Don Quijote 210

R
Ramses VI. 148
Re 149
Reddé, Michel 28
Ritz, Sebastian 102
Rutherford, Ian C. 23
Rutilius Namatianus 12

S
Sabina 154f.
Salomon 146
Samippos 104f.
Schneider, Helmuth 23
Schneider, Karl 18
Seeck, Otto 18
Semiramis 44, 145
Seneca 53, 103
Septimius Severus 203f.
Serapis 150
Seume, Johann Gottfried 21
Silas 166, 168
Sobek 148
Solon 42
Sonnabend, Holger 27
Spawforth, Antony J. S. 23
Statius 119
Strabon 40
C. Sulpicius Gallus 138
Ser. Sulpicius Rufus 198
Symmachus 3
Synesios von Kyrene 43–48

T
Tacitus 200, 204
L. Tanicius Verus 153
Taylor, Liz 217
Teefax 207, 211
C. Tettius 142

Theophanes 69, 73–78
Thomas 179
Thukydides 106
Tiberius 39, 53f., 118, 150, 165
Timolaos 104f., 203
Timotheos 166, 168
Titus (Kaiser) 153
Titus (Missionar) 168
Trajan 2, 53, 55, 60, 63, 84
Trebulla 156
Triptolemos 62
Trophonios 138
Troubadix 209
Tullia 6, 115, 198
Tutenchamun 151

U
Uderzo, Albert 207f., 213, 216, 218
M. Ulpius Primianus 155

V
L. Varius Rufus 92f.
Velleius Paterculus 53
Vercingetorix 219
Vergil 89, 92, 136, 203
Verleihnix 209, 211
Vespasian 153
Vitruv 29
Voconius Romanus 125

W
Weber, Max 37
Weeber, Karl-Wilhelm 23
Wells, Benjamin W. 21
Wissowa, Georg 192, 195
Woolf, Greg 6

X
Xerxes 135

Z
Zenon 176
Zeus 136–139, 145, 170, 216
Zwingmann, Nicola 26, 43, 136

Ortsregister

A
Abu Mena 175f.
Achaia 38, 143, 166, 198
Aeclanum 199
Ägypten 6, 62, 71, 105, 108, 142f., 146–151, 161, 176, 180, 183, 187, 202–205, 214, 216
Africa 58, 66, 99, 200
Aigeai (Kilikien) 180
Aigina 1
Alexandria (Ägypten) 2, 43f., 46, 71, 99f., 104, 113, 132, 134, 146, 148, 176, 187, 203, 216
Alexandria am Indus 2
Alexandria Troas 166
Alpen 8, 42, 58, 66, 72, 135, 200, 214
Ancona 2, 60
Antinoupolis 9
Antiochia ad Pisidiam 169, 171
Antiochia (Syrien) 73, 86, 113, 132f., 166, 168f., 185
Antium 6f.
Apollonia 34
Apulien 92
Aquae Calidae 113, 213
Aquae Mattiacae 113
Aquae Sulis 113
Arabia 58, 62, 162
Argos 139
Aricia 89, 94
Arpinum 7
Arsinoë 148
Asia 143, 159f., 166
Assos 166
Astura 86, 115
Athen 1, 19, 36, 42, 62, 104, 106, 131–134, 139, 166f., 180, 215
Attika 107, 139
Aulis 138
Auvergne 213

Azarios 46

B
Babylon 145f.
Bagdad 21
Baiae 111–113
Basilicata 199
Beneventum 92, 199
Berlin 194
Berytos 132
Bethlehem 177
Bithynia und Pontus 38
Britannien 210
Brundisium 89, 93
Burdigala 184
Busiris 144
Byblos 69

C
Caesarea Maritima 166
Canusium 93
Capri 118
Capua 92
Carnuntum 81f.
Caudium 92
Centumcellae 2, 60
Chalkis 138
Chelidoneai 107
China 2
Cumae 114, 118

D
Dakien 55f.
Dalmatien 34f.
Damaskus 172
Daphne 113, 185
Delos 103, 146
Delphi 1, 8, 42, 129, 133, 138, 144
Derbe 170
Divio 65
Durocortorum 219
Dyrrachium 34

E
Edessa (Makedonien) 33–35
Edessa (Syrien) 179
Ekbatana 146
Emathia 34
Emporiae 112
Ephesos 1, 36, 42, 132, 145f., 159f., 166–168, 171, 179
Epidauros 113, 139
Epiros 103
Etrurien 84
Euboia 138

F
Fayum 148
Florenz 194
Formiae 6, 90
Forum Appii 89, 94, 167
Fundi 90

G
Gades 99
Galatien 170
Gallien 65, 84, 99, 183, 209, 213, 218
Germanien 200
Gnatia 93
Griechenland 6, 8, 130, 134, 137–140, 143, 149, 162, 166, 194, 198f., 214f., *siehe auch* Achaia
Grimma 21

H
Halikarnassos 145
Hermoupolis Magna 73
Hierapolis (Phrygien) 144
Hippo Diarrytus 12
Hispanien 99, 164, 210f.
Hispellum 125f.

I
Idagebirge 137
Ikonion 169, 171
Ilion 9, 42, 133, 135–137, 182
Indien 1, 8, 21, 105, 161

Italien 54–57, 99, 105, 108, 149, 194, 196, 200, *siehe auch* Süditalien

J
Jericho 54
Jerusalem 21, 54, 146, 166, 168, 177, 179f., 182, 184

K
Kairo 205
Kampanien 41, 103, 112, 114, 118
Kana 182
Kanobos 113, 145, 148, 204
Karthago 1
Kilikien 36, 58, 62, 87, 107, 162, 184f.
Klais 59
Kleinasien 6, 19, 68, 100, 134f., 143, 149, 162, 166, 168, 180f., 183, 214, *siehe auch* Asia
Knidos 132
Königsberg 193–195, 198, 201
Konstantinopel 87, 146
Korinth 1, 38, 105, 139, 164, 166, 168f., 171
Kos 113, 132f.
Kreta 108, 166
Kyrene 43f.
Kytaion 176
Kyzikos 135

L
Lanuvium 115
Laodikeia 36
Latium 114–117, 194
Lebadeia 138
Leipzig 193
Lemnos 47
Levante 1, 134, 149, 177, 201, 211, 214
Londinium 207
Lugdunum 51, 219
Lutetia Parisiorum 213, 219
Luxor 217

Lycia und Pamphylia 38
Lykaonien 170
Lykien 107, *siehe auch* Lycia und Pamphylia
Lystra 169f., 172

M
Makedonien 34f., 38f., 166
Malta 166
Marathon 129f.
Massalia 149, 212f.
Megalopolis 139
Memphis 9, 144, 146, 148, 204, 217
Mesopotamien 6, 161
Messina 99
Milet 1, 166
Mons Berenicidis 153
Mons Sinai 177, 185–189
Mont Cenis 17f.
Munigua 84
Myos Hormos 8
Mytilene 145

N
Neapel 114f., 194
Nemausus 84
Nemeia 1
Neuwied 59
Nicae 219

O
Olympia 1, 139, 145f., 216
Oropos 139
Ostia 2, 60, 97, 99f., 124
Ostpreußen 200
Oxyrhynchos 9

P
Paderborn 21
Palästina 164, 177, 180, 183, 187
Palestrina 203
Pamphylien 107, *siehe auch* Lycia und Pamphylia
Pannonien 81
Paris 218

Parthien 161
Pergamon 113, 132f.
Petra 58
Pharos 44, 71f., 107, 148
Philai 149
Philippi 166
Piräus 104f., 108, 139, 215
Placentia 182
Pompeji 84, 118f., 150
Pontus 47, *siehe auch* Bithynia und Pontus
Populonia 111f.
Portus 2, 60
Puteoli 2, 60, 99, 111, 114, 118
Pydna 138

R
Raetien 38
Rhodos 19, 36, 132, 144f., 216
Rhosos 36
Rom 6f., 17–19, 36, 38f., 41, 52, 54, 56, 60, 84, 86f., 89, 94, 100, 112–115, 118, 121, 132f., 145f., 150, 162, 166–169, 177, 179, 191, 194, 196, 201, 210, 214
Rubi 93

S
Schweiz 200
Side 72
Sidon 107
Sikyon 139
Sinuessa 92
Sizilien 6, 134, 149, 194
Smyrna 132f.
Sparta 139
Straßburg 195
Süditalien 6, 36, 134
Syene 149
Syrakus 1, 21
Syrien 38f., 58, 69, 74, 104f., 134, 161f., 164, 180, 183–185

T
Tarent 36

Tarracina 90
Tarsos 162, 184f.
Taurosgebirge 7, 58, 170
Tempetal 134
Thamugadi 84
Theben (Ägypten) 141f., 146, 148f., 151, 217
Thessalien 138
Tibur 118, 134, 204
Tres Tabernae 167
Trivicum 92
Troja 9, 42, 133, 135–137, 139, 182

Tusculum 7, 115
Tyros 166f., 184f.

U
Umbrien 120, 124

V
Venusia 93
Virunum 67
Volsinii 84

Z
Zypern 38, 107, 166, 168

www.ingramcontent.com/pod-product-compliance
Lightning Source LLC
Chambersburg PA
CBHW071815230426
43670CB00013B/2468